KB178681

한국의 국어정책 연구

- 한국어의 정비와 세계화 2 -

박 창 원 지음

지식과교양

머리말

언어란 한 개인에게는 인간적인 삶을 영위하기 위한 가장 중요한 도구이고, 사회로는 인간 공동체로 살아 가기 위한 가장 중요한 도구이고, 민족에게는 하나의 언어공동체로 살아가기 위한 가장 필수적인 도구이다.

청나라를 세운 만주족은 초기에 국가 기틀을 마련하기 위해 여러 가지 정책을 펼치게 되는데, 그 중의 하나가 강희 임금 때의 언어문자 정리 정책이다. 그 결과로 나온 것이 강희자전인데 이 사전은 중국 한족의 한자를 정리한 것이었다. 자기들의 언어인 만주어에 대해서는 아무런 정책을 펼치지 않았다. 그 결과는 만주어의 소멸과 만주족의 멸망으로 귀착되었다.

로마 시대에 쓰여진 신약성서는 라틴어가 아니라 그리스어로 쓰였다. 그때 당시만 하더라도 로마제국 대부분 지역의 공용어는 로마인들의 언어가 아니라 그리스어였다. 로마인들이 그들의 언어를 공용어화하고 그들의 문자로 문헌을 만들기 시작하여 그것을 점차 확대시켜 나갔다. 세계 최고 수준으로 발전시킨 그들의 문화를 그들의 언어와 문자에 담음으로써 라틴어는 오래도록 세계 중심어의 위치를 가지게 되었다.

2009년 〈한국어의 정비와 세계화 1〉이란 제목으로 관련된 논문을 모아서 책으로 묶은 후 그 사이 〈국어정책〉에 관련될 수 있는 묶을 수 있는 논문들을 모아 보았다. 제1부는 국어정책의 전반적인 사항에 관한 것으로 국어기본법의 시행과 그와 관련된 정책의방향에 대해 고민해 본 것이다. 미래를 위한 제언을 좀더 깊이있게 하고 싶었는데 시간과 능력을 변명으로 삼고 다음을 기약하기로 한다. 제2부는 국어의 정비와 관련된 것으로 언어의 순화는 왜 해야 하는지 그리고 언어의 공공성은 무엇인지 고민해 본 것이다. 제3부는 제4차 산업혁명 시대를 맞이하여 우리 내부적인 점검은 어떻게 해야 하는가에 대해 고민해 본 것이다. 인구에 회자되고 있는 '융합의 개념은 무엇인가?'와 우리가 다 함께 살아가기 위해 정신적인 자세는 어떠해야 하는가에 대해 약간의 의견을 개진한 것이다. 제4부는 남북 통일을 위해 우리의 공통적인 전통을 되새겨 보고 통일을 위한 방법론 등에 대해 고민해 본 것이다.

　여기에 실린 글들은 대부분 논문이나 구두로 발표한 것들인데 관련 사항은 다음과 같다.

　제1장은 〈새국어생활〉 25권 3호(2015. 9. 30)에 실었던 것이다. 제2장과 3장은 〈새국어생활〉 21권 1호(2011.3.31)에 실었던 내용과 2015년 10월 16일에 '문화 융성을 선도하는 국어정책의 조망'이라는 제목으로 구두 발표했던 내용을 적당하게 배합하고 보완한 것이다.

　제4장은 문광부에 보고서로 내었던 부분 중 필자의 작성분을 정리한

것이다. 제5장은 〈이화어문논집〉 36호(2015.8.31)에 실었던 것이다. 제6장은 〈국어국문학〉 170호(2015.3)에 실었던 것이다. 제7장은 〈이화어문논집〉 35호(2014.12.31)에 실었던 것이다.

제8장은 〈국어국문학〉 127호(2,000년)에 "한국인의 전통과 국어국문학의 과제"라는 제목으로 발표했던 내용 중 관련되는 일부를 옮겨온 것이다. 제9장은 〈국어국문학〉 168호(2.14.9)에 실었던 것이고, 제10장은 〈국어학〉 74호(2015.6)에 실었던 것이다.

10년 가까이 흐르는 세월 동안 쓴 글들이 대부분 이 방면과 관련될 수 있는 글들이어서 사뭇 복잡한 감정를 느꼈다. 이쪽 방면의 글들이 편수가 제법 되어서 흐뭇한 감정이 있는 일면에 순수학문에 관련되는 글들은 학술대회에서 발표만 하고 그냥 묵혀 있어서 내가 뭐하고 있나 하는 감정이 생겼다. 이제 세월이 더 가기 전에 순수 학문 분야의 쓰다 만 글들을 마무리하자는 다음을 스스로에게 해 본다.

모자라는 인간이 주변의 분들에게 맨날 신세만 지면서 살아가는데, 이 책을 펴내는 데 있어서도 같은 생각이 든다. 우선 위와 같은 글을 쓰게 해 준 국어국문학계 및 국어정책계의 관련자 분들께 감사드린다. 일일어 성함을 밝히지 못하는 무례함을 용서해 주시기 바라면서. 그리고 이 책을 내어주는 지식과교양사의 사장님과 편집해 주신 분께 감사 드린다. 논문 심사 과정에서 도움 주신 분들께는 '감사' 이상의 표현을 드리고 싶다는 말로 대신한다. 그리고 원고의 교정을 해 준 우리 학교 내 제자들 김혜림, 박민희, 김정인 등에게는 열심히 해서 선생 이상의 학자가 되어라는 말로 대신한다. 내가 몸담고 의지했던 학문 분야가 더욱더 융성하게 발전했으면 좋겠고, 그 발전이 우리 민족과 국가의 발전에 밑거름이 되었으면 좋겠다는 심정이다.

마지막으로 아주 사적인 말 한 마디 – 제대로 사랑해 주지는 못했지만 나의 세 자식 – 단미, 상단, 상아 모두가 '공부 잘 하고, 착한 사람으로 성장하여 이 사회에 도움이 되는 인간'이 되었으면 하는 소망도 적어 두고 싶다.

2017. 11. 15.
박창원 적음.

차례

제1부
국어 정책 일반

제1장
「국어기본법」 10년을 되돌아보면서

1. 서론

　언어와 문자는 인간의 정신적인 생존과 문명의 발전에 가장 핵심적인 요소이다. 인간은 살아 숨 쉬면서 활동하는 육체적인 생존을 위해 공기와 물 그리고 영양소를 필요로 하지만, 다른 인간과 더불어 살아가는 가치관을 생성하여, 인간과 인간이 혹은 인간과 자연이 공존하면서 문명과 문화를 발전시키는 과정에는 언어와 문자가 가장 필수적인 요소가 되는 것이다.

　지금으로부터 대략 5,000년쯤 전에 우리 민족은 단일한 언어공동체를 형성하였는데, 언제인지 정확하게 알 수는 없지만 인근 민족이 사용하던 한자를 수용하여 문자 생활을 시작하였다. 한자의 구성 성분인 '형(形), 음(音), 의(意)' 중 때로는 전체를 빌어 와 중국에서 사용하던 그대로 사용하기도 하고, 때로는 '음'과 '의' 중 한 부분만을 쓰기도 하고, 때로는 모양을 바꾸어 사용하기도 하면서 문자 생활을 해

왔다. '음(音), 위(爲), 시(是)'를 예로 들어 보자. 이 글자들은 본래의 모양과 음, 뜻을 그대로 사용하기도 했다. 그러나 '음(音)'은 그 소리를 취해 음절의 말음 [m]을 나타내기 위해, '위(爲)'는 그 뜻을 취해 'ㅎ-'라는 한국어 동사를 표기하기 위해, '시(是)'는 그 뜻을 취하되 본래의 뜻을 버리고 음만 빌어 와 주격 조사 '-이'를 표기하기 위해 사용했다. 그리고 이들 문자의 모양을 그대로 사용하기도 하지만 간략하게 바꾸어 '위(爲), 시(是)'를 'ㄱ, ㅔ' 등으로 썼던 것이다. 그런데 이러한 문자 생활은 대단히 불편하고 어려웠기 때문에 그것을 극복하기 위해 1444년 1월에 세종대왕이 훈민정음을 창제했고, 이로 인해 우리 민족의 문자 생활은 일대 혁신이 일어나게 된다. 그 후 20세기의 교체기에 문자 생활 정비의 필요성을 강하게 느끼고 수 십 년 동안 수많은 학자들이 토론 끝에 합의점을 만들어 1933년에 〈한글마춤법 통일안〉을 제정했다. 이로써 우리 민족은 통일되고 체계적인 문자 생활을 하게 되었다.

우리 민족은 대체로 5,000년 전에 단일한 언어공동체를 형성했지만, 국가적으로 분단과 통일을 거듭하면서 언어생활도 분열과 통합 현상을 복합적으로 겪으면서 살아 왔다. 또한 역사적으로 중국어, 몽골어, 서구어, 일본어 등 외국어가 지속적으로 때로는 필요에 의해, 때로는 강제적으로 수용되어 우리 언어 속에 수많은 외래어 요소가 더해지게 되었다. 그리고 해방 후 약 70년이 지나는 동안 한국은 비약적인 발전을 해 세계의 한 축이 되면서 민족과 언어 정체성을 다시 점검해야 하는 상황이 되었다. 이러한 상황에서 "국민들의 언어 의식 및 사회 구성원의 언어 문화적 배경, 세계 속에서 우리말이 차지하는 위상 등 바뀌고 있는 국어 환경에 부합하는, 국어의 발전과 보전을 위한 중장기 정책 마련"이 필요하고, "민족 제일의 문화유산이며 문화 창조의 원동력인 국어 발전에 적극적으로 힘씀으로써 민족 문화의 정체성을 확립하고 국어를 잘 보전하여 후손에게 계승"하는 작업이 필요하게 되었다. 이러한 상황을 고려하여 「국어기본법」을 만들고, 이에 따라 국어 발전 계획을 수립하는 등 국어 발전에 획기적인 계기가 마련된 지 이제 10년이 되었다.

　이 글은 「국어기본법」이 시행된 지 10년이 되는 시점을 맞이해 「국어기본법」이 만들어진 경위와 내용 그리고 앞으로의 방향에 대해 간단하게 논의하기 위한 것이다. 이 글의 제2장에서는 「국어기본법」의 제정 경위와 내용을 살펴보고 그 의의를 되새겨 보고자 한다. 제정 경위에서는 문화체육관광부에서 적극적으로 관여하기 이전의 초기 단계에 대해 간략하게 소개하고자 한다. 제3장에서는 「국어기본법」을 제정한 성과를 제1차 발전 계획의 성과와 관련하여 앞으로의 과제와 함께 논의하고자 한다. 제4장에서는 거시적 관점에서 앞으로 「국어기본법」이 개정되어야 할 방향에 대해 간단하게 언급하고자 한다. 제5장에서는 마무리를 하게 된다.

2. 「국어기본법」 – 제정 경위와 내용 그리고 의의

2.1. 제정 경위와 취지

2.1.1. 「국어기본법」 이전의 논의

「국어기본법」의 초안이 만들어지기 이전에 민간이 주도하여 국어에 관한 법을 만들고자 했다. 이에 대한 경위를 간단하게 살펴보고자한다.

　「국어기본법」에 관한 논의는 2000년 초에 남영신(현 국어단체연합 대표) 선생이 당시 국어정책과 김수연 과장에게 국어에 관한 법을 하나 만들어야 한다는 생각을 말한 때부터 시작되었다. 그런데 당시 국어정책과에서 적극적인 태도를 보이지 않았기 때문에 남영신 선생은 의원입법으로 해야겠다는 생각으로 방향을 바꾸고 적극적으로 일을 추진했다. 2001년에 당시 국립국어원 원장이었던 남기심 선생과 한글학회 허 웅 이사장 등의 협조를 얻어 지도위원과 간사를 두게 되었다. 지도위원 은 '남기심 원장 추천 위원'으로 김하수(연세대), 박창원(이화여대), 송철의(서울대), 홍종선(고려대), 한동완(서강대) 등 5명과 '허웅 이사장 추천 위원'으로 배해수(고려대), 김정수(한양대), 유재원(한국외국어대), 조오현(건국대), 최기호(상명대) 등 5명, 그리고 '남영신 대표 추천 위원'으로 김동언(강남대), 박경희(케이비에스), 박종만(까치출판사), 최인호(한겨레신문), 홍영호(변호사) 등 5명으로 모두 15명으로 구성되었다. 그리고 간사 2명을 두게 되는데 국립국어원 측 간사는 정희창 학예 연구사가, 그리고 한글학회 측 간사는 김한빛나리 선생이 맡고 남영신 선생이 총괄했다.

　그리하여 남영신 선생과 간사가 몇 차례 모여 「국어진흥법」 초안을 마련하고, 여러 차례의 지도위원 회의를 거쳐 법의 이름을 「국어진흥법(초안)」에서 「국어 정책 기본법」을 비롯해 여러 개를 제안, 개명하는 것이 좋겠다는 데 의견을 모았다. 그리고 법안의 발의는 의원입법으로 추진하기로 합의하고, 국어 관련자들의 서명을 받은 뒤에 의원을 선정하여 입법해 줄 것을 부탁하기로 결정했다. 국어 관련자들의 서명을 받으면서 학계의 의견을 두루 수용하는 도중인 2002년 6월에 당시 김수연 과장이 문화체육관광부 제안 법안으로 입법을 추진하면 어떻겠냐는 의견을 내 남기심 원장과 허웅 이사장의 동의 아래 「국어 진흥법안(가칭)」을 국어정책과장에게 넘겨주었다. 이후 2002년 12월 12일 문화체육관광부가 「국어기본법(초안)」을 만들어 보내왔다. 이를 당시 관련자들이 축조 심의하여 수정안을 만들어 다시 문화체육관광부로 보냈다.

2.1.2. 「국어기본법」의 제정 경위와 취지

2002년 10월, 문화체육관광부에서 '지식·정보·문화 국가의 기반 구축을 위한 국어 발전 종합 계획 시안'을 발표했다. 이에 의하면 "……우리말과 글에 대하여는 「한글 전용에 관한 법률」, 「문화 예술 진흥법」 등 개별 법령에서 산발적으로 규정하고 있으나, …… 국어 사용의 진흥에 관한 기본 법령의 부재로 인해 국어 정책의 실효성 확보가 곤란"하게 되었다. 그리하여 "국어 환경의 변화에 따른 새로운 정책 과제를 대두시키고, 기존 국어 정책의 점검을 통한 새로운 정책의 틀을 구축해야" 할 시점이 되었으므로 국어 발전을 위한 종합 계획을 수립하여 '지식 정보 문화 강국을 구현하기 위해 '국어 발전 종합 계획 시안'을 만들게 되었다."고 한다. 이를 위한 별도의 장기 추진 과제로 「국어기본법」의 제정을 추진하게 되는데, 그 목적은 "국어 정책의 실효성 확보 및 국어 진흥 육성을 위한 법적 제도적 기반을 마련"하기 위한 것이라고 하였다.

그리하여 2002년 말에 「국어기본법」 초안을 만들어 서울을 비롯한 몇몇 지방에서 공청회를 개최하고, 2004년에 국무회의를 통과하여 행정부의 안으로 만들어졌다. 2004년에 국회로 이송되어 청문회를 거쳤으며, 2004년 12월에 국회 본회의를 통과하고, 2005년 1월 27일 자로 대통령이 법을 공포했다. 그리고 그해 시행령이 만들어져 2005년 7월 28일부터 시행되었다.

2.2. 내용

2005년에 제정되고, 2011년에 개정된 「국어기본법」은 본문과 부칙으로 구성되어 있다. 본문은 5장 27조로, 제1장은 기본적인 사항을 담고 있는 총칙이다. 제2장에는 국어 발전 기본 계획의 수립 등에 관한 사항, 제3장에는 국내외에서의 국어 사용 촉진 및 보급에 관한 사항, 제4장에는 우리 국민의 국어 능력의 향상에 관한 사항이 담겨 있다. 제5장은 부수적인 내용을 담고 있는 보칙이다.

제1장 총칙은 제1조부터 제5조까지로 구성되어 있다. 제1조에서는 '목적', 제2조에서는 '기본 이념', 제3조에서는 '국어, 한글, 어문 규범, 국어 능력' 등에 대한 개념을 정의하고 있다. 제4조에서는 국가와 지방 자치 단체의 책무를 서술하고, 제5조에서는 다른 법률과의 관계를 기술했다. 이에 명시된 목적과 이념은 다음과 같다.

- (목적) 이 법은 국어 사용을 촉진하고 국어의 발전과 보전의 기반을 마련하여 국민의 창조적 사고력의 증진을 도모함으로써 국민의 문화적 삶의 질을 향상하고 민족 문화의 발전에 이바지함을 목적으로 한다(제1조).

- (기본 이념) 국가와 국민은 국어가 민족 제일의 문화유산이며 문화 창조의 원동력임을 깊이 인식하여 국어 발전에 적극적으로 힘씀으로써 민족 문화의 정체성을 확립하고 국어를 잘 보전하여 후손에게 계승할 수 있도록 하여야 한다(제2조).

제2장은 국어 발전 기본 계획의 수립 등에 관한 사항이다. 우선 제6조에서는 문화체육관광부 장관이 국어의 발전과 보전을 위하여 5년마다 국어 발전 기본 계획을 수립하도록 하고, 그 내용을 다음과 같이 명시하고 있다.

1. 국어 정책의 기본 방향과 추진 목표에 관한 사항
2. 어문 규범의 제정과 개정 방향에 관한 사항
3. 국민의 국어 능력 증진과 국어 사용 환경의 개선에 관한 사항
4. 국어 정책과 국어 교육의 연계에 관한 사항
5. 국어의 가치를 널리 알리고 국어 문화유산을 보전하는 일에 관한 사항
6. 국어의 국외 보급에 관한 사항
7. 국어의 정보화에 관한 사항
8. 남북한 언어 통일 방안에 관한 사항
9. 정신상·신체상의 장애로 언어 사용에 어려움을 겪고 있는 국민과 국내 거주 외국인의 국어 사용상의 불편 해소에 관한 사항
10. 국어 발전을 위한 민간 부문의 활동 촉진에 관한 사항
11. 그 밖에 국어의 사용과 발전 및 보전에 관한 사항

제7조에는 문화체육관광부 장관으로 하여금 기본 계획을 실천하기

위한 세부 계획을 세우고, 제8조에서는 2년마다 국어의 발전과 보전에 관한 시책과 그 시행 결과에 관한 보고서를 해당 연도 정기 국회가 열리기 전까지 국회에 제출하도록 하고 있다. 제9조에서는 문화체육관광부 장관으로 하여금 국어 정책의 수립에 필요한 국민의 국어 능력, 국어 의식, 국어 사용 환경 등에 관한 자료를 수집하거나 실태를 조사할 수 있도록 하고 있다. 제10조에서는 국가 기관과 지방 자치 단체의 장으로 하여금 "국어의 발전 및 보전을 위한 업무를 총괄하는 국어책임관을 소속 공무원 중에서 지정할 수 있"도록 하고 있다.

제3장은 국어 사용의 촉진 및 보급에 관한 사항으로 제11조에서는 문화체육관광부 장관으로 하여금 "국어심의회의 심의를 거쳐 어문 규범을 제정하고, 그 내용을 관보에 고시하"도록 규정하고, 제12조에서는 문화체육관광부 장관으로 하여금 "어문 규범이 국민의 국어 사용에 미치는 영향과 어문 규범의 현실성 및 합리성 등을 평가하여 정책에 반영하"도록 하고 있다. 제13조에서는 "국어의 발전과 보전을 위한 중요 사항을 심의하기 위하여 문화체육관광부에 국어심의회를 두"도록 하고, 그 심의 내용을 다음과 같이 명시하고 있다.

1. 기본 계획의 수립에 관한 사항
2. 어문 규범의 제정 및 개정에 관한 사항
3. 그 밖에 국어의 발전과 보전에 관하여 문화체육관광부 장관이 회의에 부치는 사항

그리고 구성과 활동에 대해서는 다음과 같이 규정하고 있다.

③ 국어심의회는 위원장 1명과 부위원장 1명을 포함한 60명 이내의 위원으로 구성한다.

④ 위원장과 부위원장은 위원 중에서 호선(互選)하고, 위원은 국어학·언어학 또는 이와 관련된 분야의 전문지식이 있는 사람 중에서 문화체육관광부 장관이 위촉한다.

⑤ 제2항 각 호의 사항을 심의하기 위하여 국어심의회에 분과위원회를 둘 수 있다.

⑥ 제1항에 따른 국어심의회의 구성과 운영 등에 필요한 사항은 대통령령으로 정한다.

제14조에서는 "공공 기관 등의 공문서는 어문 규범에 맞추어 한글로 작성하도록 하여야 한다. 다만, 대통령령으로 정하는 경우에는 괄호 안에 한자 또는 다른 외국 글자를 쓸 수 있다."고 규정하고 있다. 제15조부터 18조에서는 국어 문화의 확산에 관한 문제, 국어 정보화의 촉진에 관한 문제, 전문 용어의 표준화에 관한 문제, 교과용 도서의 어문 규범 준수에 관한 문제 등을 다루고 있다.

제19조에서는 한국어의 보급에 관한 사항을 담고 있는데, 이의 효과적인 수행을 위하여 세종학당의 설립 등에 관한 사항을 담고, 그 업무에 대해 다음과 같이 명시하고 있다.

1. 외국어 또는 제2 언어로서의 국어와 한국 문화를 교육하는 기관이나 강좌를 대상으로 세종학당 지정 및 지원

2. 온라인으로 외국어 또는 제2 언어로서의 국어와 한국 문화를 교육하는 누리집(누리 세종학당) 개발 운영

  3. 세종학당의 한국어 표준 교육과정 및 교재 보급

  4. 세종학당의 한국어 교원 양성, 교육 및 파견 지원

  5. 세종학당을 통한 문화 교육 및 홍보 사업

  6. 그 밖에 외국어 또는 제2 언어로서의 국어 보급을 위하여 필요한
    사업

제20조에서는 한글날과 관련된 내용을, 제21조에서는 "국어의 발전과 보급을 목적으로 활동하는 법인 단체 등"에 관한 국가와 지방자치 단체의 지원에 관한 사항을 담고 있다.

제4장은 국민의 국어 능력 향상에 관한 사항을 담고 있다. 제22조에는 국어 능력 향상을 위한 정책의 시행 등에 관해, 제23조에는 국민의 국어 능력을 검정하는 문제에 관한 사항을 담고 있다. 그리고 제24조에는 민간의 협력을 도모하기 위해 국어문화원의 지정에 관한 사항을 담고 있다.

제5장은 보칙으로 국어 정책과 관련된 문화체육관광부 장관의 위상(제25조), 국어문화원의 위상 확보(제26조), 문화체육관광부 장관의 권한 위임(제27조)에 관한 사항을 담고 있다.

2.3. 의의

「국어기본법」이 만들어진 의의는 크게 세 가지로 생각해 볼 수 있다. 하나는 존재 그 자체에 관련된 일이고, 다음은 국어 정책의 수립 계획안과 관련된 것이고, 또 하나는 이 계획을 수행하는 주체와 관련된 일이다.

2.3.1. 존재 그 자체

「국어기본법」의 가장 큰 의의는 '「국어기본법」이 존재한다.' 그 자체일 것이다. 생각이나 감정, 제도 등 모든 것은 존재로부터 만들어지는 것이다. 국어에 관한 정책의 수립이나 시행 그리고 긍정적인 효과나 시행착오 등은 「국어기본법」이 있기 때문에 활성화될 수 있는 것이다. 그리고 이러한 것들의 존재는 「국어기본법」의 존재를 위한 참여물이 되는 것이다. 「국어기본법」에는 여러 가지 부족한 점이 많고 개선할 점도 많지만 「국어기본법」이 존재한다는 그 자체가 국어의 발전을 위한 최대의 의의가 되는 것이다.

2.3.1. 장단기 계획의 조화

「국어기본법」 이전에는 국어 발전에 관한 기본 계획이 없었다. 국어정책에 관한 유일한 국가 기관인 국립국어원의 연간 사업도 당해 연도를 위한 단기 계획뿐이었다. 그런데 「국어기본법」에서 장기적인 국어 발전 계획을 수립하게 함으로써 국어 정책이 장기 계획과 단기 계획이 조화를 이룰 수 있게 되었다.

2.3.3. 민관의 협력 강화

「국어기본법」에 의한 국어 발전 장기 계획을 국어심의회가 심의를 하게 함으로써 많은 민간인이 계획의 수립에 참여하고 의견을 종합할 기회를 만듦으로써 실질적으로 계획의 관리에 중심이 되어야 할 공무원과 협력할 수밖에 없는 장을 만들게 되었다. 대학의 연구소 등 민간 기관을 국어문화원으로 지정하여 이들이 국가의 국어 정책에 관련된 일부의 일들을 담당하게 함으로써 민간과 정부가 협력하는 상설 통로의 역할을 맡게 했다.

3. 「국어기본법」 10년의 변화

3.1 국어 발전 기본 계획의 수립

「국어기본법」의 가장 큰 의의는 국어 발전에 관한 기본 계획을 수립하는 것이 실정법에 명문으로 규정되어 있어서 국가가 기본 계획을 수립해서 국어의 발전을 도모한다는 것이다. 제1차 기본 계획의 수립 과정과 경위, 그 내용에 관해서는 조남호(2007)에 잘 정리되어 있으므로 그대로 인용해 보기로 한다.

> 2005년은 국어 정책에서 중요한 해이다. 2005년 1월 27일 자로 「국어기본법」이 공포되었으며, 7월 27일 시행령이 시행되었다. 법적 근거에 기반을 두고 국어 정책을 추진할 수 있는 환경이 조성된 것이다. 이 법 제6조 1항에 "문화관광부 장관은 국어의 발전과 보존을 위하여 5년마다 국어 발전 기본 계획을 수립 시행하여야 한다."고 규정되어 있다. 이를 근거로 2006년 문화관광부 국립국어원에서는 5개년 계획의 「국어기본법」 시행 이후 기본 계획을 마련하는 것은 최초의 일이다. 그런 만큼 모든 일을 새로 시작하여야 했다. 이에 따라 국립국어원에서는

기본 계획 수립 방법에 대한 검토를 거쳐 2006년 6월 초 기본 계획 수립을 위한 전담 팀을 구성하였다. 전담 팀에서는 먼저 「국어기본법」의 관련 법 조항을 검토하여 계획의 성격, 계획에 담을 내용에 대한 대략적인 검토를 수행하였다. 또한 2004년에 문화관광부에서 발표한 창의 한국—21세기 새로운 문화의 비전을 참고 자료로 검토하였으며, 원내의 6개 팀에서 각 팀이 담당하는 사업을 중심으로 하여 기본 계획 초안을 마련하는 것으로 방향을 정했다. 초안은 일정한 형식에 따라 작성되어야 하기 때문에 작성 양식에 관해서도 논의하였다. 그리고 계획에 포함되어야 할 내용을 주제별로 묶어서 주제별로 해당 팀을 선정하여 그 팀으로 하여금 작성하도록 하였다. 전담 팀에서 만든 양식에 따라 각 팀에서 세부 사업별 초안을 만드는 일을 하였다. 이를 토대로 8월 22일 국립국어원 내부 워크숍을 개최하여 작성 내용에 대한 검토 및 토론을 하였다. 팀별로 초안을 수정한 것을 가지고 9월 11일에서 14일까지 4일간 경기도 양평에서 외부 전문가와 함께 워크숍을 실시하였다. 각 팀별로 1인이 참석한 워크숍 기간 동안 3인의 외부 전문가를 초청하여 기본 계획안에 대한 검토 의견을 듣고 그에 대한 토론을 하였으며 국어 발전을 위한 기본 전략과 미래상(비전)을 세우고 중점 추진 과제를 설정하였다. 워크숍을 마친 후 워크숍 내용을 토대로 하여 전담 팀에서는 기본 계획 초안을 최종 정리하여 9월 18일 1차로 안을 완성하였다. 이 안에 관해 외부에 자문을 구했다. 자문은 서면 검토와 회의 개최 검토로 나누어 진행되었다. 서면 검토는 9월 22일부터 27일까지 진행되었는데 외부의 전문가 5인에게 의뢰하였다. 이와 별도로 9월 25일 외부의 전문가 6인이 참석한 가운데 초안에 대한 수정 보완 사항을 집중적으로 검토하였다. 외부 자문 결과에 따라 기본 계획 초안을 수정한 후 3회에 걸쳐 국어심의회의 검토를 거쳤다. 9월 27일 국어심

의회 전체 위원회와 언어 정책 분과 회의에서 1차 검토를 하였다. 지적
사항이 많아 국어심의회를 더 개최하여 검토하기로 결정하였다. 또한
이 회의에서 국어심의회 3개 분과별로 5인 이하의 대표단을 선출하여
국어심의회 실무 위원회를 구성하였다. 10월 27일 열린 실무 위원회에
서 수정된 기본 계획안을 검토하였으며 새롭게 많은 것이 지적이 되었
다. 안을 다시 수정하여 11월 21일 국어심의회 실무 위원회에서 최종
심의를 하였다. 최종 심의를 거친 안을 가지고 관련 부서와의 협의를
거쳐 기본 계획 최종 시안을 마련하였으며 12월 29일 문화관광부 장관
에게 보고가 되었다

그리하여 발전 계획에는 다음의 내용들이 포함되게 되었다.

- 「국어기본법」의 기본 이념 구현과 실효성 제고
- 사회 통합적 언어 복지 시책 확대 시행
- 국제화 다문화 사회를 포용하는 다원주의 언어 규범 정립
- 국어 사용 환경의 점진적 개선과 국민의 국어 능력 증진
- 지식 정보 문화 시대를 이끌어 가는 국어 정보화 사업의 지속 추
  진
- 문화 상호주의에 입각한 '한국어 세계화 전략' 추진
- 국어 문화유산 발굴과 지역어 · 토착어 조사 사업 확대

2012년 시작되어 2016년에 끝나는 제2차 국어 발전 기본 계획은
제1차 계획의 성과를 점검하고, 과제의 내용을 크게 다섯 가지로 분
류하여, 세부 과제를 정리한 것이다. 구체적인 내용은 다음과 같다.

V. 5대 추진 과제

1. 품위 있는 언어생활을 위한 국민의 창조적 국어 능력 향상

　1-1. 국민의 바르고 편리한 언어 사용 환경 조성

　1-2. 국어 능력 향상 프로그램 강화

　1-3. 청소년 언어문화 개선

2. 공생 공영의 국어 문화 확산

　2-1. 언어적 소외 계층의 언어 환경 개선

　2-2. 남북 언어 통합 기반 구축

　2-3. 한민족 언어 소통 강화

3. 공공 언어 개선을 통한 사회 이익 증진

　3-1. 공공 언어의 대국민 소통성 제고

　3-2. 전문 용어 정비 및 표준화

　3-3. 언어 사용 문화 개선

4. 한국어 보급을 통한 우리말 위상 강화

　4-1. '세종학당' 확대 운영

　4-2. 한국어 교육 콘텐츠 개발 및 보급

　4-3. 한국어 교원의 현장 역량 강화

5. 우리말 문화유산 보전과 활용 기반 마련을 통한 국어 진흥

　5-1. 한글 문화 확산을 위한 기반 구축

　5-2. 언어 정보 자원 통합 관리

　5-3. 지역 언어문화 보존 및 활성화

　제1차와 제2차를 비교해 보면 기본 계획을 수립하는 주체, 과제와 수행하고자 하는 내용 등이 크게 바뀌어 있는데, 장기 계획의 수립과 실천하고자 하는 의지 그 자체가 국어의 발전에 크게 영향을 미치고

있다는 것을 알 수 있다.

3.2. 제1차 발전 계획의 성과 및 그 후

제1차 국어 발전 종합 계획의 수립으로 국어와 관련된 많은 분야에서 큰 성과를 이루게 되었다. 그 내용을 제2차 국어 발전 종합 계획에 정리되어 있는 주제를 중심으로 살펴보면 다음과 같다.

3.2.1. 한국어 세계화

한국어 세계화 분야에서 가장 획기적인 것은 세종학당의 설립 및 세종학당재단의 설립이다. 세종학당은 국립국어원에서 개설하였는데, 그 설립 목적을 "① 문화 상호주의 원칙에 입각한 쌍방향의 문화 교류와 이해 촉진, ② 지식인 중심의 엘리트 교육에서 탈피, 대중적 한국어 교육의 확대, ③ 국가 간의 문화적 연대와 공존을 위한 교류 협력 증진"의 세 가지로 설정하였다. 초기의 추진 과정은 바로 앞 주석의 문서에 다음과 같이 기술되어 있다.

2006년 12월부터 2007년 1월까지 중국, 몽골, 태국, 베트남의 4개국에서 세종학당 개설을 위한 현지 실태 조사가 실시되었으며 이를 바탕으로 2007년 1월부터 3월까지 몽골의 교육문화과학부, 국립사범대학 울란바토르대학, 그리고 중국의 연변과학기술대학, 중앙민족대학과 업무 협정을 체결했다. 그리하여 2007년 3월에 몽골 울란바토르대학과 국립사범대학의 2개교에 세종학당이 개원하게 되었다. 이어 5월에는 독립국가연합 지역(CIS)의 대학들과 세종학당 개설을 위한 업무 협성을 체결했으며, 키르기스스탄의 비슈케크 인문대학, 카자흐스탄 국립대학, 우즈베키스탄의 니자미 국립사범대학과도 업무 협정을 체결하거나, 업무 협의를 진행했다. 그리고 7월에는 중국 천진 외국어대학교와의 업무 협정이 이루어졌다.

2007년에 아주 조그만 규모로 출범한 세종학당은 2012년 9월 기준으로 유럽 10개국에 16학당, 아시아 19개국에 56학당, 북아메리카 3개국에 7학당, 아프리카 4개국에 4학당, 오세아니아 2개국에 2학당, 남아메리카 5개국에 5학당이 분포하여 전 세계 43개국 90개의 세종학당이 운영되었다. 3년 뒤인 2015년 7월 현재를 기준으로 하면 전 세계에 걸쳐 54개국 140개가 개설되어 있다. 이렇듯 한국어의 해외 보급 내지는 한국어의 세계 언어화를 목표로 하는 세종학당은 급속도로 확산되고 있는 상황이다.

한국어 해외 보급과 관련된 일들은 초기에는 민간인들이 힘을 모아 2001년 1월에 '한국어세계화재단'을 설립하여 관장하였는데, 2012년 12월에 국가의 특별 법인으로 '세종학당재단'이 설립되면서 해외 보급에 관한 일은 이 기구가 주로 담당하게 되었다. 이 기구는 한국어 세계화와 관련된 일, 특히 세종학당의 운영과 지원에 관한 사항을 총괄적으로 맡고 있는 것이다. 이 기관의 수행 업무는 그 누리집에 다음과 같이 명시되고 있다.

- 외국어 또는 제2 언어로서 한국어와 한국 문화를 교육하는 기관이나 강좌를 대상으로 세종학당 지정 및 지원

- 온라인으로 외국어 또는 제2 언어로서의 한국어와 한국 문화를
  교육하는 누리집(누리-세종학당) 개발, 운영
- 세종학당의 한국어 표준 교육 과정 및 교재 보급
- 세종학당의 한국어 교원 양성, 교육 및 파견 지원
- 세종학당을 통한 문화 교육 및 홍보 사업
- 그 밖에 외국어 또는 제2 언어로서의 한국어 보급을 위하여 필요
  한 사업

한국어의 세계화 내지는 세계에서 한국어 진흥과 관련된 일은 국가
기관인 국립국어원에서도 '한국어진흥과'를 설치하여 연구와 지원 사
업을 계속하고 있다. 문화체육관광부 외에도 한국어 해외 보급과 관
련된 사업은 정부의 여러 부처에서 관장을 하고 있는데, 이 분야에 대
한 효과적인 역할 분담은 국민 세금의 효과적인 사용과 사업의 활성
화를 위해서 고민해야 할 과제가 될 것이다.

3.2.2. 공공 언어 개선

제1차 발전 계획의 성과로는 공공 언어의 개선을 꼽을 수 있는데,
이에 관해서는 다음과 같은 업적들이 나열되고 있다.

- 공공 언어 개선을 위한 국어문화학교 특별반 운영(연 2회)
- 행정 용어 순화 시스템 자료 제공(빠른 교정, 선택 변환 시스템)
- 공무원 국어 사용 지침서, 차별적 표현 개선 안내서, 방송 언어 안
  내 지침, 신문 언어 안내 지침, 통신 언어 교육서 등 발간 배포

- 공공 언어 개선 토론회 개최(연 1회)
- 방송 프로그램의 저품격 언어 사용 조사 및 결과 발표(매월)
- 공공 기관 언어 표현 개선 지원(연평균 66건)
- 방송 언어 개선을 위한 방송사 공동 토론회 개최(연 1회)
- 국어책임관 직무 연수 개최(연 1회)
- 교과서 감수 지원(연평균 1,500건)
- 지식경제부 기술표준원, 국세청, 충청남도, 전라남도와 업무 협정으로 공공 언어 개선 확대
- 공공 언어 개선 민간단체 지원

이러한 사업에 이어 2014년에는 '바른 언어, 고운 언어, 품격 있는 언어'를 사용하여 '언어생활 언어문화를 바르고, 곱고, 품격 있게' 하고, '문화 융성의 토대로서 우리 말 글의 가치 제고'를 위해 '공공 언어 개선을 위한 언어문화 개선 범국민연합'을 결성하여 이 방면에 관한 개선 활동을 지속적으로 수행하고 있다.

3.2.3. 국어 사용 환경 조성

국어를 사용하는 환경을 개선하는 사업도 지속적으로 수행되고 있다. 대표적인 사업은 어문 규범의 영향을 평가하는 사업이 될 것이다. 국립국어원을 중심으로 '로마자 표기법 영향 평가'(2010), '외래어 표기법 영향 평가'(2010), '문장 부호 규정 영향평가'(2010), '표준어 영향 평가'(2011) 등 어문 규정의 영향을 평가하고 이를 개선하기 위한 노력을 기울이고 있다.

표준어에 관한 규정은 끊임없이 논란이 되고 있는 과제이다. 이의 해결을 위해 복수 표준어를 상당히 인정하고 있는 것도 바뀐 점 중의 하나가 된다. 예를 들어 '간지럽히다, 남사스럽다, 등물, 맨날' 등 11개의 복수 표준어를 인정하고, '~길래, 먹거리, 연신, 메꾸다, 눈꼬리' 등 25개의 별도 표준어를 지정하고, '택견, 품새, 짜장면' 등 3개의 표기를 인정하였다.

국어 생활종합상담실도 설치, 운영하고 있다. '어문 규범, 어법, 표준국어대사전 관련 내용' 등에 대한 상담이 연평균 4만 5,000여 건에 달하는 것은 국어 사용의 환경을 개선하기 위한 모범적인 사례로 꼽아도 좋을 것이다.

3.2.4. 국어사전 편찬 분야

일상적인 국어 생활을 편하게 해 주는 대표적인 사례는《표준국어대사전》의 인터넷 판 전환이 될 것이다. 표기법에 관한 문제, 발음에 관한 문제, 표준어에 관련 문제 등 국어에 관련된 많은 사항들을 국립국어원《표준국어대사전》에서 검색하여 확인할 수 있게 한 것은 우리말 사용의 편의 제공이라는 면에서 크게 인식되어야 할 사항이다.

국어사전 편찬과 관련하여 덧붙이고 싶은 것은, 하나의 사전 편찬이 완성되는 시점은 새로운 사전 편찬의 시발점이라는 점이다. 언어는 살아 있는 생물체와 같아서 변하는 환경에 맞추어 계속 변해 가기 때문에 새로운 변화를 담는 수정 작업은 끊임없이 계속되어야 한다. 그리고 한 언어의 사전은 그 언어를 사용하는 민족 문화의 집대성이자 문화 수준을 반영하는 것이기 때문에 우리 민족의 문화를 집대성하고 그 문화 수준을 높이기 위해 더 크고 더 깊은 사전을 만드는 작업을 서둘러야 한다는 것도 덧붙여 둔다.

3.2.5. 한글박물관 건립과 세계문자박물관 착수

「국어기본법」의 제정으로 우리말과 글에 대한 인식이 새로워지면서 이루어진 큰 결실 중의 하나가 '한글박물관'의 건립이 될 것이다. 한글박물관의 전신은 2001년 5월에 당시 한국어세계화재단에서 구축한 '디지털 한글박물관'이다. 당시에는 예산의 부족으로 사이버공간에 한글박물관을 구축했다가, 2010년 5월 서울시 용산구 국립중앙박물관 부지 내에 부지를 확보하여 박물관 건물의 건축에 들어갔다. 이후 3년간의 공사를 통해 마침내 2013년 국립 한글박물관을 개관했다. 이로써 세계에 으뜸가는 문자인 한글의 역사와 의의를 새롭게 조명할 수 있게 되었다. 한글박물관 완공 후 2015년에는 '세계문자박물관'을 만들기로 하였다. 문자와 관련된 박물관의 건립과 같은 새로운 전기를 마련하게 된 것 역시 「국어기본법」 시행의 큰 결실이라고 할 수 있을 것이다.

3.3. 지방 자치 단체의 국어 발전 계획 수립

「국어기본법」의 또 하나의 성과는 이 법이 지방 자치 단체에서 국어 발전 기본 계획을 수립하여 실천하는 기반이 되었다는 점을 꼽을 수 있다. 그 대표적인 예가 부산광역시이다. 부산시에서는 2015년 1월에 '부산시 국어 발전 기본 계획'을 수립하여 시행하고 있다. 그 내용은 다음과 같다.

부산시는 민선 6기 시민 중심의 시정을 펼치기 위해 시민과의 소통성을 높이고 '바르고, 곱고, 품격 있는' 시민들의 언어생활을 통해 문화 융성의 토대를 마련하기 위해 '부산시 국어 발전 기본 계획'을 수립했다고 밝혔다.

이번 기본 계획은 한글과 한국어가 '문화융성'의 토대를 이룰 수 있도록 △ 품위 있는 언어생활을 위한 시민 및 공무원 국어 능력 향상, △ 공공 언어 개선을 통한 시민 소통성 제고, △ 언어적 소외계층에 대한 언어 사용 불편 최소화, △ 부산 지역어 보전화 활용 기반 마련을 통한 부산 지역어 진흥, △ 언어문화 개선 운동으로 국어 위상 강화 등 5대 추진 과제를 담고 있다.

우선 시민 및 공무원 국어 능력 향상을 위해 △ 공무원 맞춤형 국어 전문 교육 강좌 개설 운영, △ 시민 국어 교육 강좌 개설 운영, △ 어린이 청소년의 올바른 언어 사용 유도를 추진한다.

공공 언어 개선을 통한 시민 소통성 제고를 위해서는 △ 구·군 국어책임관 활성화, △ 공공 언어 사용 실태 전수 조사, △ 공공 언어 순화 실시, △ 알기 쉽고 바른 공공 언어 사용 운동 전개를 실시한다.

또 언어적 소외 계층에 대한 언어 사용 불편 최소화를 위해 다문화 가족 등 소외 계층 언어 지원 사업을 전개한다. 다문화 가족, 외국인 노동자 등을 대상으로 한국어 교육을 실시하고 장애인을 위한 특수 교육 및 학습 기반을 구축하며, 비문해 어르신 등의 교육을 강화한다.

부산 지역어 진흥을 위해서는 △ 부산 지역어 전수 조사를 통한 자료 구축, △ 부산 지역어 경연 대회 개최 및 지원, △ 부산 지역어를 활용한 관광 상품화를 추진한다.

마지막으로 국어 위상을 강화하기 위해 △ 바른 말 고운 말 쓰기 범시민 운동 전개, △ 옥외 광고물 국어 사용 정착, △ 개인 사업자 및 민간 기업의 국어 사용 정착 및 유도를 추진한다.

부산시 관계자는 "이번 기본 계획을 토대로 바르고 쉬운 국어의 사용으로 시민 간의 '통합'(학력이 높은 사람과 낮은 사람, 전문가와 비전문가, 구세대와 신세대 등), 부산시 정책에 대한 시민과의 '소통'(어렵고 낯선 정책명, 제도명, 사업명을 쉽게 쓰기)이 원활하게 되도록 힘쓰겠다."고 전했다. 더불어 "부산의 역사 문화적 가치를 지니고 있는 부산말(사투리)을 보존해 후손에게 계승하고 부산말(사투리)을 활용한 관광 상품화 등 국어 문화 발전으로 부산의 가치를 높이는데 최선을 다하겠다."고 덧붙였다.

(참고 자료: Http://www.busan.go.kr/BoardExecute.do?pageid=BOARD00208&command=View&idx=60941&schField=title&pageIndex=5)

4. 「국어기본법」의 개선 방향

「국어 기본법」이 앞으로 나아가야 할 방향은 기본적으로 두 가지로 접근해 볼 수 있다. 하나는 기본법에서 다루고 있는 내용이나 형식 등에 관한 내적인 사항이고, 다른 하나는 기본법을 다룰 주체 등 환경에 관한 사항이다. 첫째 문제를 좀 더 구체적으로 논의하면, 기본법에서 다루고 있으나 내용에 대한 접근 방법에 문제가 있는 것을 개선하는 방향이고, 다음은 기본법에서 다루어야 할 사항인데 빠져 있어서 보완해야 할 사항이다. 형식에 관한 사항은 문장 자체와 조문끼리 충돌하는 문제이다.

둘째 문제, 즉 환경에 관한 사항은 현재 기본법의 범위를 넘어서는 문제들이지만 기본법이 가지고 있는 본래의 취지를 달성하기 위해 필요한 사항들이다.

4.1. 내용의 정비

4.1.1. 임의로운 선택과 강제적 필수

「국어기본법」의 많은 규정은 '할 수 있다'로 되어 있다. 그런데 이 말은 '안 해도 괜찮다'라는 것을 포함하고 있기 때문에 국어 발전을 위한 실천적인 수행에 결정적인 문제가 제기될 수 있다. '할 수 있다'로 그냥 두어야 할 사항과 '해야 한다'로 바꾸어야 할 사항을 어떻게 구분할 것인가? 현재 우리 사회에서 합의할 수 있는 적당한 경계선은 무엇일까? 경계선을 획정할 수 있는 기준점은 무엇인가 ? 등등에 관한 논의를 거쳐 고쳐야 할 사항은 하루 빨리 고쳐야 할 것이다.

4.1.2. 새로운 내용의 추가

제정 당시 여러 차례의 공청회를 거치는 동안 관계 부처의 이해관계나 관련 당사자의 민원성 반대로 인해 「국어기본법」에서 빠져 버린 부분이 있다. 이러한 내용은 이제 다시 검토를 하여 공감대가 형성되면 되살리는 것이 바람직하다. 그 중의 하나가 일정 수준 이상의 국어 능력을 요구하는 것인데, 초안의 16조에는 다음과 같은 규정이 있었다.

[제16조] (국어 능력 요구 대상자) ① 아래의 사람은 제13조에서 규정한 바에 따라 실시하는 한국어 능력 검정 시험에서 소정 수준의 능력을 인정받아야 한다.

  1. 교육법에 따라서 교육을 하는 초등, 중등, 고등 교사와 대학 교수
  2. 일정 규모 이상의 언론 기관에서 보도하는 일에 종사하는 사람
  3. 일정 규모 이상의 언론 기관에 고정적으로 기고하거나 출연하는 사람
  4. 기타 문화관광부장관이 필요하다고 인정하는 사람

이 규정은 규정을 지켜야 할 사람들의 반대로 제정 당시 삭제되었다. 이 조항은 어떤 식으로든 살려야 할 것이다.

이 밖에 「국어기본법」을 제정할 당시에는 미처 생각지 못했거나 한국의 위상이 달라지면서 국어와 관련하여 새롭게 대두된 일들은 한두 가지가 아니다. 이러한 상황에 대해 필자는 간단하게 의견 개진을 한 적이 있는데, 좀 더 구체적으로 제시하는 것은 다음 기회로 미룬다.

4.2. 표현의 정비

「국어기본법」은 국어 사용의 내용이나 형식에서 가장 모범적인 국어 문장이 되어야 할 텐데 그렇지 못한 곳이 더러 눈에 뜨인다. 몇 예를 들면 다음과 같다.

4.2.1. 내용의 층위 문제

제6조에서 기술된 아래 (1)의 내용과 제13조 ② 항에서 기술된 아

래 (2)의 내용은 서로 충돌한다.

　　(1) 기본 계획에는 다음 각 호의 사항이 포함되어야 한다.
　　　　1. 국어 정책의 기본 방향과 추진 목표에 관한 사항
　　　　2. 어문 규범의 제정과 개정 방향에 관한 사항

　　(2) 국어심의회는 다음 각 호의 사항을 심의한다.
　　　　1. 기본 계획의 수립에 관한 사항
　　　　2. 어문 규범의 제정 및 개정에 관한 사항

　(1)에 의하면 '어문 규범의 제정과 개정 방향에 관한 사항'은 '기본 계획'의 하위 범주가 되는데, (2)에 의하면 두 내용이 대등한 관계가 되는 것이다.

4.2.2. 나열어의 동질성 문제

　제6조의 3항에 나오는 다음의 표현도 다듬어져야 할 것이다.

　국민의 국어 능력 증진과 국어 사용 환경의 개선에 관한 사항

　이 구에서 '국민의'는 '국어 능력 증진'과 '국어 사용 환경의 개선'에 공유될 것이다. 다시 말해 '국어 능력 증진'과 '국어 사용 환경의 개선'이 대등한 관계로 나열되고 있는 것이다. 이 경우 두 단위의 관계가 매우 부적절하다. 대등한 관계로 나열하기 위해서는 '국어 능력의

증진과 국어 사용 환경의 개선' 정도로 수정하거나 '국어 능력 증진과 국어 사용 환경 개선' 정도로 수정하는 것이 좋을 것이다.

4.2.3. 기본법과 시행령의 유기성 문제

기본법에 의하면 국어심의회는 다음 각 호의 사항을 심의한다.

> 1. 기본 계획의 수립에 관한 사항
> 2. 어문 규범의 제정 및 개정에 관한 사항
> 3. 그 밖에 국어의 발전과 보전에 관하여 문화체육관광부 장관이 회의에 부치는 사항

그러나 시행령 제8조(분과위원회) ①에는 "법 제13조 제5항에 따른 분과위원회의 종류 및 심의 사항은 다음 각 호와 같다."고 해 다음과 같이 분과 위원회를 두고 있다.

> 1. 언어정책분과위원회
>   가. 기본 계획에 관한 사항
>   나. 국민의 국어 능력 향상과 국어 사용 환경 개선에 관한 사항
>   다. 국어의 국외 보급에 관한 사항
>   라. 국어의 정보화에 관한 사항
>   마. 그 밖에 다른 분과위원회의 소관에 속하지 아니하는 사항
> 2. 어문규범분과위원회
>   가. 한글 맞춤법에 관한 사항

　　　　나. 표준어 규정 및 표준 발음법에 관한 사항

　　　　다. 외래어 및 외국어의 한글 표기에 관한 사항

　　　　라. 로마자 표기법 등 국어를 외국 글자로 표기하는 방법에 관한
　　　　　　사항

　　　　마. 한자의 자형(字形) · 독음(讀音) 및 의미에 관한 사항

　　　　바. 어문 규범에 관한 영향 평가에 대한 사항

　　　3. 국어순화분과위원회

　　　　가. 국어순화에 관한 사항

　　　　나. 전문 분야 용어의 표준화에 관한 사항

　이에 의하면 기본법의 1항에 의해 언어정책분과위원회가 만들어지고, 기본법의 2항에 의해 어문규범분과위원회가 만들어지므로, 남은 3항에 의해 국어순화분과위원회가 만들어지는 것처럼 보이는데, 이러한 대응관계는 성립될 수 없는 것이다.

4.2.4. 모순적인 표현 문제

　시행령 제4조(어문 규범의 영향 평가) ③항은 다음과 같이 기술되어 있다.

　　문화체육관광부 장관은 어문 규범을 제정하거나 개정하려는 경우에
　는 미리 어문 규범에 관한 영향 평가를 하여야 한다.

　언뜻 보면 그럴 듯하지만, '제정'이 '처음 만든다'는 의미이므로 '아직 만들어지지 않은 규범'의 영향을 평가하는 것은 불가능할 것이다.

국민의 언어생활을 개선하기 위한 필요성과 그에 따른 국민의 의식을
조사하는 것이 필요할 것이다.

4.3. 환경의 정비

4.3.1. 담당 부서의 조정

「국어기본법」의 가장 심각한 문제는 국어에 관한 전반적인 사항을
정부 전체 부서 중 하나인 문화체육관광부가 모두 관장한다는 것이
다.교육에 관한 일, 이민자에 관한 일, 외국 노동자에 관한 일 등도 국
어 정책에 관한 한 문화체육관광부에서 담당한다. 서로 성격이 다른
일들을 한 부서에서 모두 담당하는 것은 업무의 효율성을 크게 낮출
수 있기 때문에 개선할 필요가 있다. 즉, 일에 따라 역할 분담을 하여
관련 부서에서 분업적으로 담당해야 할 것이다. 물론 이런 일들이 국
어 정책이란 면에서 일관성과 보편성을 가져야 하기 때문에 이를 총
괄하는 부서도 필요할 것이다. 부서의 신설 혹은 업무의 협약은 쉽지
않은 일이지만 보편성과 개별성이 조화를 이루면서 한국어가 지속적
으로 발전하기 위해서는 반드시 이루어내야 할 일이다.

4.3.2. 연구 결과의 활용

계획을 수립하여 결과물을 도출하였는데, 그 결과물이 현실에서 사
용되지 않으면 아무 쓸모가 없게 된다. 결과적으로 국민의 세금만 낭
비하는 셈인 것이다. 「국어기본법」의 제정 이후 국어 발전 기본 계획

에 입각하여 많은 연구 결과물이 나오고 있는데, 이러한 연구 결과가 해당 분야에서 효율적으로 활용되고 있는지는 미지수이다. 결과물의 효용성이나 활용성에 대한 검증은 어디에서도 이루지지지 않고 있기 때문이다. 연구 결과물의 활용성이나 효용성을 검증하거나 측정할 수 있는 방법의 개발 역시 하루 빨리 이루어져야 할 사항이다.

5. 마무리

　언어란 그 존재 자체가 그것을 사용하는 인간에게 종속된다. 인간이 사용하지 않으면 소멸하기 때문이다. 그렇지만 언어는 존재하는 한 그 사용자를 지배하기도 한다. 어떤 인간이든 사회적 약속으로서 언어를 제 마음대로 바꾸지 못하고 사회적으로 공인된 개념을 그대로 따라야 하기 때문이다. 이러한 관계는 언어와 사회 사이에도 그대로 적용될 수 있다. 언어가 존재하지 않으면 사회적 약속이나 규범이 거의 존재할 수 없다. 관계로 이루어진 사회는 언어에 의존적이다. 하지만 한 언어공동체가 그 언어를 지속적으로 사용하지 않으면 그 언어는 소멸할 수밖에 없다. 언어는 언어공동체를 이루는 사회에 종속적인 것이다.

　이러한 관계는 언어와 민족의 흥망성쇠에도 똑같이 적용할 수 있다. 어떤 민족이 자기들이 사용하는 언어를 잘 가다듬고 발전시키면 그 나라의 문명과 문화는 발달할 수 있다. 그러나 언어를 보존하고 발전시키는 정책을 펼치지 못하면 그 민족 자체가 망하거나 없어질 수도 있다. 이러한 예는 인류 역사에서 얼마든지 볼 수 있는데, 가장 가깝게는 만주족의 역사에서 찾을 수 있다. 청나라의 초기 강희제는 국가 초석을 세우는 여러 정책을 펴고, 언어와 문자도 정리한다(강희자전). 그런데 이 언어와 문자정리 사업은 한족이 사용하던 한자에 국한되었고, 만주족이 사용하던 언어와 문자에 관한 사업은 전혀 펼치지 않았다. 그 결과 만주족과 만주어는 마침내 소멸되고 말았다. 반대로 영어는 옥스퍼드 영어사전과 같은 지구상에 유례가 없는 사전을 편찬하여 영어를 중심으로 한 문화가 전 지구상에 꽃피우는 데 굳건한 뒷받침이 되었다.

21세기가 시작하는 시점에 「국어기본법」이 만들어져 우리말을 다시금 정리하고 보급하고 활성화할 수 있는 계기가 된 것은 대단히 다행스러운 일이다. 그러나 항상 염두에 두어야 할 사항은 법의 제정으로 목적한 일이 완수되는 것이 아니라는 점이다. 법의 제정은 해야 할 기본적인 사항만을 정리해 놓은 것이다. 그 법 자체가 무엇을 수행하는 것이 아니다. 따라서 앞으로 법에서 지향하고 있는 사항을 수행하고, 새로운 상황에 맞는 새로운 일들을 개발하고, 끊임없이 완성점에 가까워 지도록 노력해야 하는 것이 우리의 과제이다.

「국어기본법」의 성격과 관련하여 덧붙이고 싶은 말이 있다. 첫째, 말에 관한 것이다. 막말이나 욕설은 인간의 정서를 파괴하고, 애매모호한 말은 인간의 지성을 혼란시키고, 거짓말은 인간관계의 믿음을 파괴하고, 무관심에서 비롯된 침묵은 인간의 착각을 유도하고, 휘황찬란한 말놀음은 인간의 가치관을 혼란시킨다. 그러므로 '좋은 말, 정확한 말, 참말(바른말), 적극적인 의사 표현, 성실한 자유 의지가 반영된 진정성 있는 말'을 사용하도록 노력해야 할 것이다. 이런 말의 기본이 되는 사항을 법으로 제정할 수는 없을까 하는 고민도 필요할 것이다. 정치인을 포함한 지도층의 막말과 거짓말 그리고 허무맹랑한 말, 한국 영화나 게임에서 나타나는 지나친 욕설 등을 제재할 방법도 진지하게 논의할 필요가 있을 것이다.

둘째는 글에 관한 것이다. 말이란 인간이 생각한 바나 느낀 바를 청각적인 소리로 표현하는 것이고, 글이란 동일한 것을 시각적인 기호로 표현한 것이기 때문에 말과 글이란 제각각 존재할 수 있는 것이 아니다. 그래서 「국어기본법」에는 말의 표기인 글에 관한 언급이 없을 수 없다. 이 문제와 관련된 것이 한자의 사용에 관한 것이다. 모두 알다시피 「국어기본법」의 위헌성에 관한 문제 제기 역시 한자 표기 문제가 그 원인이다. 이 문제의 해결을 위한 방법, 즉 문자 사용에 관한 국민의 공감대를 이끌어 낼 방법은 없는지도 논리적 학문적으로 논의되어야 할 것이다.

제2장
국어 정책 수립을 위한 제언

〈요지〉

국어 정책의 비전과 목표

공존과 도약을 선도하는 국어 정책

> 다언어 사회의 공존과
> 한국어의 도약을 선도하는
> 국어 연구 · 정책 수립 · 시행과 보급

⇧

목 표
1. 국어 사용 능력의 제고
2. 국어의 정보화 및 지적 재생산 능력의 강화
3. 국어의 체계화 및 세계화
4. 국어의 문화적 콘텐츠 개발 및 산업화

1. 서론

21세기의 세계는 영어의 세계적 공용어화 시대에 접어들었다. 영어와 인구의 절대적 다수를 차지하는 몇몇 언어를 제외한 나머지 언어는 실존의 위협을 당하는 시대가 되었다.

이러한 시대적 상황과 관련하여 현재의 한국어는 다음과 같은 특수한 상황을 맞고 있다.

첫째, 국내적으로는 영어의 확산에 의해 학문적인 활동 외에 일상적인 언어생활에서도 그 영역이 줄어드는 위기 상황을 맞고 있다.

둘째, 이와 반대로 국외적으로는 한국의 비약적인 경제 성장에 평행하게 중국과 일본, 동남아 등지에서 한국어를 배우고자 하는 전대미문의 한국어 붐을 맞이하고 있다.

셋째, 한국은 지구상 어디에서도 찾아볼 수 없었던 한국적인 다문화 시대에 접어들고 있다.

넷째, 산업화와 상업화 속에서 언어를 포함한 인문학은 그 순수성만으로는 존재가 위협당하는 상황이 되었다.

이러한 상황을 극복하기 위해 국립국어원에서는 다음과 같이 정책 개발을 위한 준비를 하고 있다.

언어 정책의 개발과 정책 수행 환경 조성을 위해 국어 기본법에 규정된 국어 발전 계획 수립, 국어심의회 운영, 국어 책임관 제도 운영 등의 사업과 세계 언어 정책 기관과의 교류, 남북 언어 교류 사업을 추진하고 있다.

2005년 제정된 국어 기본법에 따라 2006년에 국어 발전 기본 계획을 수립하였다. 앞으로 2년마다 국어의 발전과 보전에 관한 시책 및 그 시행 결과에 관한 보고서를 국회에 제출하게 된다. 또한 5년 단위로 새로운 국어 발전 기본 계획을 수립하게 된다.

국어 기본법에서는 국가 기관 및 지방 자치 단체에 국어의 발전 및 보전을 위한 업무를 총괄하는 국어 책임관을 둘 수 있도록 규정하였다. 이에 따라 국가 기관과 지방 자치 단체에는 국어 책임관이 지정되어 있으며 국립국어원에서는 매년 국어능력향상정책협의회와 국어 책임관 회의를 개최하여 국가 기관과 지방 자치 단체에서 국어의 발전을 위한 여러 정책이 추진될 수 있는 환경을 조성하려고 노력하고 있다. 또한 실제로 시행하면서 제기되는 문제점을 중심으로 하여 국어 기본법 개정을 위한 준비를 하고 있으며 2007년에는 국어 기본법 개정을 위한 소위원회를 3차례 개최한 바 있다. 현재까지 중앙 행정 기관 54개, 중앙 행정 기관의 소속 기관 163개, 광역 지방 자치 단체 16개, 기초 지방 자치 단체 226개 등 459개 기관에 국어 책임관이 지정되어 있다.

국립국어원에서는 세계 언어 정책 기관의 동향을 파악하고 정책 기관 간 국제 교류를 추진하는 사업도 꾸준히 추진하고 있다. 세계 언어 정책 기관에 대한 조사를 수행하였으며 2004년 이후 일본 국립국어연구소와 꾸준히 서로 직원을 초청하여 상호 이해의 폭을 넓히고 있다.

또한 통일을 대비하여 남북의 언어 교류도 꾸준히 추진하고 있다. 매년 남북의 언어학자가 참가하는 국제 학술 대회가 개최될 수 있도록 추진하고 있으며 남북의 언어 동질성 회복을 위한 여러 사업을 모색하고 있다.

(국립국어원 2007년 사업 소개)

이러한 상황에서 본고는 한편으로 국어 정책이 응용적인 실천 사항의 제시라는 한계를 넘어 국어 정책학이란 이론으로[1] 성장할 수 있는 길을 모색하고, 또 다른 한편으로는 현재 필요한 국어 정책 몇 가지를 제시하기 위해 작성하는 것이다.

2. 국어 정책의 범위와 역사 그리고 현황[2]

2.1. 국어 정책의 개념

국립국어원의 《표준국어대사전》에는 '언어 정책'에 대해 다음과 같이 정의되어 있다.

언어 정책(言語政策)

『언어』

국가가 그 나라에서 쓰는 말을 통일 발전시키려고 쓰는 정책. 표준어의 규정, 맞춤법의 확립, 글자의 통일이나 개혁, 외국어 교육, 문맹 퇴치 따위가 있다.

표준어의 규정, 맞춤법의 확립, 글자의 통일이나 개혁, 외국어 교

---

1) 하나의 분야가 내포와 외연을 갖춘 독립된 학문 분야로 정립되기 위해서는 독자적인 이론과 영역을 가져야 하는데, 국어 정책 분야의 경우 독자적인 영역은 가졌으되 독자적인 이론을 갖추었다고 하기는 어려울 것이다.

2) 이 부분은 국립국어원의 국고 보조금 지원으로 박창원, 진대연, 최형용 등이 2010년에 수행한 《국제 언어 정책 비교 연구》의 결과 보고서 일부를 약간 수정 보완한 것이다.

육, 문맹 퇴치가 언어 정책의 대상으로 제시되어 있으나 이는 그 범위를 한정 짓는 것이 아니라 어디까지나 예일 뿐이다. '언어 정책'에 대해 '국민이 일상 사용하는 언어에 대한 국가 정부의 시정 방책'이라거나 더 나아가 '국가가 정치적인 목적하에 특정한 언어(들)와 그 사용 문제에 직간접적으로 개입하여 취하는 모든 활동'이라고 포괄적으로 정의하는 것을 참조하면 표준어의 규정, 맞춤법의 확립, 글자의 통일이나 개혁, 외국어 교육, 문맹 퇴치 등이 단순한 '보기'임을 알 수 있다. 가령 2005년 7월부터 시행한 국어 기본법에는 위에 제시되어 있지 않은 전문 용어의 정비에 대해 다음과 같이 기술하고 있다.

> 제17조 (전문 용어의 표준화 등) 국가는 국민이 각 분야의 전문 용어를 쉽고 편리하게 사용할 수 있도록 표준화하고 체계화하여 보급하여야 한다.

여기에는 '국가'가 국민이 사용하는 언어 가운데 하나인 '전문 용어'에 대해 '정책적으로' 개입해야 한다는 사실이 명시적으로 제시되어 있다. 이로 미루어 판단하건대 '언어 정책'은 한 나라가 그 나라 사람들이 사용하는 언어에 대해 직간접적으로 영향력을 미치는 것을 모두 포괄한다고 할 수 있다. 이는 언어 정책의 대상이 어떤 특정 분야에 고정되어 한정되는 성격을 가진 것이 아니라 시대에 따라 유동적일 수 있다는 것을 의미한다.

'언어 정책'에 대해 제시된 앞의 여러 정의에 따르면 '국가'가 아닌 '민간'에서 행해지는 언어 관련 활동은 설사 그것이 표준어의 규정, 맞춤법의 확립, 글자의 통일이나 개혁, 외국어 교육, 문맹 퇴치와 직

접적으로 연관되더라고 '언어 정책'에 포함될 수 없다. '언어 정책'에
대한 이러한 활동을 '언어 운동'이라고 부르는 것은 이와 같은 사정을
반영한 것이다. 다만 국가가 직접적인 개입을 자제하고 민간에서의
자율적인 개입을 간접적으로 지원하는 것은 '언어 정책'의 범위에 들
어온다. 국가 주도의 강력한 언어 정책을 '국가 개입주의 언어 정책'
이라고 한다면 후자는 '방임주의 언어 정책'이라 할 수 있을 것이다.
국가 기관 또는 제도의 설립과 언어 사용에 대한 법률을 가지고 있는
프랑스가 전자의 예라면 국가가 민간 차원의 사전 편찬 교육, 보급 등
을 지원하는 영어권은 후자의 예라고 할 수 있다.

   이상과 같은 언어 정책은 우선 한 국가 내 언어(들)의 기능과 전재
양상에 따라 '단일 언어 사용 정책', '이중 또는 삼중 언어 사용 정책',
'다중 언어 사용 정책'으로 나뉠 수 있다. 아이슬란드와 프랑스 그리
고 우리나라의 언어 정책은 '단일 언어 사용 정책'으로 묶일 수 있고
벨기에, 캐나다, 스위스의 언어 정책은 '이중 또는 삼중 언어 사용 정
책'에 해당되며 제2차 세계 대전 이후 식민 지배에서 벗어난 아프리
카 신생 독립국들의 언어 정책은 '다중 언어 사용 정책'의 대표적인
예가 될 수 있다. 언어 정책을 언어 '계획'의 측면에서 유형으로 분류
할 수도 있다. '위상(status)', '자료(corpus)', '습득(acquisition)'이 그
것인데 '위상'은 한 언어 공동체 내에서 특정한 언어의 사용 범위와
기능을 변화시키려는 것으로 공용어나 국민어의 공인, 표준이나 규범
어의 선정, 고유어의 부활 또는 보전, 자국어의 국내외 보급, 소수자
의 언어 인권 보장 등이 그 범위에 들어온다. '자료'는 특정 언어의 체
계와 형태에 직접적으로 관련된 활동으로서 문자 체계나 표기법의 개
선, 표준 규범(문법서, 사전)의 제정 및 개정, 신어 개발, 전문 용어의

정비, 어휘의 현대화 등이 그 예가 될 수 있다. '습득'은 특정 언어를 교육함으로써 그 사용자의 수와 사용 능력을 증대시키려는 것인데 학교에서의 모어 또는 제2 언어 교육, 원활한 사회생활 적응을 위한 각종 언어 학습, 문해력 증진 등이 대표적인 예라고 할 수 있다.

2.2. 국어 정책의 범위

언어 정책의 주제나 내용 그리고 대상은 아주 다양하다.

가. 주제의 다양성

2007년도 국립국어원의 사업 소개를 보면 7개의 사업이 제시되고 있는데 그중 '언어 정책 개발 및 정책 수행 환경 조성'에는

> 언어 정책의 개발과 정책 수행 환경 조성을 위해 국어 기본법에 규정된 국어 발전 계획 수립, 국어심의회 운영, 국어 책임관 제도 운영 등의 사업과 세계 언어 정책 기관과의 교류, 남북 언어 교류 사업을 추진하고 있다.

라고 설명한 후 '언어 정책 개발 및 정책 수행 환경 조성', '국어 순화', '외래어 표기법 운용', '전문 용어 표준화' 등이 제시되고 있다. 이 중 '언어 정책 개발 및 정책 수행 환경 조성'을 위해서는 다음과 같은 과제들이 모두 포함되어야 할 것이다.

   1) 국어에 대한 기초 연구

2) 국어의 습득 과정에 대한 기초 연구

3) 언어의 비교에 대한 연구

그런데 위의 내용들은 간단하게 한 줄로 표기되어 있지만, 이들을 제대로 하기 위해서는 엄청난 수의 학자를 동원하여 지속적으로 연구해야 함은 언급할 필요조차 없다.

나. 내용의 다양성

언어 정책을 수행하는 내용도 아주 다양한데, 그것은 대체로 다음의 다섯 가지로 나뉘어 논의되어 왔다.

1) 언어 순화

2) 언어 부활

3) 언어 개혁

4) 언어 표준화

5) 어휘 현대화

자국어의 순수성을 보존하고 외국어 내지는 오용어, 남용어, 비속어 등을 순화하는 것이 언어 순화(Language purification)이고, 고어 내지는 죽은 언어를 새롭게 재생하여 사용하는 것이 언어 부활(Language revival)[3]이고, 현재 사용하고 있는 어휘나 철자법을 바꾸거나 사용하는 언어 자체를 바꾸는 것이 언어 개혁(Language

---

3) 여기에는 이미 화석화 상태인 조어법을 재생하는 것도 포함될 것이다.

reform)[4]이고, 지역어의 표준어 결정이나 방언 어휘의 표준어 선정 등과 관련된 것이 언어 표준화(Language standardization)이고, 현대의 과학적인 체계 혹은 어휘 체계에 맞게 새로운 어휘를 수용하거나 제정하는 것이 어휘 현대화(Language modernization)이다. 지금까지 우리가 하고 있는 언어 정책도 대체로 이들 범주에서 이루어지고 있다고 할 수 있을 것이다.

다. 대상의 다양성

국어 정책의 대상을 사람을 중심으로 분류해 보면 대체로 다음과 같이 된다.

1) 국내에 있는 모국어 화자
2) 국내에 있는 다문화 가정 이주민과 그 자녀
3) 국내에 있는 외국인 노동자
4) 국외에 있는 동포와 그 자녀
5) 국외에 있는 장단기 체류자와 그 자녀
6) 국외에서 한국어를 배우고자 하는 사람

한편 지역별로 분류해 보면 상상을 초월하는 경우의 수가 될 것이다. 한 예로 중국의 경우를 간단히 들면 다음과 같이 세분될 것이다.

• 중국 동북부 3성 지역 - 동포들의 초등학교, 중등학교, 대학 교육 등

---

4) 사용하던 문자 자체를 바꾸는 혁명도 여기에 포함할 수 있을 것이다.

• 북경 지역 – 대학에서의 교육, 새로이 형성되고 있는 코리아 타운 (korea town) 지역 교육 등등

라. 정리

이러한 다양성을 종합하여 국어 정책을 수립해야 하는 것이다. 그렇게 하기 위해서는 포함된 다양한 변수를 전체적으로 볼 수 있는 안목이 있어야 하고, 그것에 대해 우선순위를 합리적으로 정할 수 있어야 한다. 그런데 이를 위해서는 일의 경중과 가치의 높낮이를 판단하는 기준점이 마련되어야 하고, 그 기준점들의 상관관계를 판단할 수 있는 상관 계수를 정할 수 있어야 한다.

2.3.1. 1원적 다원주의적 접근 방식

한국에서 한국어는 어떤 언어도 간섭할 수 없는 독보적인 위치를 가지고 있어야 한다. 미국에서 영어가 그러하고 중국에서 중국어가 그러하듯 한국어는 한국에서 독보적인 위치를 가지고 있어야 한다. 외국인이 모여서 하는 국제회의나 외국인 가족들이 모여 자기들끼리 하는 언어 상황이 아니라면 이것은 당연한 것이다.

그러나 20세기 후반기부터 형성되기 시작한 한국적 다문화에서 우리는 새로운 가치관을 수용해야 할 시기를 맞았다. 출신이 다양한 다문화 사회가 형성되면서 우리 사회가 지향해야 할 새로운 과제는 다양한 다수의 이주민이 본래의 모국어를 사용할 수 있고, 그 자녀들은 어머니의 모국어를 배울 수 있도록 환경을 만들어 주어야 한다는 것

이다.[5]

2.3. 국어 정책의 약사 –기관을 중심으로–

앞에서 서술한 언어 정책의 개념에 따르면 국가 차원의 언어 정책이 본격적으로 수립되고 시행되기 시작한 것은 동서양을 막론하고 근대 국민 국가의 성립 이후라고 할 수 있다. 언어 사용에 대한 의식적인 개입이 그 이전에 없었던 것은 아니지만 이때의 언어는 효율적인 지배를 위한 수단이었다고 볼 수도 있다. 즉 국가 차원에서 표기의 표준화나 대중적 보급은 고려 대상이 아니었던 것이다.

이러한 일반적인 상황과는 달리 한국에서는 특이한 현상을 볼 수 있는데, 그 첫째가 신라 경덕왕 시기에 지명이나 인명 등의 표기 방식을 정리하고 새로운 표기를 시도한 것이고,[6] 둘째로 '훈민정음'의 창제와 보급으로 대표되는 세종의 문자 정책은 언어 정책의 측면에서 획기적이라고 할 수 있다.

15세기 중엽 당시 조선 왕조에서 집현전 학사들을 동원하여 세계 문자사에서 처음으로 '훈민정음'이라는 새로운 문자를 만들고 이 문

---

5) 이러한 사고의 기반은 미국에 살고 있는 우리 동포가 미국 사회에 적응하기 위해 영어를 모국어처럼 사용하고, 한국인의 뿌리를 잃어버리지 않기 위해 한국어 역시 모국어처럼 사용하기를 원하는 것과 동일하다. 중국이나 일본 등 다른 모든 나라에 살고 있는 동포들도 아마 동일한 생각을 하고 있을 것이다. 1원적 다원주의에 대한 이론적 정립은 앞으로의 과제로 삼기로 한다.

6) 신라 제35대 왕인 경덕왕(재위 742~765)은 한화 정책(漢化政策)을 적극적으로 펼치는데, 언어와 관련된 정책으로 16년(757)에는 땅 이름을 모두 중국식으로 바꾸었고 18년에는 벼슬 이름을 중국식으로 바꾸었다.

자를 중심으로 한 다양한 표기 방식을 시도하고,[7] 그 후의 임금들이 정음청이나 언문청을 중심으로 문자 보급과 관련된 정책을 펼치는 것은 새로운 각도에서 조명될 필요가 있다.[8]

1907년 학부(學部) 안에 설치된 국문연구소는 비록 '대한 제국'에 의한 것이기는 하지만 어느 정도 언어 정책의 개념에 부합한다고 할 수 있다. 국문연구소는 명실상부한 정부 국어 연구 기관의 효시라 할 수 있으나 국문연구소의 대표적 업적인 1909년의 국문 연구 의정안은 공포 시행되지 못하였고, 1910년 일제에 의한 강제 병합으로 광복이 이루어지기까지 시행된 국어 정책은 조선총독부를 중심으로 식민 지배를 영속하려는 수단으로 전락하였다는 점에서 상당 부분 왜곡된 것이라고 할 수 있다. 또한 이에 대응하려는 조선어학회의 일련의 활동들은 '국가'를 전제로 하지 않는다는 점에서 민간 수준의 '언어 운동'의 범위를 넘지 못하였다.

언어 정책으로서의 국어 정책은 1945년 광복을 맞아 새로운 전기를 마련하게 되었다. 미 군정청에 의한 것이기는 하지만 1947년 1월에 국어정화위원회가 설치되었고 1948년에는 '우리말 도로 찾기'의 4가지 방침을 확정하였다. 역시 미 군정청의 '조선교육심의회'는 1948년 10월에 대한민국의 공문서는 한글로 쓴다는 것을 법률로 공

---

7) 표기에 있어서 당시에 주된 관심사는 두 가지로 압축될 수 있을 것이다. 하나는 한자와 훈민정음을 섞어 쓸 경우 그 표기 관계를 어떻게 할 것인가 하는 문제이고, 다른 하나는 우리말의 음절 말 종성을 어떻게 표기할 것인가 하는 문제였을 것으로 추정된다.

8) 언문청이나 정음청은 15세기 조선에 설립되었던 언어 관련 전담 국가 기관이라고 할 수 있다. 《세종실록》에 '언문청'이 처음 언급되고, 《문종실록》에 '정음청'이라는 기관이 나타난다. 단종 때에 정음청을 폐지하고 연산군 때에 언문청을 다시 설립하였다가 중종 때에 폐지하였다.

포하였다. 외래어 표기법이 마련된 것도 1948년의 일이다. 전쟁 후인 1954년 이승만 정부는 최초의 정부 주도 맞춤법 정책이라고 할 수 있는 '한글 간소화 방안'을 발표하였다. 1958년에는 '한글 전용 실천 요강'이 마련되어 정부 기관은 물론, 정부의 감독을 받는 산하 단체에도 한글 전용을 권장하였다. 1956년부터 심의에 착수한 '로마자의 한글화 표기법'도 1958년에 제정되었다.

1961년 군사 정부가 들어선 이후 1962년 '한글전용특별심의회'가 문교부에 설치되어 한자어로 된 용어를 우리말로 바꾸는 작업에 착수하였으며 용어집을 회보의 형식으로 발간하였다. 1963년에는 학계와 교육계의 요구에 따라 문교부는 '문법 통일안'을 제정하여 공포하였다. 1968년에는 한글 전용 5개년 계획을 의결하였고 1970년대에 접어들면서 문교부는 국어심의회를 중심으로 맞춤법, 표준말, 외래어 및 로마자 표기법을 전면적으로 다시 검토하기 시작하였고 국어심의회는 '국어조사위원회'를 별도로 구성하여 이 업무를 위탁하였다. 국어조사위원회는 1979년에 개정안을 마련하여 1984년에 로마자 표기법을 확정하여 고시하였고 나머지는 같은 해 설립된 국어연구소로 이관하였다. 1986년에는 외래어 표기법을 시행하였으며 한글 맞춤법과 표준어 규정의 개정안을 1987년에 마무리하고 문교부에 제출하였고 문교부는 이를 1988년에 확정하여 고시하였다.

국어연구소는 이처럼 국어 정책의 틀을 마련하였지만 임의 단체로서 정부의 국어 연구 기관은 아니었다. 그러다가 1990년에 정부 부처에 문화부가 설립되고 이 안에 어문출판국(후에 문화정책국)과 어문과(후에 국어정책과)를 신설하여 정부 차원에서 본격적으로 어문 정책을 추진하는 한편 국립기관으로서 국립국어연구원을 개원토록 하였다. 국립국어연구원은 대통령령 제13,163호에 따라 1991년 설립된 기관으로 국어연구소를 확대 개편한 것이다. 국립국어연구원은《표준국어대사전》을 편찬하고 어문 규범을 정비하는 한편 남북한 언어 동질성 회복, 국어 순화 자료집 발간, 국어문화학교 운영, 가나다 전화 운용 등을 통해 국어 정책의 본산으로 기능하게 되었고 2000년에는 '국어의 로마자 표기법'을 개정하여 공포하였으며 2004년에 '국립국어원'으로 기관 명칭이 바뀌었다. 국어 정책의 장기 계획인 '21세기 세종 계획'을 1998년부터 2007년에 걸쳐 수행하였으며 이와 함께 '한국어의 세계화 계획'을 수행하고 그 일환으로 2015년까지 모두 500개의 '세종학당' 설립을 추진 중이다.

2005년에는 '국어 기본법'과 '국어 기본법 시행령'이 공포됨으로써 국어 정책의 새로운 장이 열렸다고 할 수 있다. 한편 2004년 11월 이후 국어 정책 기능이 문화부에서 국립국어원으로 이관되었으나 2009년 5월 다시 문화부 국어민족문화과로 이관되었다.

2.4. 국어 정책의 과제와 내용

2.4.1. 국어 정책 과제의 변화

가. 1990년대 이전

앞의 기관 중심 약사에서 살펴본 바와 같이 1980년대까지의 국어 정책은 국어 순화, 어문 규범 정비, 한글 전용 문제를 중심으로 추진되었다고 할 수 있다. 그러다가 1990년대 들어 이들 외에 컴퓨터에서의 언어 처리, 남북 언어 통일, 사전 편찬 등 새로운 정책 과제가 추진

되었다.

나. 1990년대

1991년 문화부와 그 소속 기관 직제에 명시된 과제를 제시하면 다음과 같다.

- 한글의 기계화 및 과학화 사업
- 한글 맞춤법 등 어문 제 규범
- 생활 언어 및 언어 순화에 관한 사항
- 한글의 역사적 변천과 방언의 조사 및 연구
- 남북한 언어 통일
- 신문 방송 언어의 사용
- 국어의 해외 보급과 해외 거주자의 국어 사용 실태에 관한 조사 및 연구
- 표준국어대사전 의 편찬과 국어 관련 각종 사전의 발간
- 한자의 사용 실태 조사 및 개선 방안

다. 2000년대

2000년에 접어들어 국어 정책의 중심 기관이라 할 수 있는 국립국어연구원에는 큰 변화가 일어난다. 2001년과 2002년에 들어 국어 관련 예산이 획기적으로 늘어나고, 2004년에 '국립국어원'으로 기관 명칭이 변화되면서 국어 정책에 관한 모든 사항을 문화체육관광부로부터 이관받게 된다. 그리하여 국어 정책의 유일한 국가 중심 기관으로 변신하게 되는 것이다. 그뿐만 아니라 2005년에는 '국어 기본법'과 '국어 기본법 시행령'이 공포됨으로써 국어 정책의 새로운 장이 열렸

다고 할 수 있다.

그런데 2004년 11월 이후 문화부에서 국립국어원으로 이관되었던 국어 정책 기능이 2009년 5월 다시 문화부 국어민족문화과로 이관되었다. 즉 국립국어원이 종합적으로 주관해 오던 국어 정책 가운데 순수 정책 기능이 2009년 5월을 기준으로 다시 문화부 국어민족문화과로 이관된다. 그에 따라 국어 정책과 관련된 과제도 다시 이원화된다. 문화부 국어민족문화과에서 추진하고 있는 국어 정책의 내용을 제시하면 다음과 같다.

- 국어ㆍ언어 관련 법령, 제도 및 어문 규범의 정비
- 국어ㆍ언어 관련 정보화 정책 수립 및 시행
- 국어 책임관 운영ㆍ평가
- 언어와 문자, 전문 용어 등의 표준화
- 국민의 언어 능력 향상 및 언어 소외 계층 지원
- 공공언어 품질 향상 및 언어 사용 환경 개선
- 지역어 발굴 및 보전
- 국어문화원 지정 및 지원 등
- 한글날 행사, 한글 산업화, 한글 가치 확산 및 진흥ㆍ홍보
- 한국어 보급 기관의 설치ㆍ지원 등 한국어 보급
- 한국어 교원 자격 제도
- 외국인ㆍ다문화 가정 등에 대한 한국어 교육 정책

이 가운데 '국어ㆍ언어 관련 법령, 국어 책임관 운영ㆍ평가, 전문 용어 등의 표준화, 언어 소외 계층 지원, 공공언어 품질 향상, 지역어 발굴 및 보전, 국어문화원 지정 및 지원, 한글 산업화, 한국어 보급 기관

의 설치 지원 등 한국어 보급, 한국어 교원 자격 제도, 외국인 다문화
가정 등에 대한 한국어 교육 정책' 등은 최근에 새롭게 추진되는 과제
에 속한다.

  이에 따라 국립국어원의 추진 과제에도 변화가 생겼는데 2010년
문화체육관광부와 그 소속 기관 직제 시행 규칙에 제시된 과제를 제
시하면 다음과 같다.

  • 국어 언어 정책 관련 법 제도의 조사 연구
  • 언어와 문자, 특수 언어에 관한 조사 연구
  • 언어와 문자의 정보화 및 표준화와 정보 자원 구축 관리
  • 국어와 관련된 각종 사전의 편찬 발간
  • 공공 기관 및 신문 방송 인터넷 언어의 공공성 향상
  • 전문 용어 표준화 및 정비 지원
  • 국민의 국어 능력 국어 의식 국어 사용 환경 등 실태 조사
  • 올바른 국어의 보급 및 국민의 언어생활 상담
  • 국어 한국어 관련 교육 연수 계획의 수립 및 교육 연수 과정의 개발
  • 국어 한국어 교육 전문가 양성
  • 국어문화원 교육 활동 지원
  • 한국어 교원 자격 부여
  • 한국어 교육 과정, 교재 및 자료 등 개발 보급 운영

  이들 가운데 '언어와 문자에 관한 조사 연구, 언어와 문자의 정보
화 및 표준화와 정보 자원 구축 관리, 국어와 관련된 각종 사전의 편
찬 발간, 올바른 국어의 보급 및 국민의 언어생활 상담을 제외한 나
머지는 모두 최근에 새로 추진되는 과제이다.

또한 새로 추진되는 과제 가운데는 국어민족문화과와 직간접적으로 연관되는 것들이 적지 않기 때문에 두 기관의 공조가 중요한 역할을 할 수밖에 없다.

2.5. 국어 정책의 목표

국어 정책의 기본적인 목표는 대략 다음의 다섯 가지로 압축될 수 있을 것이다.

가. 국어 사용 능력의 제고
나. 국어의 정보화
다. 국어의 체계화 및 세계화
라. 국어의 문화적 콘텐츠 개발 및 산업화
마. 지적 재생산 능력의 강화

이러한 목표를 달성하기 위한 과업들을 조금 구체적으로 표현하면 다음과 같이 된다.

1) 국어 사용 실태 조사 및 사용 능력 향상 정책 개발
 - 정기적으로 또는 부정기적으로 사용 실태 조사를 다양한 방면에서 실시하고, 상황에 맞는 사용 능력의 향상 방안을 모색하고 이를 제도적으로 뒷받침할 수 있는 정책을 개발한다.
2) 21세기 세종 계획의 후속 사업 개발
 - 장기적인 과제로 추진되어 왔던 21세기 세종 계획이 마무리된바

이를 효율적으로 활용하고, 또 그 결과를 이어받아 발전적으로
계승할 수 있는 정보화 사업을 개발한다.

3) 한국어 교육의 세계화를 위해 기존의 정책을 보완하고 수정하여
내국인과 외국인을 구분하여 수요자 중심의 다문화 언어 및 교
육 프로그램 개발 등 종합적인 계획을 수립하고 이를 수행하기
위한 준비작업을 체계화한다.

4) 언어를 포함한 인문학이 자생적인 학문이 되기 위한 준비작업을
수행한다. 즉 내부적인 정비, 외부적인 활용과 관련해 언어학 외
적인 분야와 결합하여 새로운 영역을 개척하면서 상업적 제품을
개발하도록 노력한다.

5) 한국어가 모든 학문 분야에서 지적 재생산 능력을 갖추도록 한
다. 지금까지는 한국의 지적 능력이 세계적인 수준이 되었다는
것을 알리기 위해 외국어로 된 논문을 권장해 왔지만 이제 모든
학문 분야에서 한국어로 지적 재생산이 가능하도록 한국어의 지
적 능력을 축적해야 할 단계가 되었다.[9]

2.5.1. 국어 정책의 내용

가. 국어 사용 능력 제고

1) 실태 조사: 국민의 언어생활에 큰 영향을 미치는 공공언어 특히
국가 기관의 언어와 방송 언어 그리고 통신 언어에 대한 지속적

---

9) 고전을 번역하여 현대에 재생하는 것도 중요하지만, 그것보다 더 중요한 것은 현재
의 지식을 현재의 언어로 축적하는 일이다.

실태 조사를 통해 국어 사용 능력 향상에 저해가 되는 부분들을 체계적으로 점검해야 한다.

2) 국어 능력 지수 개발: 국어 능력을 계량적으로 측정할 수 있는 지수를 개발하여 이를 정기적으로 조사함으로써 국어 사용 능력을 과학적으로 제고할 수 있는 바탕을 마련해야 한다.

3) 국어 능력 검정 제도 시행: 국민들이 자신의 국어 능력을 객관적으로 파악하게 함으로써 제도를 통한 국어 사용 능력의 제고를 추구해야 한다.

4) 쉬운 한국어 쓰기 운동: 공공언어 등에 쉬운 한국어 쓰기 운동을 펼치고 이를 제도적으로 뒷받침할 수 있는 여건을 마련하는 것이 필요하다.[10]

나. 국어 정보화 - 21세기 세종 계획 후속 사업 개발

1) 국어 정보화의 지속적 추진: '21세기 세종 계획'의 사업 결과물이 사장되지 않고 국민의 언어생활에 도움이 되려면, 기존의 성과를 계승하고 이를 실용화할 수 있는 후속 사업의 추진이 필요하다.

2) 전자사전의 효용성 제고: 21세기 세종 계획에서 개발된 전자사전이 국어 연구나 산업화에서 중심 역할을 하려면 내용이 개선 보완되어 효용성이 제고될 필요가 있다.

3) 정보화 사회의 기반 조성: 국어 정보화의 기본은 자료와 지식의 축적 그리고 검색에 있다. 검색은 음소, 형태소, 단어 등의 언어

---

10) 이러한 운동과 법제화는 미국을 본보기로 할 수 있다.

단위 차원에서 검색될 수 있어야 하고, "대한민국에서 가장 높은 산의 높이는?" 등과 같은 지식이 검색될 수 있어야 한다. 더욱이 지구상의 인류가 쌓아 놓은 고도의 지식은 전부 한국어로 검색해 볼 수 있도록 해야 한다.[11]

다. 찾아가는 국어 문화 교실의 확대 운영

1) 현재 공무원이나 국어의 사용에 관심을 가지고 있는 일반인들을 대상으로 국어 문화 교실을 운영하는 것을 확대할 필요가 있다.

2) 국어 문화 교실의 강의 내용에는 한국어를 바르게 사용하는 단계를 넘어 아름답게 사용하는 내용의 교과목이 포함되어야 한다.

3) 교과목 운영은 온라인 강의 체계와 오프라인 강의 체계를 동시에 구축하여 운영하는 것이 바람직하며, 온라인 강의는 사회 봉사의 차원에서 대중화하기 위한 방안을 고려한다.

라. 사전 작업의 다각화

1) 《표준국어대사전》의 대대적인 보완 작업이 필요하다. 표제어 정비 작업도 이루어져야 하고, 뜻풀이도 더 정확하고 풍부하게 이루어져야 한다.

2) 한국식 옥스퍼드 영어 사전(OED)의 편찬 준비를 해야 한다. 사전의 구축이란 그 나라의 언어 정보를 구축하는 것으로 그 나라의 문화 수준을 가늠할 수 있는 것이다. 우리나라도 영어의 옥스

---

11) 한국어로 자료 구축이 이루어져 있어야 한다는 것과 인류 공용의 차원에서 한국적 낭비가 될 수 있다는 것 사이에 어느 것이 옳은지 판단하기 어렵다.

퍼드 영어 사전(OED) 같은 사전을 갖출 수 있도록 준비 작업에
들어가야 한다.

3) 다양한 사전 편찬 작업이 병행되어야 한다. 학술진흥재단이나
개인출판사에서 펴낼 수 있는 사전의 유형과는 구별되는 사업을
추진할 필요가 있다. 각 학문 분야에 광범위하게 사용되고 있는
개념어들을 선정하여, 이들의 사용 영역을 검토, 서구 개념의 수
용과 변용 과정을 정리한 개념어 사전을 편찬하는 것은 문사철
외에 정치, 경제 등 다양한 영역의 전문가들이 학제 간 연구를 진
행시킬 수 있는 사업이다.

마. 표준화의 영역을 확대

1) 화법의 정비가 필요하다. 한국어는 언어 예절의 중요성이 남다
른 언어다. 그러나 실제 언어생활에서 기준으로 삼을 만한 표준
화법이란 것이 정해져 있지 않으므로 표준 화법의 광범위한 정
비가 필요하다.

2) 표준 문체를 확립해야 한다. 논문의 경우 주석 달기와 참고 문헌
작성법 등이 학문 분야마다 다르고 같은 학문 안에서도 달라 이
의 표준화가 필요하다.

3) 전문 용어의 정비 및 표준화가 필요하다. 모든 전문 분야의 용어
를 정비하고 표준화해야 하고, 동시에 학제 간 표준화도 해야 한
다.

4) 공공언어의 소통 확대를 위해 노력해야 한다. 법률, 판결, 공문서
등에서도 아직도 어려운 한자어를 사용하거나 정체 불명의 외국
어 혹은 국어 조어법에 어긋나는 신조어 등을 사용하는데 이는

순화의 대상이다. 지금까지 일부 문건을 대상으로 한 연구가 진행되고 있었으나 전면적인 정비 작업을 시행해야 한다.

바. 다문화 시대의 조화로운 인간형 창출

1) 공존과 상생을 위한 한국어 교육 프로그램의 개발과 운영이 필요하다. 이주민들과 한국인이 서로의 문화를 인정하고 공존하는 가치관의 재정립이 필요하다. 문화의 다원적 가치성을 인정하고 상호 존중하는 인식의 전환이 필요하고, 이를 바탕으로 한 교재의 개발이 필요하다.

2) 인문 언어 중심의 사회 통합 프로그램 개발이 시급하다. 외국인에 관한 역사적 경험과 인식이 낮은 국민들을 재교육할 수 있는 프로그램 개발이 시급하다. 한국 사회에는 이미 많은 이주자들이 거주하고 있으며, 인종적 민족적 다양성을 보이고 있다. 그러나 국민의 의식과 관행은 단일 혈통 민족의 시각을 벗어나지 못하여 이주자들의 문화를 이해하기보다는 이들에게 한국 사회에 일방적으로 동화되길 바라고 있다. 그러나 이는 정체성의 혼란만 더해 올 뿐이며 자칫하면 우리 사회의 불안 요인이 될 가능성이 높다. 따라서 이주자들과의 사회 통합은 국민들 스스로 다인종, 다문화 사회에서 그 다양성을 인정하는 가운데 이주자들의 적응을 통한 사회 통합으로 방향을 맞추어야 한다.

사. 정리

지금까지 논의한 국어 정책의 핵심 과제는 대체로 다음과 같이 정리할 수 있다.

국내적 과제	정기적 실태 조사와 효율적 정책 수립의 유기적 결합	⇨	국어의 창의성 신장과 사용 능력 향상
	이주민 대상 한국어 보급 사회, 문화, 교육, 복지 등 다차원적 접근	⇨	다언어의 공존과 화합의 토대 마련
	국어의 문화 콘텐츠 개발	⇨	언어의 미적 개발과 현장 밀착형 상업적 제품화
국외적 과제	한국어 보급(외국인 대상)	⇨	전문 인력 양성과 시민 교육을 통한 대중화 및 실용화
	남북 간 언어 교류	⇨	통일을 대비한 언어 이질화 극복 및 상생 방안 마련
	해외 한국인(동포) 대상 한국어 보급	⇨	소수자 대상 봉사로 공존하는 운명 공동체 지향

3. 추진 전략과 계획의 수립

3.1. 추진 전략

■기본 전략 : 본 계획서의 목표를 달성하기 위해 기본적으로 수행할 전략은 다음의 것들이다.

가. 국어원(정부)-대학-일반 사회의 삼각 협조 체계를 구축하고,
나. 〈국내〉 전국에 있는 국어문화원의 기능 강화 및 공조 체계를 구축하여

다.〈국외〉세종학당의 정체성 확립과 현지에서의 상보적 체계를
　구축함으로써

라. 사업개발을 위한 국립국어원의 외연이 확대되어야 할 것이다.

■구체 전략 : 이를 수행하기 위한 구체적인 내용은 다음과 같은 표
　로 제시할 수 있다.

공존과 도약을 위한 한국어 연구, 정책 수립, 보급을 중심으로 구축		
활용 연구	대중 매체, 국내 산업 기관과 연계 • 대중 매체의 적극적 활용 • 서체 공간의 심미적 연구 • 소리 공간의 심미적 연구	〈국외 사업 연계 기관〉세종학당 육성 • 해외 한국어 교육망 구축 • 지역에 맞는 맞춤형 교육 프로그램 및 교재 개발 • 해외 한국인/동포 교육 수요 파악
	토대 연구 - 국립국어원, 대학 공동 협의체 구성 • 언어 사용 실태 조사 계획 수립 및 공동 연구 • 사전 등 기초 학문 분야 연구 계획 수립 및 실행 • 표준화된 이주민을 위한 한국어, 한국 문화, 한국 사회, 교육 교과과정 · 교재 개발 및 시행 • 대학에 다중 언어 관련 강좌 개설 및 연계 전공 개설을 통한 전문 인력 양성 • (초 · 중 · 고) 정규 교육 과정 내 정착 가능한 다문화 교육 과정 개발 • 다문화 시대의 언어 현상, 언어 공동체, 한국어 교육 모형 연구 • 언어 간 대비연구와 언어 학습자의 중간 언어 연구 아카이브 구축	
〈국내 사업 연계 기관〉국어문화원 육성		

3.2. 장기 계획의 수립

모든 활동에는 단기 계획과 중기 계획 그리고 장기 계획의 수립이 필요하다. 국어 정책과 관련해서도 중장기 계획의 수립이 필요한데 그를 위한 하나의 모델을 제시해보기로 한다. 계획은 3단계로 나누도록 하고, 항목은 목표 설정, 기획 및 연구, 연구 활용의 세 가지로 나누어 한다.

〈1단계〉

가. 목표 설정

• 기존 사업의 승계 및 새로운 사업의 구체화

나. 기획 및 연구

• 기존 사업 파악 및 조정

• 확산 사업과 축소 사업 구분

• 외곽 세력의 의견 수렴 및 체계도 완성

• 구체적 업무 수행

다. 연구 활용

• 세종학당의 업무 성과 비교 및 보완 체계 마련

• 국어문화원의 업무 성과 비교 및 보완체계 마련

• 국어의 체계화 및 세계화의 구체적 활용 방안 모색

〈2단계〉

가. 목표 설정

• 계획의 구체화 및 체계화

나. 기획 및 연구
- 1단계 평가에 의한 계획의 수정 보완, 구체화 및 체계화
- 사업의 체계적 수행

다. 연구 활용
- 1단계 활용에 대한 평가 및 대체 방안 실행
- 인재 활용과 육성 그리고 발전 방안 모색

〈3단계〉

가. 목표 설정
- 계획의 마무리 및 미비점 목록화

나. 기획 및 연구
- 계획의 마무리 실행
- 미비점에 대한 보완책 검토
- 새로운 발전 방안을 위한 자료 정리

다. 연구 활용
- 연구 활용의 종합적 결과 구축
- 새로운 영역 개발을 위한 자료 정리

제3장

미래의 국어 정책을 위한 메모

1. 미래의 문화 융성을 선도하기 위한 비전과 목표의 설정-정신 문화의 혁신과 융합을 위한 미래의 국어 정책

　미래의 한국 발전을 선도하고 특히 문화 융성의 발전을 선도하기 위한 국어정책을 펼치기 위해서는 우선 국어 정책을 펼치기 위한 비전과 목표의 설정이 있어야 할 것이다. 그리고 우리의 현재 언어 생활에 대한 정당한 비판과 이에 대한 해결책 마련, 그리고 미래의 발전과 관련된 새로운 사업들을 여러 분야가 융합적으로 수행해야 할 것이다.

　세계 10위 내외의 인구와 경제력을 가지고 있는 우리 민족이 21세기에 해야 할 일은 내부적으로 화목과 번영을 달성하고 외부적으로 배려와 확산의 한국어 정책을 펼치는 일이다.

　이를 달성하기 위해서는 해야 할 국어정책과 하지 말아야 할 국어정책을 구분하고, 해야 할 국어정책 중에는 필수적인 것과 임의적인 것 그리고 우선적인 것과 차선적인 것을 구별하여, 필수적이면서 우선적인 것을 선택하여 온 힘을 다하여 달성하는 것이다.

다음의 세 가지가 앞으로 펼쳐야 할 국어 정책의 기본 방향이다.

가. 선택과 집중의 국어 정책
나. 배려와 균형(그리고 조화)의 국어 정책
다. 혁신과 진보의 국어 정책

2. 각종 제도의 보완

국어 정책이 제대로 수행되기 위해서 앞으로 해야 할 일이 많은데, 그중 몇 가지를 나열하면서 맺기로 한다.

가. 국어 기본법의 개정

국어 기본법은 2005년에 제정되었는데, 그 초안은 2002년이나 2003년경에 만들어진 것으로 기억한다.(이 글의 필자도 초안 작성을 한 사람 중의 하나이다.) 초안에는 공공언어의 사용과 관련된 강력한 조항들이 있었으나 모두 사라져 버렸다. 이들을 다시 검토하고 부분적으로 혹은 전체적으로 수정하여 부활시키는 작업이 필요할 것이다. 또한 문광부 입법사항으로 하면서 국어 관련 업무의 최종 책임 및 권한이 전부 문화체육관광부장관으로 바뀌어 버렸는데 상당 부분은 국무총리의 권한과 책임으로 바꿔야 할 것이다.

나. 국립국어원의 위상 변화

국립국어원의 주요 업무는 한국어의 세계화, 체계화, 정보화 등으로 압축될 수 있다. 이러한 업무를 효율적으로 수행하기 위해서는 국어에 관련된 예산과 인원, 업무를 국립국어원으로 이관시키는 동시에 국립국어원의 위상을 높여야 할 것이다. 문화체육관광부 산하의 1급 공무원을 원장으로 하는 현 체제에서는 그 업무를 제대로 수행한다는 것이 불가능하기 때문이다.

다. 국어심의회의 활성화

국어에 관한 업무는 국립국어원이 주관적으로 수행해야 할 사항이지만, 국어에 관한 업무는 국어를 전공하는 학자들만의 몫이 아니라 범국가적인 차원에서 접근해야 할 일이기 때문에 국무총리가 책임을 맡게 되는 기구가 필요하다. 여기에는 외교통상부, 교육과학기술부, 보건복지부, 여성가족부, 노동부 등 언어 및 언어 교육과 관련된 부서의 책임자가 같이 참여하여 국어에 관련된 사항을 논의하게 해야 할 것이다.

라. 국어 책임관 제도의 효용화

국민의 국어 생활의 질적 향상을 위해서는 공공언어의개선이 필수적인데 이를 효과적으로 수행하기 위해서는 현재 국어 기본법에 명시되어 있는 국어 책임관 제도를 개선하고 효용화시키는 작업이 필요할 것이다. 국어 책임관의 채용과 임명 그리고 권한과 책임이 명시되어 국민의 공공언어 생활에 실질적인 도움이 될 수 있도록 해야 할 것이다.

마. 국어상담소의 실질화

국민의 언어생활을 바르고 아름답게 하기 위한 노력이 필요한바 이를 위해서는 필요한 내용을 점점하고 그 내용을 수행할 수 있는 기구를 설치해야 한다. 그와 관련된 일을 하기 위해 기존 기구의 이름을 빈다면 국어상담소 내지는 국어문화원 등이 될 것이다.(그런데 하는 일은 질적으로 다르다고 할 수 있다.) 대한민국에서 새로 만들어지는 모든 법령은 국어상담소(혹은 국어문화원)를 통과하게 하고, 또한 새로운 지식을 창출하는 모든 학위 논문 그리고 한국연구재단의 등재 혹은 등재 후보 학술지에 실리는 논문은 국어상담소의 심사를 받게 해야 할 것이다. 사전 심사가 현실적으로 어려울 경우 2년이나 3년에 한 번씩 학술지가 평가를 받는 방법도 생각할 수 있을 것이다.

3. 새로운 과제의 발굴

3.1. 한글학의 구축과 한글박물관의 세계화

가. 한글학의 구축

문자의 창제 정신과 새로운 학문의 융합으로 문화 융성을 선도하는 창조적 문자학 구축

- 문자학 + 정신사
  통섭의 정신으로
  속성을 기반으로 한 관계학으로

조화의 정신으로

> (가) 보편성과 개별성의 조화
>
> (나) 대립되는 원리의 상보적 조화

나. 세계문자박물관과 한글박물관의 세계화

다음의 세계 5대 박물관에 버금가는 한글박물관의 구축

〈세계5대 박물관〉

프랑스 파리의 루브르 박물관

영국 런던의 대영박물관

바티칸(이탈리아 로마)의 바티칸 박물관

러시아 상트페테르부르크의 에르미타주 박물관

미국 뉴욕의 메트로폴리탄 박물관

〈참고〉 소련의 승전박물관

3.2. 한국어대사전 구축

현재에 구축된 모든 전문 지식을 집대성하고, 모든 학술 용어의 개념과 역사, 외래어를 포함한 한국어 어휘의 어원과 발전 과정 등을 모두 정리하는 한국어 사전 구축. 〈옥스퍼드영어사전〉에 버금가는 한국어대사전 간행 준비

〈참고〉

[The Oxford English Dictionary, 옥스포드英語辭典]이란? 옥스퍼드

클라렌든 프레스 간행의 영어사전.

19세기 후반부터 고조된 언어의 과학적 연구라는 요망에 따라 1857
년 언어학회(The Philological Society)가 발의하여 H.콜리지, F.J.퍼니발,
S.J.A.머리, H.브래들리, W.크레이기, C.T.오니언스 등 언어학자를 편집
위원으로 하여 그들의 지도와 감수 아래 천 수백 명의 학자가 동원되
어 84년 제1권을 출판하고 1928년 완성하였다. 보유(補遺)를 추가하
여(1933) 총 11권(보급판 13권), 수록어수 약 40만, 용례 약 180만, 인
용 저작자 수 약 5,000명에 달하는 세계 최대의 사전이다.

주요 편찬방침은 1150년 이후의 영어를 모두 수록하고, 각어(各
語)의 형태 · 철자 · 의미의 변천을 용례와 함께 상세하게 기술하는
것 등이다. 이 사전은 언어학자뿐만 아니라 문학 연구가들에게도 필
수의 사전이라고 할 수 있으며, 이 사전이 학계에 기여한 공헌은 지대
하다. 33년 보급판 출판시에 서명을 《A New English Dictionary》에서
《The Oxford English Dictionary》로 변경하였고, 이후에도 증보판이 발
간되었다. 한편 92년판(전20권)에는 한국말 중 '한글' '막걸리' '온돌'
'태권도' '김치' '양반' '기생(妓生)' '시조(時調)'를 비롯하여, 행정구역
단위인 '면(面)', 화폐단위인 '원', 한글의 속된 표현인 '언문(諺文)', 전
통놀이인 '고누' 등의 12단어가 수록되어 있다.

[네이버 지식백과] 옥스퍼드영어사전 [The Oxford English
Dictionary, ―英語辭典] (두산백과)

3.3. 한국어와 한글에 의한 세계 정보화 구축

가. 국어의 중간(혹은 매개) 언어화

중간 언어의 개념과 점진적 확산 방안 마련

중간언어로서의 한국어 설계

한국어를 중간언어로 한 세계의 언어망 구축

나. 세계의 모든 정보는 한글로

세계 언어의 정보화 우선 순위 결정

세계의 모든 정보를 한국어 정보망 체계로

4. 대상에 따른 국어정책의 재정립

4.1. 내국인을 위한 사고력 향상과 품격 향상을 위한 전략

가. (일반인) 일상생활을 위한 국어정책

- 언어는 사용하는 인간의 모든 것 즉 인간 그 자체를 반영한다는 의식의 계발
- 교양있는 언어, 품격있는 언어
- 한국어 문법에 맞는 언어

나. (교육 전반 포함) 국어 교육을 위한 국어정책

- 모든 교육은 언어 사용의 논리성과 효율성에 의해 성패 결정
- 교육자의 전문성과 다양성
- 교재의 보편적 합리성과 일반적 객관성 그리고 미래지향성

다. (학자 및 전문가) 학문을 위한 국어정책

- 학문의 수준과 보편성은 전문 용어에 의해 결정
- 한국의 모든 논문과 저서는 세계의 언어로
- 세계의 모든 학문을 한국어로

4.4.2. 외국 거주자를 위한 한국어 확산과 한국어 세계화 전략

- 세계화의 거점 마련을 위한 비전과 목표 마련
- 세계화를 위한 우선 우선 순위 배정
- 한국어와의 대비언어학적 연구와 이를 바탕으로 한 한국어 교재 연구 및 개발

4.4.3. 국내 이주민을 위한 소통 능력 향상과 공존의 정책

- 한국에서는 한국어로 소통
- 이민족간에는 이민족의 언어로 소통
- 일원적 다원 주의에 의한 정체성을 확보하면서 다민족이 공존할 수 있는 가치관을 정립

5. 제도의 정비

국민의 국어 사용능력을 향상시키는 방안을 강구해야 하고, 외국어를 무분별하게 사용하지 않도록 언어에 의한 인식의 전환을 꾀하는 운동을 벌이고, 제도적인 뒷받침을 위해 우선적으로 국어심의회의 기

능을 강화하는 등 제도 마련을 동시에 수행해야 할 것이다. 몇 가지를
나열해 보면 다음과 같다.

가. 문자 생활의 개선을 위한 〈문장사〉 제도의 도입

- 학술서 문장사, 교양글 문장사를 구분하여 문장사 제도 도입, 자
  격증을 수여, 자격증이 없는 사람이 인쇄할 경우에는 문장사의
  교정을 받도록 의무화
- 모든 출판물에 문장사의 문장 검증 확인을 의무화

나. 언어 생활 개선을 위한 〈언어 평가제〉 도입

- 대통령 이하, 국회의원, 지방자치단체의 장 등 선출직의 공약의
  실현 여부 평가
- 장관 등 국가 지도자 급의 공공언어 사용 실태 조사 및 평가
- 신문 방송 등 언론 기관의 언어 사용 평가제 도입

다. 국어 교육과 정책을 총괄하는 〈국어위원회〉 설립

- 대통령 직속 혹은 국무총리 산하에 국어에 관련되는 모든 정책
  을 조정하는 권한의 위원회 설립
- 부처별 국어발전계획을 수립하게 하고, 이를 조정하는 역할을 부여

라. 공공기관의 국어발전 기본 계획을 의무화하는 〈국어기본법〉 개정

- 지방자치단체는 자체적으로 해당 지역어 발전 계획을 수립하여
  시행하도록 의무화

제2부

국어의 정비

제4장
국어 순화의 개념과 당위성[1]

1. 서론

인간의 언어와 사고 작용에 관한 논의는 해묵은 과제로서 명확하게 규정할 수 없는 면을 원천적으로 가지고 있지만, 영원히 인간의 관심사가 될 정도로 중요한 면을 가지고 있다. 인간의 본유적인 능력이 무엇인가 하는 문제와도 직결되고, 인간의 후천적인 발전의 문제와도 직결되는 문제이기 때문이다. 국어를 순화한다는 것은 인간의 언어와 사고 작용에 관한 논의 중 후천적인 발전의 문제와 관련된 면이 크다. 인간이 어떤 언어를 사용하는가에 따라 세계를 보는 눈이 달라질 수 있다는 것은 후천적인 경험에 따라 가치관이 달라지고 사고 방식이 달라지고 그에 따라 개인적인 정서나 사고 작용이 영향을 받게 된

---

1) 이글은 문화관광부 공모 과제 보고서 '남북한어 공동 순화 방안 연구'(연구책임자 구본관 교수) 중 필자가 자문으로 직접 집필했던 부분의 일부를 약간 보완한 것이다.

다는 것을 전제하여 성립될 수 있기 때문이다.

언어의 순화라는 명제 역시 언어 심리학의 언어 상대설과 직접적으로 관련된 것이다. 언어의 요소 중 좋지 못하거나 가치가 없는 것을 좀더 좋고 가치가 있는 것으로 바꾸어야 한다는 것은 언어에 의해 개인의 정서나 언어 공동체의 정서가 영향을 받기 때문에 이것을 수정하고 교정하자는 생각에 의해 가능한 것이다. 이러한 생각을 긍정적으로 받아들인다면, 언어 순화의 목적은 크게 두 가지 측면에서 설정될 수 있다. 하나는 특정한 언어를 사용하는 언어 공동체의 기본적인 성격과 관련된 측면에서 설정되는 것이고, 다른 하나는 언어 공동체 구성원들의 실제적인 사용과 관련된 측면에서 설정되는 것이다. 후자는 일상적인 언어 생활에 관련된 것과 전문적인 언어 사용과 관련된 것으로 다시 나누어 볼 수 있다. 그리하여 국어 순화의 목적은 다음의 세 가지 차원에서 논의될 수 있을 것이다. 일차적으로 언어 공동체의 기본적인 성격과 관련해서 국어를 순화한다는 것은 우리 민족의 언어적 동질성 내지는 통일성을 확보하기 위한 것이다. 그리고, 언어 공동체 구성원의 일상적인 언어 사용과 관련하여 국어를 순화한다는 것은 언어를 통한 감정의 피폐나 정서의 타락을 막아 언어 사용자의 정서를 올바르게 하기 위한 것이다. 그리고 전문적인 언어 사용과 관련해서 국어를 순화한다는 것은 학술적인 용어를 통일하거나 정리하여, 개념적인 정의나 실제 사용에서 동질성을 확보하는 데 있다. 즉, 그 분야에서 사용하는 개념을 올바르고 정확하게 정의 내려 실제적인 사용에 있어서 개념의 혼돈을 방지하는 데 있다.

국어 순화의 방향이나 실질적인 작업은 순화의 이러한 목적에 부합되도록 하여야 할 것이다. 외래적인 요소나 외국어적인 요소들 즉 국어에서 이질적인 것을 정리하고, 남한과 북한이 각기 상이하게 변화한 요소나 각기 상이하게 정리한 요소를 하나로 통일하거나 정리하여 언어적인 동질성으로 민족적인 동질성을 확보하는 것으로 국어 순화의 방향이나 작업이 이루어져야 할 것이다.

본고는 국어 순화와 관련된 여러 작업 중 우선 국어 순화의 개념에 관한 그간의 논의를 정리하여 개념의 외연을 대략적으로 정리할 것이다. 이를 통해 국어 순화라는 개념에 관한 정의를 내리는 것으로 진척될 수 있을 것이다. 그리고 왜 국어 순화를 해야 하는가 하는 문제를 논의하기 위해 우선 국어 순화와 관련된 세계관 내지는 언어관에 대해 알아 보고, 이러한 보편성 위에서 국어가 처한 역사적 사실과 관련하여 순화해야 하는 당위성과 필연성에 대해 논의해 보고자 하는 것이다.

2. 국어 순화의 개념

'국어를 순화한다'[2] 혹은 '국어를 순화해야 한다.'는 말속에는 최소한 두 가지의 전제가 있다. 첫째는 국어 즉 한국어가 현재 사용되고 있다는 것이고, 둘째는 사용되고 있는 한국어 속에 무엇인가 좋지 못하거나 옳지 못하거나 바람직하지 못하거나 어느 쪽이든 부정적인 가치를 가지고 있는 부분이 존재한다는 것이다. '사용되고 있는 한국어'

---

2) '국어 순화'라는 개념은 '국어 말다듬기' 혹은 '우리말 다듬기'라는 개념과 같은 의미로 사용되고 있다. '순화'와 '다듬기'가 동일하지 않은 내포를 가질 수 있겠으나 여기서는 통용되는 의미로 받아들인다.

라는 개념 역시 최소한 두 가지 사실을 내포하고 있다. '사용되고 있
는'이라는 시간적인 존재의 개념과 '다른 언어가 아닌 바로 한국어'라
는 대상을 지칭하는 개념을 내포하고 있는 것이다.

그러므로 '국어를 순화한다'는 행위의 대상은 시간적으로 '현재 사
용되고 있는' 국어인 것이다. 현재의 한국인이 사용하지 않아 이미 사
어가 되어 버린 국어는 그 대상이 아니라는 것이다. 다음으로 '국어
자체'를 대상으로 한다는 점이다. 한국인의 시각에서 어휘의 어원을
구분할 때 외국어, 외래어(한자어 포함), 고유어 등으로 나누어 볼 수
있는데, 이렇게 나누었을 경우 순화의 대상이 될 수 있는 것은 '외래
어나 고유어'가 순화의 대상이 되는 것이지 국어가 아닌 외국어는 순
화의 대상이 아닌 것이다.

그런데 이렇게 대상을 한정했을 경우에 생기는 문제는 한국인끼리
한국어 문장으로 대화를 하면서 서로 알고 있는 '고유어가 아닌' 단어
를 섞어 사용할 경우, 이것이 외국어인지 외래어인지 구분할 수 있는
기준점을 설정한다는 것이 사실상 불가능하다는 점이다. 그리고 하
나의 단어를 '외국어'로 있는 단계와 '외래어'로 정착한 단계를 어떻
게 구분하여 순화의 시점을 잡을 것인가 하는 문제도 제기된다. 그뿐
만 아니라 외국어는 순화의 대상이 아니고 외래어만이 순화의 대상
이 되고, 외래어는 국어의 일부로 사용되고 있는 어휘를 지칭한다면
논리적으로도 문제점이 발생하게 된다. 외국어를 차용하여 외국어 모
습 그대로 한국인이 사용하다가 이것이 외래어로 자리를 잡으면 순화
의 대상이 되어 순화된다는 모순에 봉착하게 되는 것이다. 이러한 문
제점을 해소하기 위해 순화의 대상은 외래어 외에 외래어가 되고자
하는 외국어, 즉 한국어의 일부로 들어오는 외국어도 순화의 대상으

로 삼아야 할 것이다. 외국어를 그대로 사용하다가 외래어로 정착하면 순화의 대상으로 삼는다는 모순을 제거하기 위한 예방적 차원에서 '한국어가 되고자 하는 외국어'는 순화의 대상으로 삼자는 것이다.

그러므로 순화의 대상은 한국어에 차용되려는 외국어를 포함하여 외래어(한자어를 포함) 및 고유어가 되는 것이다.

일반적으로 하나의 언어가 음운, 어휘, 문법의 하위 분야를 가지듯이 국어 역시 음운, 어휘, 문법의 하위 분야를 가지므로, 국어를 순화한다는 것은 음운을 순화하고, 어휘를 순화하고, 문법을 순화한다는 의미를 가지게 된다. '음운을 순화'한다는 것은 한국어의 음운 체계와 음운 현상 그리고 음절 구조에 맞지 않는 외국어식의 발음과 표기를 한국어답게 고친다는 것을 의미하고, '어휘를 순화'한다는 것은 국어답지 못한 외국어의 어휘를 국어다운 어휘의 모습으로 바꾼다는 것을 의미하고, 국어로서 상용화되지 못하는 어려운 용어나 술어를 쉬운 말로 바꾼다는 것을 의미하고, 저속하거나 비속한 어휘를 세련되고 점잖은 어휘를 바꾼다는 것을 의미하고, 틀린 어휘를 바른 어휘를 고친다는 것을 의미한다. '문법을 순화'한다는 것은 한국어의 구조에 맞지 않은 문장이나 한국어답지 못지 못한 표현 방식을 제대로 수정하는 것을 의미한다.

'순화한다'는 행위는 기본적으로 '바꾼다'는 것을 전제로 하는데, 순화하는 행위로서 '바꾼다'는 행위에는 가치의 개념이 내포되어 있다. 즉 나쁘거나 부정적인 방향으로 바꾸는 것이 아니라 좋고 긍정적인 방향으로 바꾼다는 것을 의미하는 것이다. '좋은 방향'이란 '한국인의 바른 정서' 혹은 '한국어의 규범' 그리고 '한국어의 표준 문법'을 지향하는 방향이라고 할 수 있다. 여기서 '한국인의 정서'라는 것은 발음이나 어휘 혹은 관용적인 표현 등에 대해 한국인이 가지고 있는 정서를 의미한다. '죽인다'와 '쥑인다'의 발음 차이에 대해 한국인이 가지고 있는 정서, '새끼, 자식, 자녀' 등의 어휘에 대해 한국인이 가지고 있는 정서 혹은 '진료소, 의원, 병원' 등에 관해 한국인이 가지고 있는 연상적인 의미, '아내, 와이프, 집사람' 등에 관해 한국인이 가지고 있는 정서 그리고 이러한 정서에 대해 평가하는 한국인의 가치관 등을 총괄적으로 지칭하는 것이다. '한국어의 규범'이란 한글 맞춤법을 비롯하여 표준어 규정, 외래어 표기법, 로마자 표기법 등을 총괄적으로 지칭하는 것이다. 그리고 한국어의 표준 문법이란 한국인이 보편적으로 가지고 있는 문법 의식을 지칭하는 것이다.

그러하여 본고에서는 '국어 순화'를 다음과 같이 정의하고자 한다.

> 국어 순화란 외국어, 외래어(한자어 포함), 고유어를 대상으로 한다. 외국어나 외래어의 순화란 이들을 한국어답게 고치는 것이고, 고유어의 순화란 높은 가치를 가지고 있는 방향으로 고치는 것이다. '높은 가치'를 가진 말이란, 규범에 틀린 말에 대해 규범에 맞는 말을, 어려운 말에 대해 쉬운 말을, 비속하거나 저급한 말에 대해 세련되고 고운 말을 지칭하는 것이다.

이러한 본고의 국어 순화란 개념의 내포와 외연을 기존의 대표적인 논의와 비교해 보기로 하자. 우선 국어 순화에 대해 표준국어대사전에서는 다음과 같이 정의하고 있다.

> "국어를 다듬는 일. 외래어를 가능한 한 고유어로, 비속한 말을 고운

말로, 틀린 말을 표준어 및 맞춤법대로 바르게 쓰는 것 따위이다."

이에 의하면 순화 행위는 '고유어로 고치고', '곱고 바른 말로' 쓰는 행위이다. 순화의 영역은 언어의 하위 분야 중 어휘에 한정되고, 순화의 대상이 되는 어휘는 외래어, 비속한 말, 틀린 말 등이 된다.
　이러한 순화의 영역은 김석득(1979)에 의하면 표준국어대사전보다 넓혀진다. 우선 관련된 부분을 옮겨 보기로 한다.

　　"국어 순화는 잡것으로 알려진 들어온말(외래어)과 외국말을 가능한
　　한 우리 토박이말로 재정립한다는 것이고, 비속한 말과 틀린말을 고운
　　말과 표준발음, 표준말, 표준말본으로 바르게 하자는 것이다. 또한 그것
　　은 복잡한 것으로 알려진 어려운 말을 쉬운 말로 고치는 일도 된다."

　이에 의하면 순화 행위는 '고유어로 재정립'하고, '곱고 바르고 쉬운 말로 고치는' 행위이고, 순화의 대상은 들어온말, 외국말, 비속한 말, 틀린 말, 어려운 말 등으로 확대되는 것이다. 그리고 틀린 말에는 발음이 잘못된 것, 말본에 어긋나는 것이 포함되므로, 언어학의 대상으로 하면 음운론, 문법론, 어휘론 등이 순화의 영역이 된다.
　이러한 영역은 박갑수(1979)와 차이 나는 부분이 있다. 우선 관련된 부분을 인용해 보면 다음과 같다.

　　"국어 순화란 대외적으로 순수하지 않은 외래 요소를 제거하는
　　순화(purification)와 대내적으로 우리말을 아름답게 하려는 미화
　　(beautification)를 아울러 의미하게 된다. 국어 순화는 이와 같이 국어

의 순화와 미화가 그 대상이 된다. 그러나 이것을 좀더 구체적으로 말하면, 바람직하지 않은 음운, 어휘, 통사, 의미, 언어 활동, 정서법 등이 그 대상이 된다."

이에 의하면 순화의 행위는 '외래 요소를 제거하고, 아름답게 하는' 행위이고, 순화의 대상은 언어의 영역뿐만 아니라, 언어 활동까지를 포함하게 된다.

이들을 표로써 비교하면 다음과 같다.(○표는 포함된다는 의미이다.)

	어 휘				문법	음운	규범	언어 활동
	외국어	들어온말	비속한 말	어려운 말				
표준국어 대사전		○	○				○	
김석득	○	○	○	○	○	○	○	
박갑수		○			○	○	○	○
본고	○	○	○	○	○	○	○	○

위의 표에서 알 수 있듯이, 본고에서 지칭하는 순화의 영역이 가장 넓은데, 그것은 국어의 순화란 단순한 어휘의 번역이나 어휘의 교체라는 차원을 넘어서서 국어 생활의 모든 분야에 걸쳐 이루어져야 한다는 필자의 개인적인 생각을 반영한 것이다.

3. 국어 순화의 언어관

언어를 순화해야 한다는 명제는, 언어가 순수히 객관적인 대상물로 존재하는 것이 아니라, 가치 판단의 대상물이 되거나 인간의 정신활동의 기반이 되거나, 인간의 정신 활동이나 민족적인 정서나 문화에 직접적인 영향을 미친다는 것을 전제로 해야 성립할 수 있는 명제이다.

이와 관련된 이론으로는 훔볼트의 "언어는 작품이 아니라 활동(?)", "말은 민족의 존재 기관 그 자체", "인간의 모든 언어 구조는 민족마다 그 정신적 특성이 다름에 따라 차이가 있다"라는 표현이 많이 인용되고 있다. 이런 태도는 언어를 객관적인 대상물로 보는 구조주의적인 견해와 상반되는 것인데, 한국에서는 개화기의 주시경 선생이나 최현배 선생 등으로 이어지는 애국 계몽주의적인 언어관 내지 국어 교육을 통한 민족주의 운동과 관련된다. 이와 관련되는 것을 간략하게 정리해 보도록 한다.

한국에서 민족주의적 언어관은 [훈민정음]에서 그 기원을 찾아 볼 수 있다. 즉 나라마다 다른 기후와 풍토에 의해 언어가 달라지고, 상이한 언어는 하나의 문자에 의해 제대로 표현될 수 없기에, 우리나라 말은 우리나라 글로 표현해야 된다는 생각은 민족주의적 언어관과 그 맥이 닿는 부분이 있는 것이다.

그러나 민족주의적 언어관이 본격적으로 형성되는 것은 개화기에 이르러서이다. 개화기라는 당시의 시대 상황은 국어를 연구하는 사상적인 배경과 목적에 결정적인 영향을 미치게 된다. 언어관은 당시의

민족적인 특수한 상황과 관련하여 애국 애족과 자주라는 가치관과 더
불어 연구되는 것이다. 우선 언어와 국민의 관계 및 국어 연구의 긴요
성에 대해 주시경(1908)의 서에서는 "一境의 地에 一種의 人을 産ㅎ고
一種의 人에 一種의 言을 發케 홈"이 우주 만물의 이치와 동일한 생존
의 기본이치이고, 한 민족에 있어서는 "其域은 獨立의 基요 其種은 獨
立의 體요 其言은 獨立의 性"이기 때문에 "自國을 保存ㅎ며 自國을 興
盛케ㅎ는 道는 國性을 獎勵홈에 在ㅎ고 國性을 獎勵ㅎ는 道는 國語와
國文을 崇用홈이 最要홈으로"지금의 시대 상황에서 해야 할 일은 많지
만 "國語와 國文을 講求ㅎ여 *正ㅎ며 獎勵홈이 今日의 急務"라 하였다.

언어와 민족 내지는 민족 문화의 관계에 대해서는 박승빈(1935)
의 서에서는 "言語는 그 民族의 形成에 가장 重要한 關係를 가진 遺傳
物"이라는 전제를 하고서 다음과 같이 언급하고 있다.[3]

> 言語는 그 社會의 實質的 事物을 外形에 表現하는 것이며 오히려 그
> 뿐 안이라 言語는 그 社會의 實質的 事物을 誘導하며 牽制하는 效能이
> 이스니 發達된 言語는 文化의 增進을 促하고 幼稚한 言語는 이를 妨碍
> 하며 健實한 言語는 武勇의 性格을 涵養하고 浮虛한 言語는 이를 妨碍
> 하며 普遍的 言語는 平等思想을 誘導하고 差別的 言語는 이를 妨碍하
> 는 것이라 以上과 같히 한 社會의 實質的 事物과 言語와는 互相으로
> 表裏가 되야서 그 社會의 盛衰에 互相으로 原因과 結果가 되는 것이니
> 言語는 民族的 生活에 至極히 重要한 關係를 가진 것이라 이러한 關係
> 에 依하야서 또한 敬虔의 態度로 써 이에 臨함이 可함이라

---

3) 박승빈(1935)의 생각은 서양 언어학자 20세기 초반기의 사피어의 생각과 통하고,
   언어 인류학자인 에밀 벤베니스트의 생각과 일맥상통하는 바가 있다.

이렇게 언어를 민족의 생존과 민족 문화의 보존에 결정적인 영향을 미친다는 생각에서 국어와 국문을 연구한다. 외국어 문법에 의존하는 것은 그 나라의 습속과 언어에 기울어져 올바른 언어관을 가질 수 없다는 생각을 하게 된다. 그리고 하나의 언어는 그 언어 나름대로의 독자성을 가지고 있기 때문에 국어와 국문에 알맞은 독자적인 문법을 구축하기 위해 노력한다. 박승빈(1935)의 서에서 이와 관련된 내용을 발췌해 보기로 한다.

> 著者는 英語의 文法과 日本語의 文法의 糟粕을 解得한 關係로 聯想的으로 朝鮮語 文法에 關한 思考가 頭腦의 一部分에 侵入하야씀은 距今 二十六年前부터이얐다. (이러한 상황으로 인해 사고 자체가 서양어 문법이나 일본어 문법을 따라 하게 되는 상황에 처하게 되었다. 이러한 사정을 알고 국어 문법에 관한 글을 준비했으나 이런저런 사정이 생겼는데) 드드여 붓을 잡기로 하야서 爾來 八年間에 辛苦를 繼續하야 겨우 이 粗略한 稿를 마쳤노라.

이러한 생각은 문법 용어 자체를 순수한 우리말로 고칠 뿐만 아니라 문법서 자체를 순수한 우리말로 바꾸기도 하는데, 그 절정은 주시경(1910, 1914)에서 볼 수 있다. 주시경(1910)에서는 문법 용어를 순수한 고유어에 바탕하여 새로운 용어로 바꾸는데 그 취지를 다음과 같이 설명하고 있다.(35쪽)

> 右에 기의갈래 九個名稱은 國語로 作함이니 或은 줄임이요 或은 定함이라 漢字로 作하면 그 文字의 義로만 解得하랴고 하는 習慣이 有하

여 그 定義를 言하지 안이히면 誤解하기 易하니 國語로 作하든지 漢字
로 用하든지 定義를 擧하기는 一般인데 漢字로 定하기는 國語로 定하
기보다 未便하며 近日 日本과 支那에서 漢字로 文法에 用하는 名稱이
有하나 其中에 本 事實에 相左함과 不足함과 國語에 不適함이 有한 故
로 如一하게 하노라고 國語로 作하거니와 如何하든지 國語에 國語를
用함이 可하지 안이하리오 이러함으로 以下에도 如此함이 有하니라.

순수한 고유어를 사용하여 문법 용어를 만들었지만, 당시의 문장은
한문투의 문장이나 한자가 지나치게 노출되어 언문을 일치하고자 하
는 당시의 기대와는 상당한 거리가 있었는데, 주시경(1914)에 오면
문법을 설명하는 용어까지 순수한 고유어로 대폭 바꾸고, 한자를 사
용하지 않게 된다. 문장의 한 예를 보기로 한다.

　　홀소리가서로 맞아날때에는거듭하기가 쉽으니라
　　그사람이오아나를보더라할말을그사람이와나를보더라하는것은오
　와아가서로맞으매거듭하여와가됨이오

이러한 언어관은 서구에서도 찾아볼 수 있는데, 이와 관련된 대
표적인 학자는 19세기의 언어 철학을 이어가는 훔볼트(W. von
Humboldt)이다. 19세기 서양 언어학을 대표하는 학자로는 봅(F.
Bopp), 라스크(R. K. Rask), 그림(J. Grimm) 등을 들 수 있는데, 이들
의 연구 방법은 언어를 역사적으로 비교하는 것이었다. 이들은 음성
관계 및 형태 관계를 언어마다 비교하고자 하였지만, 언어를 인간 정
신의 표현과 관련해서 파악하고자 하였고, 사물을 위하여 낱말을 연

구하였다. 예컨대 독일어사는 "독일의 본질"을 탐구하기 위한 수단으로 연구되었던 것이다. 이러한 연구는 훔볼트에 의해 정리된다고 할 수 있는데, 그는 언어 내용의 연구와 언어 내용에서 나타나는 세계관의 연구가 주목적이었다. 그의 견해에 의하면 "모든 언어에는 각각 그 나름의 고유한 세계관이 내재해 있다. 개개의 음성이 대상과 인간들 사이에 나타나는 것과 마찬가지로, 전체의 언어는 인간과 그에 대해서 영향을 끼치는 자연 사이에 나타난다. 따라서 새로운 언어를 습득한다는 것은 지금까지의 세계관에 새로운 관점을 얻는 것일 것이다. 왜냐하면 모든 언어는 제반 개념으로 이루어진 조직 전체이며 인류의 한 부분의 고유한 사고방식을 각각 지니고 있기 때문이다."[4]

이러한 생각은 언어 상대설로 유명한 미국의 사피어와 그 맥이 통하고, 언어 인류학자라고 할 수 있는 프랑스의 벤베니스트와도 그 맥이 통하는 것이다.(구체적인 내용은 생략하기로 한다.)

4. 국어 순화의 당위성과 필요성

국어 순화와 관련하여 우선적으로 해결해야 할 것은 '국어는 왜 순화해야 하는가' 혹은 '순화할 필요가 있는가' 하는 문제, 즉 국어 순화의 당위성과 필요성에 대해 합리적이고 논리적인 근거를 마련하는 일

---

4) 훔볼트는 언어 형태 이면에서 세계상을 찾고자 모색함으로써, 그는 언어의 고유한 법칙상을 보지 못하고, 언어학을 정신사의 수단으로 만드는 위험에 빠지고 만다. 언어학에서도 "선험적 추론"으로 표시될 수 있는 입장이, 즉 언어 속에서 쉽게 언어외적 요소를 읽으려고 하는 입장이 여기서 시작된다.

일 것이다. 이를 위해 몇 가지 경우로 나누어 간략하게 알아보도록 한다. 그리고 남북이 공동으로 언어 순화 작업을 해야 하는 필요성에 대해서도 간단하게 언급하기로 한다.

4.1. 언어관으로 본 당위성

국어 순화의 당위성이나 필연성과 관련하여 우선 생각해야 할 문제는 언어와 사고 혹은 언어와 세계관에 관련된 것이다. 앞에서 우리는 민족주의적인 언어관 내지는 공리주의적 언어관에 대해 개략적으로 살펴 보았는데, 이러한 언어관이 언어가 가지고 있는 기능이나 성격을 모두 설명한다고는 할 수 없을 것이다. 그리고 그러한 언어관만이 옳은 것이 아니라 반대의 의견도 있을 수 있다는 것을 인정해야 할 것이다. 그러나 언어가 사고(혹은 인지) 작용 내지는 세계관의 형성에 어느 정도는 영향을 미치고, 적어도 상호 작용하고 있다는 것을 인정한다면, 한국인이 한국인다운 정체성을 확립하기 위해서는 다시 말해 한국인이 한국인다운 정서를 공유하고, 한국인다운 사고방식을 공유하기 위해서는 언어의 동질성을 확보하고 이를 공유해야 한다는 논리를 세울 수 있다. 언어의 동질성 확보란 외래어가 포함되어 있든 그렇지 않든 동일한 형태에 기본적인 의미와 연상적인 의미를 포함하여 동일한 의미가 대응하게 함으로써 가능한 것이다. 이렇게 국어 순화의 당위성과 필연성은 언어의 근원적인 기능 그 자체에서 찾아 볼 수 있는 것이다.

4.2. 언어 내적인 필요성

4.2.1. 한자어의 어려움

한자는 하나의 사물이나 개념에 대해 하나의 형태와 음을 가진 문자이고, 한글은 음을 나타내는 문자이다. 그래서 예를 들어 수만 가지의 사물이나 개념을 지칭하기 위해서는 같은 수만큼의 한자가 필요하게 된다. 반면에 한글은 음을 나타내기 때문에 한자 수만큼의 음절을 만들어 낼 수 없다. 가상적인 예를 들어 초성에 19개의 소리가 있고, 중성에 21개의 소리가 있고, 종성에 7개의 소리가 있다면 변별적으로 만들어 낼 수 있는 소리의 최대 수는 2,793개가 된다. 그래서 만약 27,930개의 한자가 있다면 평균 10개의 한자가 한국에서는 동일한 음으로 읽힐 수밖에 없는 것이다. 그래서 한자어를 한글로 적었을 경우 수많은 동음이의어가 생길 수밖에 없는 것이다. 가상적인 예를 들어 2음절짜리 한자어라면, 위의 경우에 비출 경우, 최대 100개의 동음이의어가 생길 수 있는 것이다. 더 근원적인 문제는 한자의 수가 너무 많아서 이것을 제대로 다 익힐 수도 없고, 이것으로 만들어진 한자어는 일상적인 생활이나 전문 분야에서조차 생소할 수 있다는 것이다. 이러한 문제는 지식이나 정보의 대중적인 공유화, 대중적인 공유화를 통한 문화의 지속적인 재창조에 결정적인 장애가 되는 것이다. 그러므로 배우기 어렵고 사용하기 어려운 한자어는 좀더 쉬운 우리말로 순화하여 지식이나 정보의 대중화를 이루어야 하는 것이다.

정보의 공유화와 대중화를 통한 문화의 재창조 – 이것이 국어 순화를 해야 하는 당위성이자 필요인 것이다.

4.2.2. 한자음의 혼란

　한자는 한국이나 일본, 베트남 등[5]이 문자가 없던 시절에 이들 나라에 차용되어 문자 생활의 수단이 되었기 때문에, 한자 차용에 의한 문자 생활의 역사는 나라마다 약간씩의 차이는 있다 하더라도 최소한 1,000년 이상 최대 수천 년이 된다. 그동안 한자는 차용한 나라의 음운 현상과 음운 규칙의 적용을 받고, 또한 의미의 변화를 부분적으로 받게 된다. 그래서 한자에 대해 중국은 중국대로의 발음과 의미를 가지게 되고, 한국과 일본 역시 각기 제 나라 나름대로의 발음과 의미를 가지게 된다. 그래서 문자는 동일하다 하더라도, 사용하는 나라가 달라지면 발음과 의미가 차이나게 되는 것이다. 이러한 상황에서 중국이나 일본에서 사용하는 한자의 발음과 의미를 한국에서 사용하게 되면, 한국에서 전통적으로 사용하던 발음과 의미와 충돌하게 되는 것이다. 예를 들어 '階段'은 한국식 발음으로 '계단'인데, 이것을 일본식으로 '가이당'이라고 하면, 한국의 음운 현상으로 설명할 수 없는 한국식 한자음과 일본식 한자음이 국어에서 혼용되어는 결과를 초래하게 되어, 동일한 사물에 대해 두 개의 명칭을 가지게 되는 결과가 초래된다. 또한 '層階, 階級' 등에서는 한국식 한자음 '계'를 사용하여 '층계, 계급'이라 하고, '階段'에서는 일본식 한자음 '가이'를 사용하여 '가이당'이라 하면 동일한 한자에 대해 두 개의 음이 존재하는 것을 인정하게 되는 것이다.

---

5) 한자를 차용하여 자국의 문자로 사용한 나라는 동아시아의 한국, 일본, 베트남 등 세 나라이다. 중국의 한족에 인접해 살았던 만주족, 몽고족, 티벳족 등은 한자를 수용하지 않았다.

한자음의 동일성 확보를 통한 국어의 정체성 확립 - 이것이 국어 순화를 해야 하는 또 하나의 당위성이자 필요성인 것이다.

4.2.3. 외래어 표기법의 위반

사회적인 약속의 하나인 언어는 그 사회에서 통용되기 위해서 그 사회가 정해 놓은 일정한 규칙을 지켜야 한다. 국어에 들어온 외국어 역시 외래어로서의 기능을 다하기 위해서는 국어의 음운과 형태, 통사, 의미 등에 관련된 제반 규칙을 지켜야 하는 것이다. 그런데 일본을 통해 유입된 외래어는 일본어의 외래어 표기법 내지는 발음법에 적용되어 만들어진 것이지 국어의 그것에 맞는 것이 아니다. 그래서 일본식 발음이나 표기로 만들어진 일본식 서구어(예: 추리닝구, 난닝구 등)가 국어에 유입되어 사용될 경우에는 한국에서 통용되고 있는 외래어 표기법을 위반하게 되어 한국어로서의 약속 규칙을 어기게 된다. 또한 이것이 한국식 외래어 표기법에 의한 외래어와 혼용될 경우에는(예: 추리닝구 ~트레이닝, 난닝구~런닝) 한국어로서의 동질성에 심각한 훼손이 더해지게 되는 것이다. 직접 차용한 외래어일 경우에도 이것을 언중들이 일정한 규칙에 맞게 사용하지 않을 경우에는 동일한 어원의 외래어가 다수의 형태나 의미로 사용되어 언어의 정체성을 훼손하게 되어, 외래어와 외국어의 대응 관계를 파괴하게 되고, 외래어의 어원에 대한 예견성을 떨어뜨리게 된다.

그러므로 사회적 약속으로서의 언어적인 기능을 제대로 수행하기 위해서는 외래어의 순화가 필요한 것이다.

4.2.4. 외국어의 범람

20세기 말부터 시작한 세계화 내지는 국제화는 지구상에 살고 있는 인간의 생활에 엄청난 변화를 초래하였는데, 이와 병행하여 언어에도 엄청남 변화를 수반하고 있다. 외국과의 잦은 접촉으로 인하여 국적을 알 수 있든 없든 채 국어화하지 않은 외국어가 국어 생활 속에 범람하고 있는 것이다. '클릭 유머 베스트 텐, 엠비시 스포츠 뉴스, 비디오 블랙 박스, 섬머 스페셜 베스트 커플' 등 이것은 방송국의 프로그램 제명과 부제명을 예를 든 것인데, 여기에는 영어가 무차별적으로 사용되고 있다. 다른 예로 '가가리, 가가바리, 가기호쿠스케, 가노코, 가노코아미, 가라' 등[6]을 들 수 있는데, 이러한 단어들이 무슨 의미를 가지고 있는지 이 분야를 전공하지 않는 사람은 알 수 없는 단어들이다.

한 언어에 외래 요소가 들어오는 것은 새로운 요소를 첨가하여 언어 생활을 다양하고 풍부하게 할 뿐만 아니라 새로운 인식의 세계를 넓혀 주는 긍정적인 측면을 가지고 있다. 그러나 생소한 어휘가 일시에 다량 흡수되어 언중들의 의사소통에 지장을 줄 정도가 되거나, 여러 갈래의 외래어 요소가 한꺼번에 무분별하게 유입되면 개인이나 사회의 정체성 확립에 혼란을 줄 위험성이 대두되고[7] 언어를 통한 가치관의 정립에 혼란을 줄 수 있는 것이다. 언어란 문화적인 산물로서 그

---

6) 이 예들은 국립국어연구원에서 1999년에 낸 〈국어순화자료집〉의 첫 6단어를 든 것이다.

7) 외래 문화의 수용이란, 주체성이 확립되어 있고 수용할 수 있는 능력이 있을 경우에는 큰 문제가 되지 않을 것이다. 그러나 그 준비가 덜 되어 있을 경우에는 가치관의 정립 자체에 문제를 초래할 수 있다.

것을 사용하는 언중들의 가치의 개념이나 세계관이 녹아 있을 수밖에 없어서, 외래 요소가 들어올 경우 그와 관련된 가치의 개념도 같이 유입되고, 특히 다양한 갈래의 외래 요소가 들어 올 경우 다양한 가치관의 혼재를 넘어 가치관의 비정립이라는 사태를 초래할 수 있기 때문이다.

이렇게 주체적인 가치관의 올바른 정립을 위해 국어 순화는 필요한 것이다.

4.3. 언어 외적인 필요성

4.3.1. 외래어 유입의 강제성

어떤 집단이든 고립되어 살 수 없기 때문에 상호 간에 문물을 교환하고, 이와 아울러 언어도 서로 차용하는 것은 일반적인 현상이다.(국어의 외래어 유입에 대해서는 다음 장에서 설명한다.) 지구상의 어떤 언어든 외래어적인 요소를 많든 적든 가지고 있는 것은 이러한 현상의 결과이다. 그리고 문물의 차이에 의해 발생하는 이러한 차용은 지구상의 어떤 종족 간에도 발생할 수 있고, 또 발생할 수밖에 없는 자연스러운 현상인 것이다. 자국인의 삶과 언어를 윤택하게 하기 위해 스스로의 필요에 의해 자발적이고도 자연스럽게 외국의 문물과 언어를 받아 들이는 것이다.

그런데, 국어에서 사용되었거나 사용되고 있는 일본어식 어휘는 문물의 차이 때문에 발생하는 자연스러운 차용에 의해 유입된 것이 아니었다. 그것은 우리 민족이 자발적으로 필요에 의해 차용하여 사용한 것이 아니라 일본인이 우리 민족의 언어를 없애기 위한 수단의 하나로 강요된 것이었다. 그렇기 때문에 한국어에 불필요한 요소가 유입되거나 없는 것이 오히려 나은 것도 유입되었다. 구체적으로는 한국식 한자음이 있는데도 일본식 한자음이 들어와 한자음의 혼란을 일으키고, 고유한 어휘가 있는데도 일본어가 들어와 어휘의 관계에 불균형을 초래하고, 또한 한국어와 상이한 일본식 발음이 유입되어 국어의 정상적인 발음 체계를 어지럽게 하는 현상이 발생하는 것이다.

강제적인 유입에 의해 한국인의 언어 체계를 혼란시키는 것 – 이것이 국어 순화의 필요성이자 당위성인 것이다.

4.3.2. 민족주의적인 자긍심

이미 존재하고 있는 언어의 차용이란 것은, 물이 높은 곳에서 아래로 흐르듯이, 문화나 문명이 높은 곳에서 낮은 곳으로 발생하게 된다. 그리고 새로운 것을 만들어 새롭게 이름을 명명할 경우에도 가치 있는 것, 존경의 대상이 될 수 있는 것, 혹은 기원적인 것 등에서 따와 새로운 이름에 이미 존재하고 있는 권위를 불어넣어, 생명력을 가지게 하는 것이 일반적인 현상이다. 그리고 보통의 화자들은, 상황에 따라 차이는 있겠지만, 가능한 한 권위 있는 표현을 하고자 하고, 그러한 표현과 더불어 그러한 위치에 있는 존재로 대우를 받고자 하는 충동을 느끼게 된다. 그래서 언중들은 권위가 있다고 판단되는 표현이나 특히 외래어나 외국어적인 표현을 많이 사용하여, 개인적인 열등의식을 메우고자 하거나, 상대적인 우월 의식을 표출하는 것이다. 다시 말해 열등하다고 판단된 것과 우월하다고 판단된 것 중에 우월한 것을 선택하여 그것을 자기 자신과 동일시시키고, 결과적으로 열등한 것을 사용하는 부류에 대해 상대적으로나 절대적으로 자기를 과시하고 싶은 욕망에서 권위 있다고 판단되는 표현, 특히 외국어나 외래어를 사용하게 되는 것이다. 한국인끼리의 대화에서 국어답지 못한 외국어가 무분별하게 사용되고, 고유어보다 외래어를 선호하여 많이 사용하는 것은 이러한 개인적인 심리 현상 혹은 사회적인 심리 현상 때문이다.

  이제 우리 민족도 이러한 단계를 벗어날 시기가 되었다. 민족의 역량에 대한 양적인 평가나 질적인 평가에서도 열등 민족이거나 열등 국가라는 평가를 누구도 할 수 없는 단계가 되었다. 그리고 우리 스스로에 대해 우리 스스로가 정당한 평가를 할 시기가 되었다. 그뿐만 아니라 특정한 전공이나 특정한 언어가 다른 분야나 언어에 비해 우월하다는 인식이나 판단 자체가 잘못되었다는 것을 깨달을 때가 되었다. 그리하여 우리 스스로 우리 민족에 대해 민족 자존의 긍지를 되찾아, 다른 민족보다 우월하지는 못하더라도 적어도 열등하지는 않다는 자긍심을 가질 필요가 있고 또 당연히 그렇게 해야 하는 것이다.

  어려운 한자나 외국어를 유식한 체 사용하는 것[8]은 개인적으로는 열등의식의 역설적 표현이고, 비뚤어진 우월감의 자기과시적 표현인 것이다. 그러한 행위는 민족 내부적으로는 민족의 자존과 긍지를 짓밟는 행위이고, 민족 외부적으로는 대상이 되는 언어를 사용하는 국가나 민족을 우위에 두는 새로운 사대주의적 발상이라는 것을 깨달아야 하는 것이다.

---

8) 이러한 행위와 외국어를 습득하기 위해 외국어를 사용하는 것은 엄격히 구분되어야 할 것이다.

민족 자존심의 회복 – 이것이 국어를 순화해야 하는 국어 생활을 순화해야 하는 또 하나의 필요성이자 당위성인 것이다.

4.4. 남북한 순화 운동의 약사

개화기 혹은 구한말에 시작한 국어 순화 운동과 일제 시대의 국어 순화 운동은 크게 두 갈래로 나누어 볼 수 있다. 어려운 한자어를 쉬운 토박이말로 바꾸는 것이 하나이고, 또 다른 하나는 다양하게 분화되어 있는 국어의 방언 중에서 표준말을 정하는 일이었다.

주시경 선생으로 대표될 수 있는 이 시기의 순화 운동은 문어체의 문장을 구어체로 바꾸고, 학술 용어를 순수한 우리말로 바꾸는 것으로 압축될 수 있다. 구어체의 문장으로 바꾸는 일은 국어에 관계한 모든 사람들의 글에서 볼 수 있다. 국어학에 관련되는 학술 용어를 토박이말로 바꾸는 작업은 주시경 선생에 의해 이루어졌다. 일제 시대의 말기에는 한국어 말살 정책으로 국어가 역사상 최대의 위기를 맞게 되지만, 그 이전에는 방언 중 표준어를 선정하는 작업이 이루어진다. 이른바 '사정한 표준말 모음'은 이러한 작업의 결과로 나온 것이다.(구체적인 내용은 생략한다.)

일제 시대에 들어온 일본어 중 적어도 일상 용어는 현재 거의 다 청산된 단계에 이르렀다. 해방 이후 현재에 이르기까지 일본어의 잔재를 일소하려는 순화 운동을 벌이거나, 국어학자나 국어 정책 당국에 의해 바르고 고운 말 쓰기 운동을 꾸준히 벌인 결과인 것이다. 일본어의 흔적을 없애고자 하는 노력은 여러 가지 방향으로 나타났는데 그 첫 번째의 방향은 어휘 자체를 고유어로 대체하는 것이었다. 예를 들어 '벤또, 스메끼리, 우와기' 등 근래까지도 세력을 잃지 않지 않고 사용되던 것들도, 지속적인 국어 순화 운동의 결과로 이러한 어휘들이 일본어의 잔재라는 인식이 언중들에게 확산됨으로써, 소멸하게 되었다. 그리하여 고유어인 '도시락, 손톱깎이, 웃옷' 등이 그 자리를 대체하게 되었다. 한편 고유어로 대체할 수 없는 경우에는 영어를 차용하여 대체하였다. 예를 들어 '에리, 조시' 등이 '칼라(collar), 컨디션(condition)' 등의 영어로 대체되는 것이다. 또 다른 순화의 과정은 일본어의 음절 구조에 맞게 차용된 외래어를 한국어의 외래어 표기법에 맞게 교정하는 것이었다. 일제 강점기에 일본어화한 것이 들어와서 사용되던 '빠꾸(back), 추리닝구(training), 난닝구(running), 도라꾸(truck), 스게또(skate), 도라무(drum)' 등이 '백, 추리닝, 런닝, 트럭, 스케이트, 드럼' 등으로 바뀌는 것이다.

　　그러나 아직까지도 일부 특수 분야, 예컨대 복식 분야를 비롯한 제조업 분야나 건축, 인쇄, 기계 등 기술 분야를 비롯하여, 법률과 관계되는 전문적인 분야 심지어는 이발소, 미장원 등에서 쓰이는 용어들에 이르기까지 넓은 분야에서 일본어가 아직도 많이 남아 있다. 이렇게 국어 순화의 지속적인 노력에도 불구하고 일본어의 흔적은 그 생명력을 꽤 끈질기게 이어오고 있다.

　　해방 직후의 국어 순화 운동은 남과 북이 별도로 진행하여 역사적인 흐름과 함께 남한의 언어와 북한의 언어가 이질화가 진행되게 된다. 그러나 이 당시의 순화 운동의 기본적인 방향은 일본어의 찌꺼기를 없애는 것이었기 때문에 동질성의 회복에도 기여하게 된다. 1948년 당시의 문교부에서는 '우리말 도로찾기'란 소책자를 발간하게 되는데, 이 책이 언론과 지식인을 비롯한 대중의 호응을 얻어 당시에 범람하고 있던 일본어를 몰아내고 국어가 제 위치를 찾는 데 상당한 기여를 하게 된다. 이 책의 내용은 1946년 6월의 편수국안을 국어정화위원회에서 심의한 것인데, 938단어의 일본식 용어를 우리말로 바꾼 것이다. 결과적으로 국어를 오염시켰던 수많은 일본어와 일본어투 한자어 그리고 저속한 일본어가 국어에서 사라지게 되는 것이다.

남한에서 국어 순화 운동을 정부 차원에서 본격적으로 추진한 것은 1976년부터라고 할 수 있다. 정부 주도로 한글 전용법을 만들고, 문교부에 '국어순화협의회'를 두고, 구성원은 정부 부처의 실무자, 학계와 언론계의 인사가 민관 합동으로 순화 운동을 펼치게 된 것이다. 정부 부처의 실무자가 참여함으로써 국가적인 사업으로 권위를 가지게 되고, 학계가 참여함으로써 이론적인 기반을 가지게 되고, 언론계가 참여함으로써 대중적인 확산의 길을 열게 된 것이다. 이러한 활동의 일환으로 국어심의회를 두고, 그 안에 국어순화분과위원회를 구성하게 되는 것이다.

국어 순화 운동이 추진되면서 순화 운동을 이론적으로 뒷받침하고, 정책에 관한 자료를 수집하고 정리하며, 더 나아가 국어를 체계적으로 연구하여 국어 정책을 수립해야 하는 필요성이 제기되어, 1984년에 문교부 산하의 학술원 안에 임의 연구 기관으로 국어연구소가 문을 열게 된다. 국민의 언어 생활을 과학적으로 조사 연구하여 합리적인 어문 정책을 수립하고 국민의 올바른 언어 생활을 계도하기 위해 국어연구소(문교부 산하 학술원 부설, 1984. 5. 10. 시작)가 설립되는 것이다. 이 국어연구소에서는 1986년에 외래어 표기법을 제정하고, 1988년에 한글맞춤법과 표준어 규정을 공표하였다.

국어연구소를 확대 개편하여 대통령령 제13163호(1990. 11. 14.)에 따라 1991. 1. 23. 문화부(현 문화관광부) 소속 기관으로 국립국어연구원이 설립된다. 정부조직법의 개정(대통령령 제12895호, 1990. 1. 3.)에 따라 국어연구소는 교육부에서 문화부로 이관되었고, 문화부 소속의 국립국어연구원 직제(대통령령 제13163호, 1990. 11. 14.)에 따라 1991. 1. 23. 발족하게 된 것이다. 국립국어연구원에서는 1991년 2월에 국민의 언어 생활을 상담하는 '가나다 전화'(02-771-9909)를 설치하고, 1992년에 [표준국어대사전]의 편찬에 착수하여 1999년 10월에 『표준국어대사전』을 상 · 중 · 하 3권으로 발간하게 된다.

그리고 국어 순화 운동은 정부의 관련된 부서와 긴밀한 협조 관계를 유지하며 지속적으로 벌이고 있다. 순화와 관련해서는 언론외래어심의위원회, 국어심의회(국어순화분과위원회), 문화관광부 국어정책과, 국립국어연구원 등이 주관하고 있다. 그리고 해당 부서에서는 관련된 용어에 대한 순화를 이들 기관과 협조하여 행하고 있는 실정이다.

행정 용어는 1992년에 총무처에서 8,673단어를 순화하여 보급하였다. 문화관광부(이전의 문화체육부, 문화공보부)와 국립국어연구원이 주관하여 1992년에 건설 · 미술 · 식생활 · 신문 제작 용어 등을 순화하고, 1993년에 선거 정치 전산기 용어, 생활 외래어 용어 등을 순화하고, 1994년에 봉제, 임업 분야의 용어를 순화하고, 1995년에 일본어투 생활 용어를 순화하였는데, 이를 모아 1996년에 문화체육부에서 「국어순화용어자료집」으로 출간하였다. 이 자료집에는 건설 용어 393 단어, 미술 용어 693단어, 봉제 용어 331단어, 생활 외래어 7513단어, 선거 정치 용어 451단어, 식생활 용어 264단어, 신문 제작 용어 144단어, 일본어투 생활 용어 702단어, 임업 용어 241단어, 전산기 용어 1605단어 등 총 5,575단어가 실려 있다.

 국립국어연구원에서는 지속적으로 순화 작업을 하고 있는데 최근 3년간의 순화 내용은 다음과 같다. 1999년에는 패션 디자인 용어를 순화하여 문화관광부 고시 제1999-27호(1999. 10. 11.)로 고시한 순화 용어 1,471단어와 국립국어연구원에서 1999년 6월부터 언론(신문)에 나타난 외래어·외국어를 순화한 106단어를 수록하여 「국어순화자료집 1999」를 출간하였다. 2000년에는 문화재 용어 1,174단어, 언론 외래어 387단어, 전기 전자 용어 353단어, 금융 경제 용어 159단어, 농업 용어 120단어, 지하철 운전 용어 140단어, 정보 통신 용어 31단어 등을 순화하여 「국어순화자료집 2000」을 출간하였다. 2001년에는 운동 경기 용어 15개 종목 1,490단어를 순화하여 「국어순화자료집 2001」를 출간하고, 1999년 6월부터 2001년 10월 말까지 중앙의 주요 일간 신문에서 쓰인 외국어 627단어를 우리말로 순화하여 「언론 외래어 순화 자료집」을 출간하였다.

 정부 주도의 순화 운동과 민간 단체 주도의 순화 운동으로 나뉘어 진행된 남한에서의 국어 순화 운동과는 달리 북한에서는 전 국가적인 사업으로 일관성 있게 순화 운동을 펼치게 된다.

 북한에서는 해방 직후인 1946년부터 대대적인 문맹 퇴치 운동을 벌이기 시작했다. 이 과정에서 1949년 9월 한자 폐지를 단행했고 전면적인 한글 전용의 후유증을 극복하기 위해 말다듬기 운동을 시작했다. 이 시기의 말다듬기는 한자어의 정리와 일제의 잔재를 처리하는 것이 주된 방향이었다. 한편 1949년에는 '학술 용어 사정 위원회'를 두고 전문어에 대한 순화도 시작했고, 1952년에는 과학원 안에 '조선어 및 조선 문학 연구소'를 설립하여 전반적인 언어 정책과 이론을 연구하였다. 1954년 '조선어 철자법'이 나오면서 규범적인 언어 생활의 터전이 마련되었고, 1958년 3월 김두봉 중심의 언어 정책이 종말을 고한 후, 1964년 1월 3일과 1966년 5월 14일의 김일성의 교시를 계기로 언어 정책에 새로운 전기를 마련하게 되었다. 김일성은 1966년의 5월 14일 '조선어의 민족적 특성을 옳게 살려 나갈 데 대하여'에서 평양말을 중심으로 한 문화어를 새롭게 규정하게 된다. 이것을 기점으로 하여 북한의 말다듬기 운동은 문화어 운동으로 이어지게 된다. 이 시기에는 김일성의 교시를 받들어 '조선말사전(1-6권)'의 어휘를 검토하여 어휘 정리 사업을 본격화했고, '국어 사정 위원회'의 20개 학술 용어 분과에서 분과별로 '학술 용어집(1965)'를 발간하여 2만여 개의 다듬은 말을 수록하였다. 1966년 시작된 문화어 운동은 1968년 계간지인 '문화어학습'을 발행하여 대중적인 계몽을 하는 등 전면적으로 진행되었다. 이 시기는 국어 순화가 이론적 실천적인 분야에서 가장 활발하게 이루어진 시기였다. 이 잡지에서는 1967년부터 대중 독자들의 의견을 받아 10여 년간 1500여 건의 지상 토론을 벌였고, 이런 과정을 거치면서 5만여 단어를 다듬었다. 한편 '현대조선말사전'(1968)과 '조선문화어사전'(1973)이 간행되기도 했으며, 4만여 개의 기초 학술 용어를 순화한 '다듬은 말(재검토한 용어)'(1982)도 발간되었다. 1966년 9월에는 '전국 지명 조사 위원회'를 만들어 지명의 순화에 나선 것도 이 시기의 특징이었다. 그리하여 1년만에 50만 개의 지명을 수집하여 봉건적, 비혁명적 지명을 새롭게 고쳐 나갔다. 이외 동시에 인명 역시 한자어가 아닌 고유어로 짓는 것을 권장하여 고유어 인명이 널리 쓰이게 되었다.

[문화어 운동 이후의 변화](1986-현재)

1964년을 전후하여 시작된 어휘정리 사업은 전 국가적인 사업이

었다. 그런데 1986년 '다듬은 말'에는 '널리 쓰이는 파악성 있는 용어'
라 하여 그동안 다듬었던 5만여 개의 말 중에서 2만 5천 개만을 건져
내는 일대전환이 일어나게 되었다. 이는 수십 년에 걸친 순화 운동
의 결과로 만들어진 단어의 절반을 폐기했다는 것을 의미한다. '다듬
은 말'(1986)의 서문에는 "'다듬은 말 묶음'(1977년판), '다듬은 말 묶
음'(1978년판), '다듬은 말'(1982)은 다 리용하지 말 것이다"라고 명
시하고 있다. 이 책에서는 고유어만 중시하는 정책을 포기하고 토착
화된 한자어나 세계 공통의 외래어는 눌러 두고 쓸 말이라 전제하여,
'가로수, 늑막염, 비중, 음운, 청사진' 등의 한자어와 '로타리, 발코니,
아이스크림, 파마' 등의 외래어가 살아나게 되었다.

 1986년 '다듬은 말'(1986)이후의 북한에서의 국어 순화 정책의
변화에 대해서는 명시적으로 알려진 바가 없다. 다만 '조선말대사
전'(1992)를 통해서 추정해 볼 수는 있다. 이 책에서는 몇몇 순화어가
달라진 모습을 보이지만 전체적인 방향은 '다듬은 말'(1986)과 일치
하는 것으로 보인다.

5. 결론

 국어 순화라는 개념의 내포와 외연은 '국어'라는 개념과 '순화'라는
개념에서 자연적으로 도출된다. 한국어가 '한국'이라는 국가의 구성
요소가 아니고, 동일한 언어를 사용하고 있는 언어 공동체를 지칭하
는 내포적인 의미를 가진다면, 그 외연은 그 언어 공동체에 포함된 언
어와 언어 공동체에 포함되고자 하는 언어를 모두 포괄한다. '순화'라

는 개념이 '깨끗하게 하고 바르게 하는 것'이라는 내포적인 의미를 가진다면, 객관적으로 드러나는 부분과 주관적인 가치 판단이 개입되는 부분 모두를 포괄하게 된다. 이렇게 볼 때 국어 순화의 대상과 범위에는 한국인이 사용하는 국어와 외국인이 사용하는 한국어 중 '가장 한국어다운 것' 이외의 모든 것이 포함된다. 언어를 음운, 형태, 통사, 어휘 등의 하위 영역으로 나누었을 때 이들의 부분과 관계되는 언어 사용 모두가 국어의 대상이 되는 것은 두말할 것도 없고, 관용적이거나 화용적인 언어 사용에 관한 것이 모두 포괄되는 것도 당연하다. 본고는 이러한 시각에서 작성되었다.

국어 순화와 관련된 언어관은 기본적으로 언어 상대설과 관련된다. 서구의 언어 상대설과 직접적인 관련없이 국어 순화가 출발되었지만 언어에 관한 기본적인 인식은 동일한 것이다. 이러한 인식이 지나치게 강조되면 또 다른 문제점을 만들어 낼 수 있다는 인식을 가지고 국어 순화에 임할 필요가 있는데, 국어의 경우에는 그 당위성이나 필요성을 여러 각도에서 찾아 볼 수 있다. 우리 문자가 없던 시절에 유입된 한자어가 우리말 구조와 다른 것이 많고 지나치게 어렵다는 것이 그 첫 번째 요인이고, 일제 시대에 유입된 일본식 한자음은 국어의 한자음과 달라 동일한 글자에 대한 음이 혼란을 일으킨다는 것이 그 두 번째 요인이다. 그리고 무분별하게 유입된 서구식 외래어는 외래어 표기법에 어긋나는 것이 많이 외래어 표기법을 혼란시킨다는 것이 세 번째 요인이다. 그리고 외국어가 지나치게 국어에 유입되어 무분별하게 사용되고 있다는 것이 네 번째 요인이다. 이러한 요인 외에 외래어 유입이 강제된 상황에서 이루어졌다는 것 그리고 민족적인 자존심을 일으켜 세울 때가 되었다는 것 - 이러한 것들도 국어를 순화해야 하는 당위성이자 필요성으로 내세울 수 있다.

국어 순화와 관련하여 남은 과제는 한국어를 배우는 외국인이 가지고 있는 언어 체계에 관한 정체를 규명하고 국어 순화의 기준이 될 수 있는 '가장 한국어다운 것'을 정리하고 구축하는 문제이다.

제5장
공공 언어의 공공성[*]
– 신문 사설을 중심으로

〈국문 개요〉

본고는 공공 언어가 가져야 속성들을 논의하고, 그 기준점에 의해 신문의 사설들의 역기능과 순기능을 살펴보기 위한 것이다.

본고에서 논의한 공공성의 속성들을 간단히 정리하면 다음과 같다.

1. 언어의 품격성 – 문법성과 논리성 그리고 품성 갖추기

2. 대상의 일반성 – 부분이든 전체이든 관련 대상에 두루 적용되기

3. 내용의 보편성 – 많은 사항들의 속성에 두루 통용되기

4. 시각의 객관성 – 주관성과 편협성을 벗어나기

5. 찬반의 공평성 – 찬론의 기회를 제공하기

6. 미래의 가치 지향성 – 미래의 발전과 진보를 위하기

---

[*] 이 글은 2014년 10월 31일 '공공언어로서 미디어 언어 다시 보기'라는 주제로 열린 제35회 신문방송 어문기자 세미나에서 "신문 사설의 공공성"이라는 제목으로 발표한 내용을 조금 보완한 것이다.

이러한 기준점에서 보면 신문의 사설들은 한국 사회의 미래를 위해 새로운 비전을 제시하는 긍정적인 사례를 볼 수 있지만, 특별한 사안의 경우 가치관의 다름이나 편견으로 인해 심한 갈등을 조장하는 경우도 있었다. 그리고 언어의 품격을 현저히 떨어뜨리는 사설도 있었다.

우리 사회의 미래를 위해 신문 사설의 공공성을 측도할 수 있는 기준점을 만들고 이에 대해 평가하는 방법을 도입할 필요가 있다. 과연 그것이 가능할지는 우리 사회의 미래를 결정할 가치관에 의해 결정될 것이다.

1. 문제의 제기

우리말의 사용 실태를 조사하고 우리말 사용의 품격을 높이고자 하는 노력은 어제오늘의 일이 아니지만, 정부나 국가의 차원에서 공식적으로 이 문제를 제기하고 구체적으로 논의하고 해결책을 찾기 시작한 것은 그리 오래되지 않는다. 국립국어원에 공공 언어지원단이라는 부처가 만들어지고, 2013년에는 범정부 차원에서 공공 언어 개선 운동을 벌이고자 하는 연합회를 결성하게 되었다. 이렇게 기구가 만들어지고 구체적인 활동을 하게 되는 이유를 다양하게 제시할 수 있겠지만, 결과적으로 긍정적인 성과를 이루어내고, 언어 사용에 있어서 품격을 높이는 효과를 낼 수 있도록 같이 노력해야 할 것이다.

그런데 이러한 실천적인 일을 하기 위한 전제 조건인 공공 언어에 대한 개념 정의, 언어의 공공성에 대한 이론적인 접근 등은 이제 그 논의를 시작하는 단계라 할 수 있기 때문에 첫 단추를 제대로 끼워야 하는 과제를 함께 논의하면서 출발해야 되는 것이다.

게다가 국립국어원에서 실시하고 있는 공공 언어 진단은 표기와 표현의 정확성 항목 6가지와 소통성을 확인하는 1가지 항목 등 다음과 같은 총 7가지의 항목이 진단 도구로 사용되고 있는 실정이다.

1. 정확성	1.1. 표기의 정확성	1.1.1. 한글 맞춤법 및 표준어 규정을 지켰는가?	100점
		1.1.2. 띄어쓰기를 잘하였는가?	100점
		1.1.3. 외래어 및 로마자 표기법을 지켰는가?	100점
	1.2. 표현의 정확성	1.2.1. 어휘를 의미에 맞게 선택하였는가?	100점
		1.2.2. 문장을 어법에 맞게 사용하였는가?	100점
		1.2.3. 문장을 우리말답게 표현하였는가?	100점
2. 소통성	2.3. 용이성	2.3.2. 쉽고 친숙한 용어와 어조를 사용하였는가?	100점

이러한 진단 도구는 그 나름대로의 의미를 가지고 공공 언어의 발전에 기여할 수 있겠지만, 표현의 문제에 집중되었기 때문에 공공 언어의 사용 문제가 표현에만 주의를 기울이면 해결될 수 있는 것으로 오해를 불러일으킬 수 있게 되었다.

이러한 시점에서, 본고는 언어의 공공성에 대한 논의를 내용 중심으로 할 필요성을 있다는 것을 제기하고자 한다. 구체적으로는 대한

민국에서 간행되는 주요 일간지 사설의 공공성을 논의해 보기 위해 작성되는 것이다. 논의의 대상으로 삼는 주요 일간지는 서울에서 발간되는 신문 가운데 경향신문, 동아일보, 서울신문, 조선일보, 중앙일보, 한겨레, 한국일보(가나다 순) 등 7개로 한정하고, 발간된 날짜는 2014년 9월 15일부터 20일까지의 신문으로 한정한다.[2]

　2장에서는 우선 공공 언어의 개념을 정리해 보고, 공공성이라는 개념에 내포되어야 할 속성들이 무엇인가 하는 문제를 다룬다. 3장에서는 2장에서 논의된 공공성을 바탕으로 신문 사설의 순기능과 역기능에 대해 논의해 보기로 한다. 4장에서는 마무리를 한다. 대상이 된 사설들의 주제별 정리와 목록 제시는 부록에서 하기로 한다.

2. 공공 언어와 공공성의 개념

　공공 언어란 무엇이고, 공공성이란 어떤 개념인가에 대한 논의가 본 장의 목적이다. 그런데 개념 접근 이전에 우선 유념해야 할 것은 공공 언어와 공공성은 다른 개념이라는 점이다. '공공 언어는 공공성을 가져야 한다.'는 명제가 성립한다면, 공공 언어는 구체적인 현실에서 실현되는 언어 행위 즉 외연적인 개념이고, 공공성은 그 언어가 가져야 할 성질 즉 내포적인 개념이다. 그래서 공공 언어는 사적으로 표현할 수도 있고 공적으로 표현할 수도 있겠다. 그러나 공공성은 그 표

---

2) 신문의 종류와 날짜의 선택은 임의적이다. 날짜는 필자가 2014년 가을에 원고를 작성하면서 편한 시간을 선택한 것이고, 신문의 종류는 서울에서 간행되는 것을 기준으로 하였는데, 빠진 것은 필자의 부주의에 의한 것이다.

현의 방식이나 상황에 관계없이 내재되어 있는 '어떤 특정한 성질'을 의미한다. 화자의 숫자가 다수이냐 혹은 소수이냐 아니면 개인이냐 하는 문제가 공공 언어에는 관계될 수도 있겠지만, 공공성은 화자의 숫자에 관여되지 않겠다. 또한 그 표현 방식이나 매체에 공공 언어는 연관될 수 있지만 그 내용의 공공성은 그 표현 방식이나 매체에 영향을 받지 않는다. 즉 전달하는 매체가 개인 서신의 형식이든 대중적인 성격의 것이든 관계가 없겠다. 또한 청자의 숫자에도 관계가 없겠다. 예를 들어 세무 관계나 병역 관계의 개인적인 통지서 예를 들어 세금 고지서나 입영 영장 등은 개인적으로 발급받는 것이지만 그 내용은 공공성을 가져야 하겠다. 이렇게 보면 공공성이란 그 형식의 문제이기보다는 내용의 문제에 초점이 맞추어진다. 이때 내용의 성격은 대중적일 수도 있겠고, 전문적일 수도 있겠다. '대중적'인 내용을 다루는 '여러' 단체가 대상일 수도 있고, '전문적'인 내용을 다루는 '여러' 단체도 있을 수 있으므로 내용의 질적인 차원에서는 두 개념을 포괄하는 개념이다. 그래서 대중성이 '일반 대중이 널리 공통적으로 갖고 있는 성질'을 지칭하고, 전문성이 '전문가가 가지고 있는 성질이나 솜씨'를 지칭한다면, 예를 들어 일반인을 대상으로 하는 도서관도 공공성을 띨 수 있고, 전문가를 대상으로 하는 도서관도 공공성을 띨 수 있다고 할 수 있겠다.

2.1. 공공 언어(혹은 공공 언어)의 개념

'공공 언어란 무엇인가?' 라는 질문에 선뜻 대답하기는 쉽지 않다. 개념을 서술하기 위해서는 내포와 외연을 분명하게 해야 하는데, '공공'이라는 개념은 '국가나 사회의 구성원에게 두루 관계되는 것'(표준 국어대사전)처럼 내포가 어느 정도 분명한 듯하지만, '구성원에게 두루'라는 개념은 그 외연의 크기를 쉽게 판정할 수 있는 것이 아니다. 게다가 이 말에 '언어'라는 것이 결합하게 되면 더욱 복잡해진다. '구성원이 두루 사용하는 언어'인가 아니면 '구성원에게 두루 적용되는 언어'인가 아니면 '언어 그 자체의 성분이 두루 쓰이는 것'인가 하는 문제를 논의하면 더욱 복잡해진다. '언어' 그 자체가 기본적으로 공공의 약속인데, '공공 언어'와 '그렇지 않은 언어'를 구분할 수 있는가 하는 문제를 제기하면 그 해답은 미궁에 빠지게 되는 것이다.

　그런데 지금까지의 공공 언어에 대한 논의는 주체와 대상과 관한 논의로 국한되고, 언어 그 자체의 성격에 관한 것은 공공 언어의 속성으로 논의되어 왔다. 이처럼 공공 언어의 사용 주체나 대상은 공공 언어를 규정하는 데 중요한 요소임을 알 수 있다. 그래서 공공 언어에 대한 개념도 그 주요 요소를 무엇으로 하는가에 따라 세 가지 부류로 나누어진다. 하나는 발화의 주체를 중심으로 하는 것이고, 다른 하나는 발화의 대상을 중심으로 하는 것이고, 마지막은 둘 다를 포괄하는 개념이다.

　정희창(2010), 조태린(2010)에서는 사용 주체를 중심으로 공공 언어를 논의한 바 있다. 김세중(2010)의 "공중을 상대로 발화되는 언어"와 김정수(2009)의 "개인이나 소수 집단이 아니라 사회 전체의 구성원을 상대한 언어"는 발화 대상을 중심으로 한 것이고, 남영신(2009)의 "정부 기관이 사용하는 언어를 포함하여 일반인을 대상으로 하여 사용하는 언어"와 민현식(2010)의 "공공 기관에서 해당 업무자가 사회 구성원을 대상으로 공공의 목적을 위해 생산하는 문어 텍

스트"등은 주체와 대상을 두루 포괄하는 개념이다.[3]

공공 언어의 주체에 대한 논의도 아주 다양하게 나타나는데, 민현식(2010)에서는 '공공기관'이나 '국가'에서 사용하는 언어를 공공 언어로 보았다. 반면에 남영신(2009), 정희창(2010), 조태린(2010) 등에서는 '국가(정부)'나 '공공 기관'은 물론이고 '일반인(개인)'이 사용하는 언어 또한 공공 언어로 보았다. 공공 언어의 영역이나 유형에 대해서는 조태린(2010)에 가장 상세하게 서술되어 있으므로 공공 언어의 유형 등에 대해서는 그로 대신한다. 아래 표는 조태린(2010)에서 옮긴 것이다.[4]

영역	유형	출현 형식
↑ 공적	신문, 방송, 인터넷 등을 통해 정보·지식의 대중적 전달에 사용하는 언어[유형 3]	기사/보도, 논설, 칼럼, 지식/교양 등
	계약, 투자, 판매, 구매, 광고 등 민간 차원의 경제 활동에 사용하는 언어[유형 4]	계약서, 약관, 견적서, 영수증, 상품설명서, 사용설명서, 광고홍보물 등
	학계, 산업계 등 전문 분야의 학술 및 연구·개발·생산 활동에 사용하는 언어[유형 5]	강연, 발표, 토론, 회의, 논문, 전문서적 등
	방송, 공연 등을 통한 대중적 문화 예술 활동에 사용하는 언어[유형 6]	드라마, 코미디, 예능/오락, 영화, 연극, 음악 등

---

3) 이외에 공공 언어의 목적을 언급하는 논의도 있으나 이것은 개념과도 조금 다른 차원의 것이다.

4) 383쪽과 384쪽에 걸쳐 있는 것을 복사한 것이다. 가장 위에 있는 것이 가장 공적이고, 가장 아래에 있는 것이 가장 사적인 것임을 표현한 것으로 이해된다.

	인터넷, 휴대전화 등 가상공간의 개인적 표현 활동에 사용하는 언어[유형 7]	개인 누리집, 블로그, 댓글, 트위터 등
↓ 사적		

2.2. 공공성의 개념

공공 언어가 갖추어야 할 속성 내지는 성격을 공공성이라고 한다
면, 공공성에는 어떤 속성들이 있을까? 국립국어원에서 펴낸 표준국
어대사전에 의하면 공공성의 기초적인 개념은 다음과 같이 정의되고
있다.

> 한 개인이나 단체가 아닌 일반 사회 구성원 전체에 두루 관련되는 성
> 질. 예: 언론은 공공성을 띠게 마련이다./우편 사업은 공공성이 강하다.

이에 의하면 공공성이란 '대상 중심'이라는 것, '두루'라는 외연 그
리고 '성질'이라는 속성을 추출할 수 있다. 논의를 본격적으로 하기
전에 신문 사설의 범위를 넓혀 신문에서 사용되는 언어를 신문 언어
라고 한다면 그와 가장 유사한 관계에 있는 언어는 방송 언어라 할
수 있으므로, 이에 대한 논의 즉 방송 언어의 공공성 기준을 참고로
할 수 있는데, 이에 대해서는 이응백(1988), 이주행(1995), 임태섭
(2001), 김한샘(2011) 등에서 다음과 같이 제시하고 있다.[5]

    (1) ㄱ. 이응백: 광파성, 동시성, 공공성, 교육성

---

5) 이 내용은 "서은아(2011, "방송 언어의 공공성 기준에 관한 연구", 겨레어문학 /47
(-), 2011, 91-116, 겨레어문학회"에서 옮긴 것이다.

ㄴ. 이주행: 순정성, 공식성, 공손성, 공정성, 세련성, 용이성

ㄷ. 임태섭: 순정성, 공식성, 공손성, 공정성, 세련성, 일상성

ㄹ. 김한샘: 정확성, 품격성, 공정성, 용이성

이러한 속성에서 '광파성, 동시성, 세련성' 등은 방송의 특징이라 할 수 있으므로 제외하면 남는 특징은 '교육성, 공손성, 공정성, 세련성, 용이성, 일상성, 정확성, 품격성' 등이 남게 된다. 이러한 것들이 그대로 신문 언어의 특징이 될 수도 있겠으나 본고의 관점에서 새로이 정리해 보기로 한다.

가. (언어의) 품격성

신문의 사설은 대한민국에 살고 있는 공공의 지성을 대표하는 논설위원들의 글이라면 지성어로서의 품격성을 가져야겠다. 품격성이란 언어의 규범을 맞추는 것을 포함하여 언어가 갖추어야 할 기본적인 조건들 - 1) 문장 성분의 호응 2) 문장 구조의 호응 3) 수식 관계나 부정 관계의 명확 4) 명제 간의 관계가 분명한 접속 5) 균형 감각이 필요한 나열 등을 잘 갖춰 문장 수준을 향상시키는 데 기여해야 할 것이고, 더 나아가 1) 자신이 뜻하고자 하는 바가 분명하게 드러날 수 있는 어휘의 선택 2) 적절하지 못한 어휘, 불필요한 반복 표현의 비사용 3) 품위 있고 적절한 어휘의 선택 등으로 언어 및 사용자의 품격성을 높여야 할 것이다.

나. (대상의) 일반성

신문의 사설은 특정한 이해 집단을 위한 것이 아니라 일반 독자를

위한 것이라면, 공공의 불특정 다수를 두루 대상으로 하는 일반성을 가져야겠다. '일반'이라는 개념은 '모두'라는 개념을 내포하고 있으므로, 특정한 집단이나 단체에 소속된 혹은 관여된 모두에게 적용되어야겠다. 이때의 '모든'은 '모든 인류' 혹은 '모든 백성' 혹은 '모든 노동자' 등이 될 수 있을 것이다. 어떤 경우이든 '모두'에 해당되는 '일반성'을 가져야 할 것이다. 공공성이란 개념은 그 적용되는 영역에 있어서 개인성과 대립된다. 정의 내용 중 '사회 일반'이나 '여러 단체'에 '두루'라는 개념들은 개인에게만 적용되는 것이 아니라 '여러 사람 내지는 여러 단체'라는 적용 영역을 가져야 한다는 것을 의미한다. 이러한 표현은 앞에서 했던 '개인적으로 발급받는 것'이라는 것과 충돌되는 듯하지만 사실은 그렇지 않다. 한 개인은 '개인적으로 발급받는 것'이지만, 그러한 조건에 있는 '모든 사람에게'라는 의미를 동시에 가지는 것이다.

다. (내용의) 보편성

신문의 사설은 특수한 속성을 반영하는 것이 아니고 모든 혹은 많은 사물이나 존재에 두루 공공으로 통하는 보편성을 가져야겠다. 그리하여 공공성이라는 개념은 내용이나 속성에 있어서의 보편성을 가져야 할 것이다. 그 내용에 있어서 특수한 성질이나 예외적인 성질 혹은 돌연변이적인 더 나아가 개인적인 특성이 아니라 '보편적인 성격'을 가지고 있어야 하겠다.[6] 보편성이라는 개념이 '모든 것에 두루 미

---

6) 일반성과 보편성의 차이에 대한 이해는 다음으로 도움을 받을 수 있다. 원초적 입장에서 도출될 원리들이 갖는 일반성과 보편성이라는 조건은 서로 다른 조건이다. 즉 어떤 원칙이 보편성은 만족시키면서도 일반성은 만족시키지 못하는 경우가 있

치거나 통하는 성질'(국립국어원, 표준국어대사전)이라면 이것에 의해 지칭되는 것이 실질적으로 무엇인지 찾아내기 어렵겠지만, 개념적으로는 '보편성에 가까운 것'이 공공성을 가진다고 할 수 있겠다.

라. (논지의) 객관성

사설이란 그 소속 사회가 관심을 가지고 있거나 가져야 할 국제적 국내적 시사 문제에 대하여 신문사가 자신의 이름으로 표명하는 의견이나 주장을 말하는데, 사설을 작성하는 논설위원들이 합의하되 한 명이 무기명으로 집필하는 것이므로 개인의 의견이나 주관을 버리고 객관적으로 작성하여야 한다. 다시 말해 사설이란 그 사회의 지성인 그룹이 주로 일반 대중들을 대상으로 그 사회의 당위나 미래를 위해 작성하는 고급 문장인 것이다.

신문의 사설은 개인적인 의견이 아니라 그 신문을 논지를 반영하는 것이라면 사설 위원들의 의견을 반영하는 객관성을 가져야겠다. 이 외에 신문 사설의 특수성을 고려하면 '사설의 공공성'에 다른 하나의 성질을 더 부과할 수 있겠다. 그것은 객관성이 될 것이다. 아래의 글

으며, 또한 일반적이지만 보편성을 만족 못 시키는 원칙들도 있다. 예를 들면 이기주의는 보편성은 만족시키지만 일반성은 만족시키지 못한다. 왜냐하면 모든 사람이 "모든 사람은 나, 페리클레스의 이익에 봉사해야 한다."라는 일인칭 독재의 형식을 갖는 이기주의 원칙에 따라서 모든 사람이 행동할 수는 있지만, 이 형식이 일반성을 갖는 것은 아니다. 또한 "모든 학생은 수업에 참여해야 한다."와 같은 형식은 특정한 계층의 개인에 적용되는 것으로 보편적으로 적용되지는 않지만, 모든 학생이라는 일반적 조건은 만족시키고 있다. 따라서 일반성과 보편성이라는 조건은 상이한 조건이다. [네이버 지식백과]원칙들의 일반성과 보편성의 상이함 (롤즈『정의론』(해제), 2005., 서울대학교 철학사상연구소) http://terms.naver.com/entry.nhn?docId=999592&cid=41908&categoryId=41925에서 가져왔음.

은 민족문화대백과사전의 '사설'에 대한 정의인데, 이에 의하면 제한적인 의미를 가지지만, 논설위원들의 의견을 객관적으로 전달하는 방향으로 사설이 작성되어야 한다는 것이다.

주필을 비롯한 논설위원들의 합의로 그 견해나 주장을 결정한 다음 논설위원 중의 한 명이 무기명으로 집필하는 것이 일반적이며, 집필위원들의 개인적 의견이나 주관을 게재해서는 안 된다.

사설의 주제는 시대의 공동 관심사로 등장하는 지속적인 의미를 지니는 문제이다. 그리고 사설은 객관적으로 보아 신문사의 의견이지 집필자 개인의 견해는 아니다. 따라서 사설은 시대의 변화와 신문사의 성격에 따른 특징과 논조를 지니게 된다.

100여 년의 역사를 지닌 우리 나라 신문도 사회사의 변천에 따라 사설의 자세가 제각기 달랐다. 우리 나라 신문의 사설은 개화기 시대에 국민 계몽이라는 사명 의식을 가지고 시작되었다.

그런데 이러한 논의에는 기본적인 한계를 가진다. '보편성과 일반성 그리고 객관성'이란 개념들은 '보편적이고도 일반적으로 그리고 객관적으로' 기술할 수 있는 개념이 아니기 때문이다. 모든 사안에 대해 보편적이고 일반적이며 객관적인 개념이 존재한다면 인류의 사회는 별다른 논쟁이나 갈등 없이 영위될 수 있을 것인데, 인간이 만들어 놓은 다양한 가치관은 절대적인 가치보다 상대적인 가치를 추구해야 하는 경우가 많은 것이다.

마. 공평성

가치의 다양성으로 인해 신문의 사설도 어느 하나의 가치를 지향하게 되는데, 이러한 한계를 극복하기 위해 신문의 사설은 공평성을 확보할 수 있는 장치를 가져야겠다. 여기서 말하는 공평성이란 방송에서 언급되는 '공평의 원칙'에 관한 것으로 그 내용은 다음과 같다.

　중요한 논쟁적 문제에 관한 공중(公衆)의 다원적(多元的) 언론과 소수 의견을 공평하게 보장하고, 쟁점에 대한 반대 의견의 표명 기회를 확보한다는 원칙.

　자기의 주장을 펼치되 그 주장의 정당성을 확보하기 위해 반대 의견을 개진할 기회를 제공하고 각자의 타당성을 주장할 수 있는 기회를 공평하게 가지는 것, 이것은 앞의 여러 성격들을 보완하기 위해 필요한 것이다.

바. 미래 지향성

　신문 사설은 사회와 국가의 한 부분으로 존재하고 이들의 존재에 의해 존재할 수 있는 것이라면 사회나 국가의 발전을 위하는 미래 지향성을 가져야겠다. 과거와 현재의 사실과 환경을 직시하고, 살되고 긍정적인 부분을 적극적으로 계승하고 발전시키고, 잘못되거나 부정적인 부분은 과감히 버리거나 고치면서, 새로운 환경의 발생과 함께 새로이 제기되는 문제들에 대한 새로운 해결 방책을 강구하면서, 진보적인 좀 더 나은 미래를 향해 나아가는 자세가 필요할 것이다.

　이를 위해서는 현재의 문제점을 진단하는 과정에는 보편적이고도 합리적인 논지를 전개하고, 새로운 문제를 제기하고 이를 해결하는 과정에서는 때로는 발상의 전환을 도모하여 미래에 대한 참신한 방향

을 제시해야 할 것이다. 이를 함에 있어서는 발전된 내용을 위해 장점
은 보완하고, 단점은 수정하여 발전시켜 연속적인 면을 가지면서 발
전적인 모습을 보여야 할 것이다. 기존의 사고를 무조건 바꿔야 한다
는 사고방식은 대단히 위험한 발상이므로 아주 조심해야 한다. 그리
고 새로운 내용을 추가할 경우에는 기존의 것과 충돌하지 않아야 하
고, 그 사회나 집단의 성격에 합당해서 그것을 발전시킬 수 있는 효용
성을 가져야 할 것이다.

3. 공공성의 실제

인간의 세계에 존재하는 것은 항상 중간자적인 것이다. 절대적인
선이나 절대적인 악이 인간 세계에 존재하지 않는 것처럼 다시 말해
모든 것에는 선의 요소와 악의 요소가 혼재되어 있고 인간이 악이나
선이라 판단하는 것은 개인의 가치관에 따라 그리고 혼재된 비중에
따라 판단하듯이, 신문의 사설도 긍정적인 순기능과 부정적인 역기능
을 동시에 가지게 된다. 이에 사설의 순기능과 역기능을 앞에서 제시
했던 공공성의 여러 속성과 관련하여 간단하게 짚어 보고자 한다.

3.1. 신문 사설의 순기능

가. 미래 지향성(1) - 새로운 내용의 전달과 방향의 제시
신문 사설이 일반인을 대상으로 새로운 내용을 소개하고, 앞으로
우리 사회가 나아가야 할 방향을 제시하는 역할을 수행하는 것은 사

설의 대표적인 순기능이라고 할 수 있을 것이다. 외국의 사례를 소개하고 우리의 미래에 대한 방향을 제시한 스코틀랜드 투표와 피케티 열풍 두 사례를 대표적인 것으로 볼 수 있겠다.

　스코틀랜드 투표와 관련하여 세 신문사에서 사설을 발표하였다. 우선 동아일보는 "스코틀랜드는 민족 감정보다 경제 안정을 택했다"(9월 20일)라는 제목으로 다음과 같은 결론을 내리고 있다.

　　석유 경제학자 출신인 앨릭스 샐먼드 스코틀랜드 자치 정부 수반은 독립할 경우 북해 유전에서 나오는 돈으로 더 풍요롭게, 더 공평하게 북유럽 사회 민주주의식의 복지를 제공하겠다고 약속했다. 그러나 독립이 가시화되자 파운드화를 쓸 수 없게 되고, 유럽 연합(EU) 가입이 불투명해지며, 석유 수입도 떨어질 수 있다는 현실적 문제가 부상했다. 결국 스코틀랜드는 가슴보다 머리로 판단했다. 1921년 영국에서 독립하고도 오랫동안 빈곤했던 아일랜드가 반면교사가 됐을 것이다.

　그리고 세계일보는 "스코틀랜드 선택 앞에서 한반도 운명을 생각한다"(9월 19일)라는 제목으로 북한 주민을 보듬어야 된다는 논지를 다음과 같이 전개하고 있다.

　　남북 관계 또한 엄중히 살펴볼 시점이다. 3대세습의 권력 체제가 영원히 북한을 지배할 수는 없는 노릇이다. 북한 주민이 정치적 결정권을 갖게 될 날은 언젠가 반드시 온다. 스코틀랜드에서 일어난 일이 북녘에서 일어나는 것도 시간문제일 뿐이다. 대한민국의 대북 한반도 정책은 궁극적으로 그런 날에 대비한 청사진을 담고 있어야 한다. 우리 정부와 민간 부문의 대비는 어떤가. 근거 없이 낙관만 앞세울 계제가 아니다. 2400만 북한 주민의 민생은커녕 2만여 탈북자도 제대로 품에 안지 못해 힘겨워하는 현실 아닌가. 심지어 통일과 통합의 초석이 될 북한인권법조차 국회에서 줄곧 낮잠만 자는 지경이다. 스코틀랜드의 선택 앞에서 한반도 운명을 내다봐야 한다. 영연방의 파문을 우리 종아리를 치는 회초리로 알아야 한다.

한겨레신문도 "스코틀랜드 주민 투표의 교훈"(9월 19일)이라는 제목으로 남북 관계의 개선과 관련하여 다음과 같이 논의하고 있다.

　　스코틀랜드의 주민 투표 전개 과정을 보면, 남북 관계의 개선 방향에도 시사하는 바가 있다. 한반도 평화는 남북 간의 원심력보다 구심력이 더 커져야 정착할 수 있다. 그러나 남북 당국은 통합의 구심점을 찾기보다는 서로 미국과 중국 등 거대 강국에 대한 의존도를 키우며 분열을 가속화하는 길을 가고 있다. 지역 공동체의 실현을 위해서는 각자의 이념이나 작은 경제 이익에만 집착할 게 아니라 보편적 가치에 기반을 둔 공생공영의 길을 찾아야 한다. 스코틀랜드의 주민 투표가 우리에게 주는 교훈이다.

경제학자 피케티가 제시한 소득의 불평등에 관한 문제를 우리 사회가 앞으로 가야할 방향과 관련하여 문제를 제기한 것은 경향신문과 한겨레신문이다. 한겨레신문은 "'피케티 바람'에 담긴 뜻"(등록: 2014. 9. 21 18:24 수정: 2014. 9. 22. 11:07)에서 정부와 정치권에 대해 다음과 같이 주문하고 있다.

정부와 정치권에서도 이 문제에 큰 관심을 가지길 바란다. 피케티가 사용한 방식 등을 활용해 소득과 자산의 분배 실태를 파악해보고, 그에 걸맞은 대책을 추진했으면 좋겠다. 지금 상태로도 분배 정책의 강화를 더는 미룰 수 없지만 말이다.

나. 미래 지향성(2) – 미래를 향한 공감대 형성

대한민국이 지속적인 발전을 하기 위해서는 미래를 향한 새로운 도전이 필요하다. 이를 위해 현 대통령이 제시한 것이 '창조 경제'이다. 창조 경제의 실현을 위해 구체적으로 행보를 나서자 몇몇 언론사에서 이를 두둔하고 지원하는 주장을 펼쳤다. 우리 민족과 국가가 더 발전하기 위해 공감대를 형성하고 같이 나아가는 것은 절대적으로 필요한 사항이다. 창조 경제와 관련하여 문화일보, 서울신문, 중앙일보, 한국일보 등에서 이에 관한 공감대 형성의 사설을 썼다.

다. 보편성과 일반성 추구 – 사회 문제에 대한 질타

신문 사설에서 사회적인 문제점에 대해 그 내용을 속속들이 파헤치는 것은 어찌 보면 사설의 권한이자 의무가 될 것이고, 우리 사회의 발전을 위한 시금석이 될 것이다. 이 기간 동안 그 문제점이 적나라하게 지적된 것은 새정치민주연합의 행보와 공무원연금에 대한 공무원의 자세 그리고 금융계의 관행적인 작태 등이 될 것이다.

이 기간 동안 새정치민주연합이 보여 준 일련의 행보는 국회 해산론으로 이어지기까지 하는 무책임과 무생산, 몰염치 등의 행보였음은 많은 사설에서 지적하고 있다. 거의 모든 언론사에서 수차례 그 문제점을 동시다발적으로 지적하고 있는 것이다. 공무원 연금의 개혁과 공기업의 개혁에 대해서도 모든 사설이 대동소이한 주장을 펼치고 있다. 중앙일보, 한국일보, 서울신문, 문화일보, 세계일보, 조선일보 등에서 이를 다루고 있다. 공무원 연금과 관련된 몇 사설의 주장을 들어본다.

공무원 연금과 관련하여 문화일보는, "與, 공무원과 등지더라도 공기업 연금 改革 관철하라"(9월 19일)라는 제목으로 공기업 개혁과 연금 개혁을 동시에 주장하고 있다.

> 사실 이런 진단과 대책은 새삼스러운 것도 아니다. 알면서도 실행하지 못해 계속 악화해 왔다. 이런 상황에서 김무성 새누리당 대표가 18일 공무원 연금 개혁에 대해 "당에서 주도하면 전 공무원과 등을 져야 하지만 하기는 해야 한다. 그런데 공무원 스스로 고치라고 하면 고쳐지겠나"고 밝힌 것은 정곡을 찌른다. 다행히 2016년 4월의 총선까지 1년 반 정도는 큰 선거가 없다. 이것이 골든 타임이다. 여권이 앞장서고 야당도 당리당략을 떠나 국가 백년대계를 보고 적극 협력해야 할 것이다.

세계일보도, "공무원 연금 수술, '반쪽' 아닌 '전면' 개혁해야"(9월 18일)라는 제목으로 다음과 같이 논의하고 있다.

> 당·정·청이 어제 청와대에서 공무원 연금 개혁 방안을 놓고 '끝장 토론' 방식으로 논의를 했다. 공무원 사회의 반발에 떠밀리고, 표를 의식한 나머지 미온적인 태도로 일관하다 여론의 힘을 업고 어렵사리 뗀 첫걸음이다. 많은 논의가 오갔다고 한다. 공무원 연금 개혁 방향은 일단 '대수술을 한다'는 쪽으로 정해놓은 듯하다. 그제 나온 한국연금학회의 개혁안은 그중 하나다. 새누리당의 용역을 받아 마련된 연금

학회의 개혁안은 국민연금과의 형평성을 고려해 '더 내고 덜 받는' 방식으로 바꾸는 것을 주 내용으로 한다. 현직 공무원이 내는 보험료를 42.8% 올리고, 2016년부터 임용되는 공무원이 받는 연금을 국민연금 수준으로 낮춘다고 한다. 개혁안의 세부 내용은 오는 22일 발표하기로 했다. 그나마 과거 개혁 시늉만 한 것보다는 개혁적인 안이다.

마찬가지로 조선일보도, "공무원 연금 개혁, 現職 퇴직자도 고통 분담을"(2014. 9. 19.)에서 다음의 주장을 펼치고 있다.

지금 제도 아래서 공무원은 낸 돈의 2.4배를 연금으로 받고 있다. 국민연금 가입자(낸 돈의 1.7배)에 비해 훨씬 유리하다. 이런 공무원 연금 구조 때문에 정부가 세금(稅金)을 들여 공무원 연금의 적자를 보전해 주는 규모가 올해 2조 5000억 원이나 된다. 올해 133만 명에 달하는 빈곤층에 생계 급여로 지원되는 예산이 2조 5000억 원이다. 공무원들의 풍족한 노후를 위해 지원되는 세금을 저소득층 지원에 돌려쓸 수만 있다면 저소득층의 생계 급여를 두 배로 늘릴 수도 있다는 뜻이다. 공무원연금 지원액은 매년 6000억~7000억 원씩 늘어날 예정이어서 공무원연금을 지금처럼 운용하다가는 나라 곳간이 거덜나 연금 지급 불능 선언을 해야 하는 날이 닥칠 수밖에 없다.

라. 객관성 강조 – 인사 행정의 투명성 제고

국가적인 일이든 개인적인 일이든 어떤 일을 처리함에 있어서 가장 중요한 기능을 수행하는 것이 인사에 관한 문제이다. 국가의 행정적인 문제를 처리함에 있어서도 성공의 관건이 되는 가장 중요한 것이 대통령 인사 처리일 것이다. 이에 대해 세 신문사에서도 동일한 목소리로 문제점과 개선 방향을 제시하고 있다. 경향신문, 한국일보, 서울신문 등에서 문제를 제기하고 있는데, 이에 관련된 가장 중요한 문제는 인사 행정이 투명하고 객관적으로 이루어지지 않는다는 점이다.

마. 공평성 지향 – 건전한 토론 문화의 디딤돌

각 언론사에서는 예산안 편성 및 세수 확보 등의 문제에 관하여 다양한 의견을 내놓고 있다. 이들의 주장은 한국이 발전하고 복지를 증진시키기 위해 어떻게 계획을 수립하고 어떻게 추진해야 하는가 하는 문제로 압축할 수 있다. 하나의 목표를 위해 사항들의 우선순위 문제 결정, 한 항목의 긍정 부정에 관한 문제 등에 다양한 의견을 제시하고 있으므로 이들을 종합하여 하나의 체계적인 안을 만드는 데 디딤돌이 될 수 있을 것이다.

3.3. 신문 사설의 역기능

가. 일반성과 보편성 결여 – 시각 차이 및 논점 이탈로 인한 분열의 조장(1)

우리 사회가 안고 있는 문제를 지적하고 앞으로의 방향을 제시하는 데 있어서 사회나 사회 현상을 보는 시각이 극명하게 드러나는 것이 세월호 사건을 보는 시각과 전교조와 관련된 일련의 사태를 보는 시각이 아닌가 한다.

동아일보와 조선일보 그리고 국민일보의 시각이 한 부류를 이루는데, 조선일보는 "세월호 유족들, 국민 눈에 비친 자신 모습 돌아볼 때"(2014. 9. 19.)를 통해 다음과 같이 주장하고,

폭행 사건의 정확한 진상은 경찰 조사에서 밝혀질 것이다. 국민을 실망시킨 것은 이 사건을 통해 드러난 유족 대표들의 의식과 행태(行態)이다. 일부 유족 대표는 이날 세월호 추모(追慕) 노란 리본을 가슴에 달고 있었다고 한다. 그러나 그 순간만큼은 이들이 달고 있는 노란 리본이 무소불위의 권력을 휘둘러도 되는 '완장'으로 둔갑했다. 이들은 '경찰을 부르겠다'는 주변 시민들의 말에 "내가 누군지 아느냐"고 되받았다.

유족 대표들의 이런 모습은 어느 정도 예견됐던 일이다. 유족 대표들은 형법 체계에도 맞지 않는 '수사권 기소권'을 세월호 조사위가 가져야 한다고 요구하며, 세월호법과 민생 법안을 분리 처리해야 한다는 국민 다수의 여론도 무시해 왔다. 이들이 여야가 만든 세월호특별법 협상안을 두 번이나 뒤엎었어도 야당과 친야 단체들은 이들을 떠받들기에 급급했다. 오죽하면 세월호 유족 대표가 야당의 상왕(上王)이란 말까지 나왔겠는가.

동아일보는 "세월호 가족대책위가 치외법권의 권력기관인가"(9월 19일)을 통해 다음과 같은 주장을 펼친다.

대책위 간부들은 치외법권이라도 가진 듯 경찰의 어제 출석 요구에도 응하지 않았다. "위원장이라는 사람은 맞는 걸 보질 못했는데 팔에 왜 깁스를 했다는 건지 모르겠다"는 목격자도 있다. 인터넷과 트위터 같은 소셜네트워크서비스(SNS)에는 "대리운전사한테도 수사권 기소권을 줘야 한다" "특검을 임명해 수사해야 한다"는 등 비판이 거세다. 광화문광장을 점령한 채 자신들의 요구대로 세월호 특별법 처리를 하라는 유가족들에게 정치권이 무한정 끌려 다니면서 이런 사태까지 불렀다 해도 과언이 아니다. 국회 의원의 품위를 손상시킨 김 의원은 물론이고 당 차원에서도 국민 앞에 사과해야 한다.

그리고 문화일보 역시 "세월호 노란 리본이 '치외법권 완장'일 수 없다"(9월 18일)는 사설을 통해 다음과 같이 주장한다.

이번 사건의 실상은 수사를 통해 엄정히 가려져야 한다. 그와 별개로 유가족들의 요구와 행동을 어느 선까지 수용 용인해야 하느냐의 문제를 제기하고 있다. 노란 리본은 한때 국민 정서의 대변(代辯)이었지만 반(反)박근혜 집회 시위의 표지판으로 변용되면서 탈색돼왔다. 그럼에도 마치 '치외법권(治外法權) 완장'으로 여기는 듯한 행태는 이어지고 있다. 이번 사건이 상징적이다. 광화문의 천막 농성장부터 '불법'이다. 박 대통령에게 막말을 퍼부은 유족 김영오 씨, 동조 단식한 문재인 정청래 의원, 천막촌 길을 연 박원순 서울시장, 청와대 옆에 천막을 친 정봉주 전 의원 등도 그렇다.

이번 사건의 본질도 노란 리본의 자업자득(自業自得)이다. 오죽하면 사건을 신고했다가 현장에서 함께 폭행당하고 경찰 조사까지 받은 30대 시민이 "살인 사건에도 안 나서겠다"고 할 것인가. 우선 정치권부터 완장이 법치를 얼마나 황폐화시키고 있는지 직시하기 바란다.

반면에 이에 정반대의 시각을 보이는 신문도 다수 있다. 경향신문은 "큰 실수 했다는 세월호 가족, 외면하지 말아야"(9월 19일)에서 다수의 세월호 유가족을 보듬어야 한다고 한다.

세월호 희생자 오영석군의 어머니 권미화 씨는 지난 주말 서울 광화문광장에서 열린 촛불문화제에서 이렇게 호소했다고 한다. "크게 실수했습니다. 용서해 주세요. 두 번 다시 이런 실수가 나오지 않도록 반성하고 노력하겠습니다. 저희들에겐 위로가 필요합니다. 손 놓지 말고 잡아주세요." 시간이 흐르며 잊혀져가고 있지만, 세월호 가족은 상상조차 힘든 고통에 시달리는 피해자다. 사랑하는 혈육을 잃은 것만으로도 견디기 힘든데 폭식 투쟁 같은 '2차 가해'까지 당하는 터다. 일부의 실수가 있었다고 이들을 외면해선 안 된다. 끔찍한 상처를 딛고 일어설 수 있도록 보듬어야 한다. 그게 사람 사는 공동체의 도리다

그리고 한국일보, 중앙일보, 한겨레신문 등에서는 사건의 본질과 대책위의 실수는 구분되어야 한다고 하면서 다음과 같은 주장을 펼친다. 먼저 중앙일보는 "유족 폭력은 유감, 세월호 본질은 잊지 말자"(2014. 9. 19.)에서 다음과 같이 주장한다.

세월호 사고 5개월을 돌아보면 우리 사회는 너나없이 초심을 잃었던 게 사실이다. 우리 사회의 안전 의식과 시스템의 수준이 얼마나 형편없는지 확인시켰던 이 사고를 계기로 정부는 안전을 위협하는 적폐를 청산해 새로운 안전 시스템을 만들겠다고 했고, 국민은 안전 사회를 이룰 때까지 적폐를 감시하고 정책을 요구하겠다고 목소리를 높였다. 그러나 이후 나아진 것은 없다. '남은 건 유병언과 특별법 갈등'이라는 말처럼 세월호의 본질인 '안전 사회 건설'은 잊혀지고, 자극적 이야기와 갈등으로 세월을 흘려보냈다. 정부는 갈등 뒤에 숨어 적폐 청산과 안전 시스템 확충은 잊은 듯 보인다.

폭력 사건은 법에 따라 엄정하게 심판하기 바란다. 그러나 이 일로 세월호의 본질을 흐려서는 안 된다. '안전 사회' 건설을 위해 우리는 여

전히 세월호를 잊어서도, 세월호가 정치에 이용돼서도 안 된다는 점을 기억하자. 정부도 유족도 국민도 모두 초심을 되새겨야 할 때다.

한국일보는 "갑자기 동시에 벌어지는 '세월호 지우기'"(2014. 9. 17.)에서 다음과 같이 주장한다.

경찰의 세월호 관련 시위 대응에도 미묘한 변화가 일고 있다. 일례로 서울 여의도 국회 정문 앞에서 '진상조사위 수사·기소권 부여'를 촉구하는 1인 시위를 해온 시민 단체 '리멤버0416' 회원은 16일 오후 경찰로부터 자리를 옮기라는 요구를 수차례 받았다고 한다. "경찰서장이 그 자리에 서 있지 못하게 하라고 했다"는 게 경찰관이 전한 이유의 전부였다. 앞서 스물 한 차례 같은 장소에서 1인 시위를 했지만 한 번도 없던 일이라고 했다. 유족과 시민 단체 사이에서는 정부 기관들이 박 대통령의 발언을 신호탄으로 삼아 '세월호 흔적 씻어내기'를 노골화하는 것 아니냐는 우려의 목소리가 나오고 있다.

그동안 감춰져 있던, 혹은 알고도 눈감았던 우리 사회의 민낯을 드러낸 세월호 참사는 국민 모두에게 깊은 상처를 남겼다. 진상 규명 작업이 첫 걸음도 떼지 못한 상황에서 민주 사회의 근간인 표현의 자유까지 억눌러가며 지우고 씻으려 든다고 없어질 상처가 아니다. 대통령과 정부·여당이 나서 "이제 끝났다"고 선언하는 것은 살릴 수 있었던 생명을 살리지 못한 국가적 범죄를 망각의 역사 속으로 밀어 넣으려는 또 다른 범죄일 뿐이다.

한겨레신문은 "대리기사 폭행 사건과 세월호 사건의 본질"(2014년 9월 19일)에서 다음과 같이 주장한다.

　사건의 정확한 진상은 앞으로 경찰 조사에서 가려질 것이다. 폭행 과정에서 유가족들도 다쳐 한 명은 팔에 깁스를 하고, 다른 한 명은 치아 6개가 부러졌다고 주장하는 상황이어서 쌍방 폭행 여부도 쟁점이다. 그렇지만 경찰 조사 결과와 관계없이 이런 불미스러운 사건이 일어난 것 자체가 유가족들로서는 뼈아픈 대목이 아닐 수 없다. 아무리 심적인 고통이 큰 상황이라 해도 먼저 시비를 건 쪽이 유가족들이고, '의원에게 공손하지 않다'는 따위의 그릇된 특권 의식에 편승한 모습을 보인 것은 눈살을 찌푸리게 하기에 충분하다. "애초에 술을 마시고 그들과 똑같이 폭력을 행사한 것 자체가 잘못된 행동이며 변명의 여지가 없다"는 '유민 아빠' 김영오씨의 지적은 정곡을 찌른다.

　그러나 이번 사건을 꼬투리 잡아 제대로 된 세월호 특별법 제정 요구까지 싸잡아 비난하는 것은 온당치 못하다. 세월호 진상조사위에 수사권 기소권을 주면 유족들이 특권 의식을 갖고 마구 권한을 휘두를 것이 더욱 분명해졌다는 식의 주장은 악의적인 왜곡이며 논리적 비약에 불과하다. 폭행 사건은 폭행 사건이고 세월호 특별법은 특별법이다. 이번 사건에 옳거니 하고 쾌재를 부르며 유가족들을 싸잡아 비난하고 철저한 진상규명 노력까지 헐뜯는 것은 너무 속 보이는 행동이다.

　다만 이번 사건을 계기로 유가족들은 행동 하나하나에 얼마나 조심이 필요한지를 절감했을 것이다. 그렇지 않아도 정부 여당과 보수 세력은 유족들을 고립시키고 국민으로부터 떼어놓으려고 안간힘을 쓰고 있다. 조금이라도 국민의 눈살을 찌푸리게 하는 유족들의 행동은 자칫 치명상이 될 수 있음을 이번 사건은 잘 보여주고 있다.

나. 객관성 결여 – 시각 차이 및 논점 이탈로 인한 분열의 조장(2)

중앙일보, 문화일보, 동아일보는 전교조가 불법적이라는 생각을 기본적으로 가지고 있다. 중앙일보는 "전교조, 세월호 참사 선동하는 계기 수업 중단해야"(2014. 9. 18.)에서 전교조가 편협적이라고 주장한다.

> 전교조는 사회적 이슈를 놓고 학생들에게 균형 잡힌 시각을 갖게 한다는 명목 아래 걸핏하면 계기 수업(혹은 공동 수업)을 실시했다. 하지만 논란을 일으켰던 한미 자유무역협정(FTA) 수업, 이라크 파병 수업, 사립 학교법 수업 등에서 경험했듯이 이런 계기 수업들은 실제로 전교조 교사들의 생각을 학생들에게 주입하는 도구였다. 전교조가 임의단체로 전락한 이후에도 '세월호특별법 바로 알기' 공동 수업을 하겠다면서 옛 버릇을 버리지 않고 있다.
> (중략) 학생들이 우리 사회에서 분출하는 갈등 사안에 대해 균형 잡힌 시각을 가지려면 계기 수업을 빙자한 전교조의 선동 교육을 받지 않아야 한다. 수업은 특정 생각을 가진 교사의 전유물이 아니며, 교사가 속한 조직의 입장을 심는 도구가 아니기 때문이다. 학교에서도 다양한 시각을 가진 사람들이 공존하고 있으며, 교사가 수업 시간에 가르쳐야 할 수업 내용은 국가가 정한 교육 과정의 틀을 벗어나서는 곤란하다. 게다가 임의 단체는 소속 교사들을 동원해 학생들을 가르칠 아무런 권한도 갖고 있지 않다.

이러한 주장은 문화일보 "전교조 세월호 歪曲 교육과 학생 선동 단념하라"(2014년 9월 17일)라는 제목으로, 세계일보는 "전교조, 학교를 또 정치 투쟁장으로 만들려 하나"(2014년 9월 17일)라는 제목으로 비슷한 내용을 주장하고 있다.

사회적 이슈에 대해 학생들에게 균형된 시각을 갖게 하는 취지라면 나무랄 것이 있겠는가. 하지만 학생들에게 편향된 시각을 심으려는 의도가 뚜렷이 엿보이니 문제다. 전교조가 준비한 수업 자료에는 일방의 주장으로 가득 채워져 있다. 진상조사위는 수사 기소권을 가져야 하며, 이는 세월호 참사의 진상 규명을 위한 첫걸음이라고 했다. 누가 보더라도 숨은 의도가 들여다보인다. 세월호특별법을 둘러싸고 갈등은 첨예하다. 이로 인해 국론은 사분오열하고, 국회는 민생 경제를 내팽개친 채 표류하고 있다. '정치화된 세월호' 문제를 정치적 판단에 따라 학생들에게 가르치겠다는 것이 아니고 무엇이겠는가. 헌법 제31조 4항은 교육의 정치적 중립을 의무화하고 있으며, 교육기본법 제14조 4항은 교사가 특정 정파를 지지하거나 반대하기 위해 교육 현장에서 학생을 지도, 선동해서는 안 된다고 규정하고 있다. 헌법재판소도 최근 교육의 중립성을 다시 확인하지 않았던가.

동아일보는 "전교조는 아이들을 '세월호대책회의 홍위병' 만들려는가"(2014년 9월 17일)라는 사설에서, 그리고 조선일보는 "좌파 끌어모아 서울 교육 방향타 맡겨버린 교육감"(2014년 9월 15일)이라는 사설에서 새로운 서울시 교육의 수장이 된 교육감의 인사와 관련하여 다음과 같이 비판하고 있다.

전국교직원노동조합(전교조)이 '학생들과 함께 하는 세월호 특별법 바로 알기 공동 수업'을 전개하겠다고 밝혔다. 전교조는 "세월호 참사의 아픔을 잊지 않고, 교육과 사회를 바꾸기 위한 실천 운동을 전개하겠다"는 취지를 주장했지만 수업 자료는 유족들과 세월호참사국민대책회의가 만든 세월호 특별법에 편향돼 있어 교육의 중립성을 해칠

수 있다. Q&A 식으로 된 수업안 '세월호 특별법, 오해와 진실'은 '수사
권 없이는 진상 규명에 한계가 있다' '신뢰도가 낮은 검찰 수사 역시 부
족하다' 등 일방적 주장을 열거한다. 반대 의견이나 예상되는 부작용에
대한 언급은 없다. 진상조사위에 수사권과 기소권을 부여해야 한다는
야당의 주장과도 일치한다.(이상 동아일보)

전교조는 올 6월엔 법을 어기고 해직 교사 출신을 노조 전임자로 두
다가 '법외(法外) 노조' 판결을 받았다. 전교조는 이에 따라 학교로 돌
려보냈어야 할 전임자 30여 명을 무단결근까지 시키며 법원 판결을 대
놓고 무시하고 있다. 조 교육감이 이렇게 법 밖으로 나간 사람들에게
서울시 교육의 결정권을 쥐여준다는 것은 그 역시 법과 법원을 무시해
버리겠다는 뜻이나 마찬가지다. 정치 투쟁장이라면 몰라도 교육 현장
에서 있어선 안 되는 일이다. 이런 교육감과 그런 사람들이 만들어낸
교육 정책이 또 얼마나 갈등과 충돌을 불러올지 걱정하지 않을 수 없
다.(조선일보)

한편, 경향신문과 한국일보는 그 반대의 시각을 가지고 있다. 경향
신문은 "법원이 제동 건 교육부의 전교조 무력화 시도"(2014년 9월
19일)에서 다음과 같이 주장한다.

전국교직원노동조합에 대한 고용노동부의 법외 노조 통보 처분 효
력이 법원의 결정으로 일단 중단됐다. 서울고등법원 행정7부(민중기
수석부장판사)는 어제 전교조가 노동부 장관을 상대로 낸 법외 노조
효력정지 신청을 받아들여 "2심 판결 선고 때까지 그 효력을 정지한
다"고 결정했다. 그동안 교육부로부터 사실상 법외 노조 취급을 받았

던 전교조는 합법적 지위를 회복하게 된 반면 교육부는 그동안 밀어붙였던 전교조 관련 조치들을 모두 원상 복귀해야 하는 처지가 된 것이다.(중략)법원의 이번 결정은 전교조에 생길 회복하기 어려운 손해를 예방하기 위해 내린 것이지만 본안 소송과 관련해서도 주목되는 내용을 담고 있다. 재판부가 '해직교사의 조합원 자격'을 규정한 교원노조법 2조가 과잉금지원칙에 어긋나고 평등권과 단결권을 침해하는 위헌적 조항이라는 의견을 내면서 헌법재판소에 위헌법률심판제청을 한 것이다. 재판부는 조합원의 자격과 범위를 재직 중인 교원으로 제한하는 해당 조항은 단결권의 본질적인 내용을 침해해 과잉 금지 원칙에 저촉될 수 있다고 판단했다. 또 노조법 해석상 산별 노조는 실업자의 가입을 허용하고 있는데도 교원 노조는 불허하는 것은 평등 원칙에 어긋난다고 보았다.

한국일보는 "교육부 '전교조 法外 밀어내기' 제동 건 법원"(2014. 9. 19.)에서 다음과 같이 주장한다.

서울고법 재판부의 판단은 상당한 법적 논거를 갖고 있으며 합리성이 있어 보인다. 더욱이 "교원노조법 제정 때 관련 노조법 조항을 잘못 원용한 것이 아닌지 의심이 간다"며 당시의 배경과 동기를 소상히 밝혀 설득력을 높였다. 고법의 결정을 보면 정부와 서울행정법원이 법외노조 관련 법 조항을 기계적으로 적용한 것 아닌가 하는 생각이 든다.

이번 결정으로 전교조 법외 노조를 기정사실화하고 강경 일변도로 밀어 붙인 교육부만 우스운 꼴이 됐다. 교육부는 지난 6월 법외노조 판결이 나자 곧바로 전교조 전임자 78명 교단 복귀, 지부와 시도교육감 간 단체 교섭 중단, 지부 사무실 임대 지원 중단 등의 후속 조치를 내렸

다. 특히 미복직 전임자에 대해 시도교육청에 직권 면직을 요구한 뒤
이를 이행하지 않은 교육청에 직무 이행 명령까지 내렸다. 교육부 지
시에 미온적인 일부 교육청에 대해서는 직권 면직 대집행이라는 초법
적 조치를 취해 교육계의 반발을 샀다. 불법 건축물 철거 등에 적용되
는 대집행을 징계 등 인사 문제에 시행한 전례가 없다는 지적에도 귀
를 막았다. 교육부의 섣부른 판단이 학교 교육 현장에 극심한 혼선을
부르고 교육감들과 갈등만 키웠다는 비판을 피할 수 없게 됐다. 헌재
결정이 남아있기는 하지만 정부는 전교조에 이념의 굴레를 씌우고 무
조건 배척하는 시책을 펴온 것은 아닌지 되돌아봐야 한다.

이러한 시각 차이의 기본적인 문제는 '무엇이 문제인가'라는 질문
에 대해 논지 전개를 객관적으로 펼치고자 하는 노력의 부족 때문이
다.

다. 언어의 품격성 이탈(1) – 중심과 주변의 초점 이탈

원세훈 전 원장의 재판에 관련해서도 사설의 공공성 내지는 품격성
은 대단히 의심스러운 양상으로 나타난다.

한국일보에서는 "檢 '원세훈 무죄' 항소하고 공소장도 변경해
야"(수정: 2014. 9. 16. 20:49 등록: 2014. 9. 16 20:00)에서 다음과 같
이 주장한다.

검찰이 원세훈 전 국가정보원장의 공직선거법 위반 혐의에 무죄를
선고한 1심 판결에 대해 항소 여부를 고민 중이라고 한다. 검찰 내부에
서는 "현 지휘부는 선거법 위반 혐의를 적용해 기소한 것 자체를 잘못

된 것으로 생각한다"거나 "항소의 실익이 있는지 고심 중이다"는 등의 말이 나오고 있다. 반면 원 전 원장은 "국정원법 위반 유죄 판결을 받아들일 수 없다"며 항소했다. 검찰이 항소를 포기하면 1심 판결이 그대로 확정된다.

공직선거법 기소로 미운 털이 박힌 채동욱 전 검찰총장이 경질된 뒤 들어선 김진태 총장 체제에서의 검찰 태도를 보면 항소 여부를 고민하는 일이 오히려 당연해 보이기도 한다. 윤석열 전 특별수사팀장을 비롯한 수사팀이 전원 교체된 뒤 김진태 검찰은 선거법 공소 유지에 별 관심을 기울이지 않았다. 검찰은 1심 판결이 나온 후에도 "판결문을 분석해보겠다"는 말만 했을 뿐 지금까지 별다른 입장을 밝히지 않고 있다.

하지만 내심이 그렇더라도 실제로 항소를 포기하는 것은 완전히 다른 문제다. 검찰 스스로의 존재 이유를 부정하는 행위이자 직무 유기나 다름없다. 검찰이 정치·공안 사건에서 항소를 포기하는 일은 거의 전례가 없다. 검찰은 최근 직파 간첩 홍모 씨 사건에서 무죄가 선고되자 즉각 항소했다. 심지어 증거 조작으로 무죄가 선고된 유우성 씨 사건도 항소에 이어 대법원에 상고도 했다. 더구나 이번 1심 판결에 대해 법조계에서조차 논란이 일고 있는 점을 감안하면 검찰의 항소 포기 운운은 '청와대 눈치 보기'라고 밖에 볼 수 없다.

검찰이 항소하더라도 마지못해 하는 식이어서는 곤란하다. 2심에서는 선거법 위반 혐의에 대해 유죄를 입증할 수 있게끔 세심한 전략을 세워야 한다. 1심 재판부는 원 전 원장의 행위가 '선거에 영향을 미치는 행위'(공직선거법 제86조)에는 해당할 여지가 있지만, 선거 운동에 해당한다(공직선거법 제85조)고 볼 수는 없다며 85조를 적용한 검찰의 공소 사실을 무죄로 판결했다. 86조를 적용할 경우 유죄 판단 가능성을 남겨둔 것이어서 검찰은 당연히 공소장을 변경하여 항소해야 한다.

양형의 부당 여부도 다퉈볼 만하다. 1심은 "원 전 원장의 정치 개입 행위는 민주주의의 근간을 흔드는 것으로 죄책이 무겁다"고 질책하고도 집행 유예를 선고했다. 결국은 선거법 적용 조항 변경과 양형 부당 포함 여부가 검찰의 의지를 가늠하게 되는 셈이다. 검찰은 향후 국가 기관의 선거 개입 가능성을 원천적으로 차단해야 한다는 소명 의식을 갖고 향후의 재판에 임해야 한다.

반면에 문화일보는 "도 넘은 司法의 정치화, 양승태 대법원장 책임 무겁다"(9월 17일)라는 사설에서 다음과 같이 주장한다.

사법부가 엿새째 '김동진 파문'에 휘말려 있다. 원세훈 전 국가정보원장의 정치 관여 및 대선 개입 혐의에 대해 지난 11일 서울중앙지법 형사21부가 각각 유 무죄를 선고하자 이튿날 김동진 수원지법 성남지원 부장판사가 코트넷에 원색 비난 글을 올린 이래 '사법(司法)의 정치화'가 도를 넘어섰다는 지적이 늘고 있다. 김 부장 판사가 특히 그 사건 무죄 부분에 대해 "승진 심사를 목전에 두고 있는 재판장의 입신영달(立身榮達)에 중점을 둔 사심(私心) 가득한 판결"이라고 깎아내린 그 글 제목이 '법치주의는 죽었다'였다. 그러나 그런 행태야말로 법치주의를 뿌리째 흔들어 죽이는 '사법의 정치화'로서, 엄정한 대응이 필요하다.

무죄 부분에 문제를 제기한 판사를 문제 삼았고, 검찰의 선거 개입 가능성 차단에 초점을 맞추고 있어서 초점 이탈의 오류를 범하고 있는 것이다. 어느 사설이 공공성을 가지고 있는가 하는 문제는 자명해진다.

라. 언어의 품격성 이탈(2)

공공성을 벗어난 언어의 사용으로 언어의 품격을 떨어뜨린 사설들이 많다. 대표적인 예는 잘못된 문장이나 폭력적 어휘의 사용, 명제의 비약적 연결, 그리고 어려운 표현이나 사실을 왜곡하는 과장된 표현이 될 것이다. 한두 예들을 나열하면 다음과 같다.

잘못된 문장의 예는 다음과 같다.

추진단에 참여한 현직 교사 70명 중 80% 이상이 전교조(全敎組) 소속인 데다 나머지 인사도 대개 그간 전교조와 비슷한 목소리를 내 온 교육 관련 단체 간부 대학교수이거나, 전직 서울도시철도노조 위원장 등 민노총 관련자들까지 들어가 있다는 것이다.(조 15)

산하기관장 인선에서의 실책 때문이었다거나, 청와대 수석 임명 전 법적 문제가 발견되었다거나, 전교조 문제 등 정책 조정 과정에서의 갈등설 등이다.(경향 21)

폭력적 어휘의 사용 예는 '폭식 투쟁(경향 21), 먹튀 논란(경향 21), 궤변(경향 19), 해괴(경향 19) 등이 될 것이다.

두 명제의 연결이 논리적이지 못하고, 비약적인 예는 다음을 들 수 있다.

결과적으로 이번 법원 결정은 전교조 법외 노조화와 관련한 정부의 입장과 조치가 근본적으로 문제의 소지가 있을뿐더러 절차적으로도 잘못됐음을 말해주고 있다. 정부는 전교조를 교육의 한 축으로 인정하고 정치권은 국제 규범에 반하고 혼란과 갈등의 불씨를 제공하는 교원 노조법 개정에 나서는 계기로 삼아야 한다.(경향 19)

당국도 이번 KB금융 사고를 계기로 관련 규정을 손본다고 하니 투명성을 강화하는 방안을 내놔야 한다.(경향 21) -명제 연결 잘못

표현하고자 하는 내용이 무엇인지 알 수 없는 내용도 있다.

빚내 집 사라는 가계 폭탄 돌리기도 모자라 나랏빚마저 폭탄을 돌리겠다는 심산에 말문이 막힌다.(경향 18)

사실을 왜곡시키는 과장된 표현도 찾아 볼 수 있다.

지금 야당은 국회선진화법 때문에 여당을 능가하는 권력을 갖고 있다는 소리를 듣고 있다. 국민으로부터 더 많은 선택을 받은 여당보다 야당이 더 큰 권력을 휘두른다는 자체가 정상이 아니다. 그런 야당이 강경하기만 하고 리더십은 진공 상태가 됐으니 지금 이 정국만이 아니라 정치 전망 자체가 불가능하다.

국회선진화법은 일정 수 이상의 찬성이 있어야 통과시킬 수 있고 그것이 안될 경우 통과하지 못하기 때문에, 일정 수 이상이 안될 경우 쌍방의 합의가 필요한 것인데, 이를 두고 '어떤 쪽이 힘이 더 세고 안 세고'를 따지는 것은 사실과 무관한 것이다.

4. 나가기

4.1.

본고에서 논의한 공공성의 속성들을 간단히 정리하면 다음과 같다.
1. 언어의 품격성 - 문법성과 논리성 그리고 품위성 갖추기
2. 대상의 일반성 - 부분이든 전체이든 관련 대상에 두루 적용되기
3. 내용의 보편성 - 많은 사항들의 속성에 두루 통용되기
4. 시각의 객관성 - 주관성과 편협성을 벗어나기
5. 찬반의 공평성 - 찬론의 기회를 제공하기
6. 미래의 가치 지향성 - 미래의 발전과 진보를 위하기

4.2.

인간 행위의 동기는 '해야 한다는 당위'와 '하고 싶다는 욕구'로 구분되고, 당위는 다시 인간이면 당연히 지켜야 하는 필수적 당위와 인간이 서로 공존하기 위해서 만들어 놓은 관습적 당위 혹은 약속적 당위로 구분할 수 있고, 욕구는 개인이나 집단의 이익이나 생존을 위한 것이다. 그리고 어떤 일은 하고 안하고는 '할 수 있다'와 '할 수 없다'라는 능력이나 의지와 관련된 일이고, 무슨 일을 하느냐 혹은 어떤 생각을 하느냐 하는 문제는 자라면서 어떤 경험을 하여 가치관을 어떻게 형성하였는가 하는 문제와 연결된다.

한 사회의 공공성이란 관습적 당위와 욕망이 충돌하는 지점에서 논쟁의 소지가 만들어진다. 필수적 당위가 논의의 소지가 된다면 그 사

회는 망하기 일보 직전이다. 관습적 당위와 욕망이 충돌할 때 그 해결점은 그 사회가 가지고 있는 가치관에 따라 그리고 그 사회의 능력과 의지에 따라 결정된다.

4.3.

사설의 주제는 민족이나 국가가 나아가야 할 목표의 측면이 강한 것과 그것을 달성할 수 있는 방법적인 측면이 강한 것으로 나누어 볼 수 있다. 전자에 대해서는 이견이 있을 수 없으며 후자에 대해서는 활발한 토론과 토의가 필요하다. 우리 사회의 미래를 위해 신문 사설의 공공성을 측도할 수 있는 기준점을 만들고 이에 대해 평가하는 방법을 도입할 필요가 있다. 과연 그것이 가능할지는 우리 사회의 미래를 결정할 가치관에 의해 결정될 것이다.

부록 : 대상 사설의 분류와 목록

1. 사설의 분류

주요 일간지의 사설에서 일주일 간에 다루어진 내용을 개략적으로 정리해 보면 다음과 같다.

정치적인 문제 국회 혹은 정당에 관련된 사항 중 국회 일반에 관한 것이 서울신문(사설 제목: 정치권 불신 자초하는 정쟁성 막말), 세계일보 2건 등 모두 3건이고, 국회의장의 역할에 관한 것이 동아일보 1

건, 전국회의장의 처신에 관한 내용이 동아일보 1건 등 2건이었고, 새누리당에 관한 것이 경향신문 1건, 문화일보 2건, 조선일보와 중앙일보 각 1건 등 모두 5건이었고, 새정치민주연합에 관한 것이 모두 25번 다루어졌다. 모든 신문사에서 2번 이상 다루었는데 조선일보에서는 무려 5번이나 다루어졌다. 이들 사설은 일관되게 새정치민주연합의 문제점을 지적하고 제 역할을 다해 줄 것을 기대하는 내용이었다.

국제적인 문제를 다룬 것으로 분류할 수 있는 것은 다음과 같다. 1) 주한 미군과 관련된 것이 한국일보와 한겨레신문에서 각 1건, 남북 관계를 다룬 것이 한겨레신문, 중앙일보, 세계일보 등에서 각 1건, 한일 관계를 다룬 것이 조선일보, 중앙일보, 한국일보 각 1건, 세계일보 2건 등 5건, 쌀 시장 개방과 관련된 사설이 경향신문, 동아일보, 서울신문 등에서 각 1건씩 모두 3건, 아시안 게임과 관련된 내용이 중앙일보, 세계일보, 동아일보, 한국일보 등 각 1건씩 모두 4건이다.

행정부와 관련된 사설 중 대통령과 관련된 사설은 모두 11건 있었는데 대통령의 세월호에 관한 인식이나 해결책과 관련된 내용이 8건, 교문 수석의 인사와 관련된 내용이 3건이었다. 전자는 9개의 신문사 중 세계일보, 한국일보를 제외한 7개의 신문사가 다루었는데 한겨레신문은 2차에 걸쳐 논의하였다. 후자는 경향신문, 한겨레신문, 한국일보 등에서 다루었다. 전교조 문제와 관련하여 교육부를 다룬 사설은 경향신문 3건, 한겨레신문 1건 등 모두 4건이었다. 검찰과 관련된 사설은 모두 11건인데, 이 중 '원세훈 판결'과 관련된 사설이 경향신문, 동아일보, 서울신문, 한국일보 등에서 4번 다루어지고, 통신 언어 검열에 관한 사항이 경향신문, 문화일보, 서울신문, 한국일보 등에서 4번 다루어지고, 간첩 사건 관련 수사 능력이나 관행 등에 사설이 문화일보, 동아일보, 조선일보 등에서 3번 다루어졌다. 쌴얼병원과 관련하여 보건복지부의 행정에 관한 사항이 동아일보와 중앙일보에서 각 1번씩 2번 다루어졌다.

경제와 관련된 사항으로 예산의 편성과 세수 확보와 관련된 사항은 모든 신문에서 1번 이상 다루어져 모두 14번 다루어졌고, 금융계의 문제점이 경향신문, 조선일보, 중앙일보, 한겨레신문 등에서 각 1번 모두 4번 다루어졌다. 공무원 연금 개혁에 관한 사항은 서울신문, 조선일보, 중앙일보, 한국일보 등에서 각 1번, 세계일보에서 2번 등 모두 6번 다루어졌고, 공기업의 개혁에 관해서는 서울신문에서만 2번 다루어졌다. 한국의 미래와 관련된 '창조 경제'에 관한 사항은 문화일보, 서울신문, 중앙일보, 한국일보 등에서 각 1번 모두 4번 다루어졌다.

일반 사회 문화와 관련된 것 중 세월호와 관련된 사항은 세계일보를 제외한 전 신문이 모두 1번 이상 다루어 10번 논의되었고, 전교조에 관한 사항은 경향신문, 서울신문, 한겨레신문은 제외한 6개 신문사가 7번(중앙일보 2회) 논의하였다. 사내 하청과 관련된 노동자의 문제는 경향신문, 한국일보, 한겨레신문 등에서 각 1번 모두 3번 논의되었고, 언론의 보도 태도와 관련된 '언론보도준칙'은 경향신문, 한겨레신문 등에서 모두 2번 논의되었고, 한전의 돈 봉투와 관련된 송전탑 사건은 조선일보, 중앙일보, 한국일보 등에서 모두 3번 논의되었고, 태권도의 승부 조작과 관련된 사건은 경향신문과 서울신문에서 각 1번 모두 2번 논의되었다. 이외에 각 신문사의 특징을 반영하는 14개의 주제들이 다양하게 논의되었다.

지방 자치 단체로는 유일하게 서울시 혹은 서울시장이 동아일보에서 1번, 문화일보에서 2번 등 모두 3번 논의되었다.

 이러한 주제들 외에 한국의 미래를 위해 정치계 전반에 '냉정을 되찾아야 할 때'임을 호소하는 서울신문의 사설이 있었고, 스코틀랜드의 주민 투표에서 경제 안정과 한반도의 운명을 생각하는 동아일보, 세계일보, 한겨레신문의 사설이 있었고, 프랑스의 경제학자 '파게티 바람'에서 한국 사회의 미래를 구상하는 사설이 경향신문과 한겨레신문에 있었다.

2. 사설의 목록

 본고에서 논의의 대상으로 삼는 사설들의 제목을 뽑아보면 다음과 같다.(신문은 가나다 순)

 〈경향신문〉
 3개월 만의 송광용 수석 경질, 청와대가 구멍가게인가(21)
 "큰 실수 했다"는 세월호 가족, 외면하지 말아야(21)
 실적 악화에도 일당 1000만원 씩 챙긴 금융지주 회장들(21)
 법원이 제동 건 교육부의 전교조 무력화 시도(19)
 "부자 감세는 없었다"는 새누리당의 궤변(19)
 검찰, 사실상 '사이버 검열' 나서겠다는 건가(19)
 '사내 하청은 불법 파견' 못박은 법원(18)
 나랏빚마저 폭탄을 돌릴 셈인가(18)
 이런 부실 대책으로 농가 시름 달랠 수 있겠나(18)
 '피케티 열풍'은 한국 사회에 무엇을 묻는가(17)

한 편의 코미디로 끝난 '박영선 소동'(17)

세월호 리본 달기가 정치 중립 훼손이라니(17)

세월호특별법 본질 호도하는 건 박 대통령이다(16)

태권도 승부 조작, 제도적 근절책 필요하다(16)

'언론계 공동 재난 보도 준칙' 제정 시행에 부쳐(16)

새정치연합의 지리멸렬 암담하다(15)

검찰, '원세훈 판결' 항소 왜 머뭇거리나(15)

자사고 지정 취소 권한 둘러싼 교육부의 자가당착(15)

〈동아일보〉

서민층 부담 큰 '꼼수 증세'로 복지 비용 메울 참인가

박희태 전 국회의장의 민망한 추문

정의화 의장, 야당 눈치 그만 보고 당당하게 의사봉 들라

'12년 만의 결실'이라던 제주 산얼병원의 실패

서울시, 광화문광장 시민에게 돌려줄 의지 있나

문재인의 기회주의 처신, 새정연 더 궁지로 몰았다

간첩 사건 수사, 민변에 밀리기만 하는 검찰이 딱하다

전교조는 아이들을 '세월호대책회의 홍위병' 만들려는가

박 대통령의 '특별법 작심 발언' 꼭 그런 식으로 해야 했나

학자금 못 갚는다고 탕감하면 모럴 해저드 낳는다

검찰 '원세훈 선거법 위반' 항소, 1심 무죄 뒤집을 자신 있나

돌아온 박영선, 국회 정상화 책임 다하라

全農이 쌀 관세화에 고춧가루 뿌릴 때 아니다

세월호 가족대책위가 치외 법권의 권력 기관인가

적자 폭 늘린 '슈퍼 예산' 경제 못 살리면 빚더미 될 것

스코틀랜드는 민족 감정보다 경제 안정을 택했다
올림픽을 능가하는 재미, 인천 아시아경기대회에서
문희상 비대위원장, '세월호 강경파'와 절연할 결기 있나

〈문화일보〉
국제 公敵 IS 응징에 적극 동참해야 한다
새정치연합의 無限 일탈, 언제까지 지켜봐야 하나
朴시장, 亂場 광화문광장을 시민 공간으로 되돌리라
검찰의 對共 수사 역량 自省, 문제는 실천이다
대기업-市道 연계한 창조 경제 모델의 성공 위한 조건
野 지리멸렬…與黨이라도 중심 잡고 국회 가동하라
전교조, 세월호 歪曲 교육과 학생 선동 단념하라
도 넘은 司法의 정치화, 양승태 대법원장 책임 무겁다
朴대통령의 '세월호 時局' 인식에 공감한다
세월호 노란 리본이 '치외법권 완장'일 수 없다
野, 원내 대표 즉각 교체해 國會 정상화 협상 나서라
내년 超 확장 예산…경제 살려 재정 건전성 지켜내야
대통령 지적 이틀 만에 '사이버 모독' 칼 빼어든 검찰
한국版 아우토슈타트 건설에 서울市 적극 협조해야
與, 공무원과 등지더라도 공기업 연금改革 관철하라

〈서울신문〉
'복지 증세' 하더라도 서민 부담 덜어야
정치권 불신 자초하는 정쟁성 막말
세월호 참사 5개월, 대립과 갈등만 남았다

野 체제 정비 빠르면 빠를수록 좋다

만성 적자 공기업 퇴출 제대로 하라

檢, '원세훈 무죄' 항소심 판단 구해야

태권도 병폐 못 버리면 세계에서 외면 받는다

한국형 창조경제센터가 성공하려면

모두 정신 차리고 냉정을 되찾아야 할 때다

국회 법률안 처리 동력 떨어뜨린 靑 회동

공무원 연금 개혁 머뭇거릴 이유 없다

학생 대상 불법 생체 검사, 이게 대학인가

박영선 의원 원내 대표직 내놓는 게 온당하다

수입 쌀 관세율 513%, 농민 이해 구해야

376조 '슈퍼 예산' 재정 건전성 우려된다

檢 사이버 여론 옥죄기 소리 들어선 안 돼

공기업 개혁 사생결단의 각오로 추진해야

野, 국회 정상화로 당 정상화 첫발 떼라

⟨세계일보⟩

수렁에 빠진 한 · 일, 자주 만나 신뢰 토대 쌓아야

19일 또 세비 받는 의원들… 염치 있다면 반납해야

'갈수록 태산' 새정치연합, 국민은 안중에 있는가

9년째 '자살률 1위' 오명, 벗을 때도 되지 않았나

안팎에서 울리는 경제 위기 경고음, 대비책은 뭔가

새정치연합, '막장 드라마' 언제 접을 건가

억울한 죽음 없도록 법과 제도 전면 정비해야

전교조, 학교를 또 정치 투쟁장으로 만들려 하나

국회 복귀 없이 야당이 사는 길은 없다

인천아시안게임, '축제의 장' 되도록 하자

공무원 연금 수술, '반쪽' 아닌 '전면' 개혁해야

'최악의 적자 예산' 승부수, 비상한 각오로 나서야

모리 전 총리의 방한, 한 · 일 관계 풀 출발점 되길

野 문희상 체제, 혁신의 첫걸음은 국회 정상화

스코틀랜드 선택 앞에서 한반도 운명을 생각한다

대북 전단 살포, 자제할 필요 있다

여야, 세월호법 줄다리기 앞서 국회 문부터 열어야

'연금 개혁'… 공무원 반발하는가, 국민은 박수 보낸다

〈조선일보〉

좌파 끌어모아 서울 교육 방향타 맡겨버린 교육감

금융계와 그 위 권력 풍토 안 바뀌면 백약이 무효

비대위원장 脫黨 얘기까지 나온 野 어디로 가나

정치가 '作動 중단' 빠지면 極端 세력 커질 수밖에 없다

검찰의 '피의자 방어권' 묵살, 어디 간첩 사건뿐이겠나

중국 成形 관광객 골탕 먹이는 의사 브로커 단속해야

野 내분에 막혀 더 이상 국회가 멈춰 서 있을 순 없다

대통령 '세월호' 발언, 막힌 政局 푸는 데 도움 되겠나

경기 東部, '밀양'보다 몇 배 심각한 송전탑 갈등 닥치나

'박영선 脫黨 소동'이 보여준 어처구니없는 野黨의 오늘

또 선진화법 탓하는 與, 정국 풀기 위해 뭘 했나

대기업 사원 채용 축소, 내년 景氣도 어둡다는 말

세월호 유족들, 국민 눈에 비친 자신 모습 돌아볼 때

376조 내년 예산, 自動 통과 안 되게 꼼꼼히 심사해야
공무원 연금 개혁, 現職 퇴직자도 고통 분담을
아베 총리 친서가 韓·日 관계 정상화로 이어지려면
문희상 "정치 복원" 다짐 국민이 지켜볼 것
현대車 10조 베팅, 총수 의사 결정 과정에 異常 없나

〈중앙일보〉
유엔총회 이슈로 급부상한 북한 인권
송전탑 갈등 악화시킨 한전의 '돈 봉투' 살포
복지비 재원 마련 방안 공론화하라
창조혁신센터, 대기업 벤처의 강점을 융합하라
KB사태, 금융 후진국 벗어날 마지막 기회
'박영선 탈당설' 까지 나온 제1 야당의 내분
친전교조 교육감들의 인사 전횡, 도를 넘었다
탁상행정의 전형, 쌴얼병원 무산 해프닝
세월호 파행 비판한 박근혜 대통령
전교조, 세월호 참사 선동하는 계기 수업 중단해야
박영선의 마지막 임무는 국회 정상화다
한국, 이젠 우울증과 불행을 커밍아웃하라
유족 폭력은 유감, 세월호 본질은 잊지 말자
인천 아시아경기대회를 평화와 화합의 축제로
내년도 확장 예산, 경제 회생의 마중물 돼야
한·일 간 다양한 접촉 관계 진전으로 이어져야
공무원 연금 개혁, 지금이 마지막 기회다
새누리당의 뒤늦은 '공기업 개혁론'

〈한겨레신문〉

'북한 인권 대화'와 '남북 관계 개선' 함께 가야

금융위원장과 감독원장 책임 크다

참여연대 20년, 성취와 과제

유가족 가슴에 대못 박은 박 대통령

박영선의 '탈당' 거론, 무책임의 극치

재난 보도 준칙, 지키는 게 중요하다

'서민 증세' 아니라 궤변 말고 '보편 증세' 논의를

'노란 리본' 금지령, 대한민국 교육부 맞나

대통령의 '위험한 정치'

'주한 미군 이전 계획' 흔들지 말라

증세 거부의 문제점 드러낸 2015년 예산안

현대차의 '불법 파견' 근본 해결하라는 판결

스코틀랜드 주민 투표의 교훈

대리기사 폭행 사건과 세월호 사건의 본질

정부의 '전교조 압박', 명분 잃었다

'피케티 바람'에 담긴 뜻

또 도진 박 대통령의 '인사 비밀주의'

본받아야 할 김부선 씨의 '생활 진보' 실천

〈한국일보〉

한전 비자금 의혹으로 번진 송전탑 돈 봉투

끝 안보이는 야당의 혼란, 정치 위기다

창조 경제 구체화, 기대와 우려

대통령의 정면 돌파, 진정성 노력 부족했다

인천아시안게임 좀 더 많은 관심이 필요하다

檢 '원세훈 무죄' 항소하고 공소장도 변경해야

박영선 대표 복귀 국회 정상화 계기 되도록

갑자기 동시에 벌어지는 '세월호 지우기'

정부는 전작권 환수할 의지가 과연 있는가

내년 경기 부양 예산 신뢰 · 책임 · 형평 부족하다

현대차 "사내 하청은 불법 파견" 판결 존중해야

공무원 연금 개혁 黨 · 靑이 앞장서 마무리하라

새정치연합 문희상 리더십 기대와 과제

'청와대 검찰' 자처하고 나선 "사이버 명예훼손 엄벌"

교육부 '전교조 法外 밀어내기' 제동 건 법원

한일 관계 개선의 싹... 日 전향적 자세 보여야

개인 정보 장사로 소비자 우롱하는 홈플러스

교문수석도 미스터리 사퇴, 또 침묵하는 청와대

Public Character of the Public Language

Park, Chang-won

The purpose of this study is to argue about the characters of the public language and to inspect whether the function of an edtotorial is positive or negative by the characters.

The characters of the public language which the public language are equipped with are as follows.

1. the dignity of language
2. the generalization of the object
3. the universality of the attribute
4. the objectivity of the view
5. the equitability of the pros and cons
6. the future-oriented outlook on the world.

On the ground of these criteria, some Korean editorials are positive because they come up with the new vision for Korean future society, but some Korean editorials are negative because they stir up the new troubles by their own or biased view. And there are some editorials which lose the dignity of language very extremely.

We need to make the criteria to inspect the Public Character of the Public Language for our future and to develop the method to apply the criteria rationally.

Key word : public character, public language, editoril, dignity, generalization, universality,

objectivity, equitability, future-oriented outlook

제3부

세계화를 위한 기반

제6장
창조를 위한 융합의 조명

국문 초록

본 논문은 융합의 개념을 정의하고, 그 유형을 살핀 후, 인류 문화의 중요한 3대 혁명(문자 발명, 산업 혁명, 컴퓨터 혁명)이 어떠한 융합에 의한 것인가를 밝혔다. 그리고 앞으로 인류 문화가 지속적인 발전을 하기 위해서는 어떻게 해야 하는가에 대해 논의하였다. 그 결론은 다음과 같다.

(1) 융합이란 제 성질을 녹인 둘 이상의 존재물이 제3의 것을 창조하는 과정이다.

(2) 융합은 탈락, 생략 등과는 전혀 다른 개념이고 축약이나 통합 혹은 통일 등과는 부분적으로 공통적인 부분을 공유한다.

(3) 융합의 유형은 총 세 가지이다. (1) 새로운 창조물과 이전의 구성 요소가 같은 층위에 있는 평면적 융합('ㅎ'과 'ㄱ'이 합쳐져서 'ㅋ'이 되는 유형 등), (2) 다른 층위의 존재를 만드는 계층적

융합(산소와 수소가 결합하여 물이 되는 유형 등), (3) 완전히 새로운 것을 만드는 혁신적 융합(인체의 여러 작용들, 예를 들어 난자와 정자가 합해져 인간이 만들어지는 과정, 신체의 에너지가 조음 기관을 운동시켜 인간의 소리를 만드는 과정 등) 등 세 가지이다.

(4) 인류의 문화는 분화의 시대에서 융합의 시대로 나아가고 있으나 미래의 지속적인 발전을 하기 위해서는 '분화와 융합의 조화'가 필요하다.

〈한글 주제어〉

융합, 평면적 융합, 계층적 융합, 혁신적 융합, 창조, 조화, 분화, 통섭

1. 문제의 제기

인간은 상반된 두 속성을 동시에 가지고 있다. 하나는 모든 인간이 자기 외의 그 누구에게도 존재하지 않는 독립적인 차별성을 원천적으로 혹은 기본적으로 가지고 있다는 것이다. 둘은 모든 인간이 자기와 다른 모든 인간과 공유하는 보편적인 공통성을 역시 원천적으로 혹은 기본적으로 가지고 있다는 것이다.

이러한 상반된 속성은 각기 상이한 발전 방향을 가지게 된다. 인간이 독립적으로 존재한다는 인간의 개별성에 대한 인식은 구성주의에 이르러 '차이 나는 개별성'에 존재의 중점을 두게 된다. 즉 인간의 사

고 작용에 대한 탐구에서는 사고의 '구성 요소에 대한 개별적인 탐구'에 중심이 놓이고, 이를 받아들인 교육에서는 개인의 눈높이에 맞춘 '개인적 맞춤식 교육' 등으로 발전하였다. 글로벌 시대에 새로이 태동한 문화상대주의에서는 모든 문화는 그것을 둘러싼 환경과 그것이 속한 시대 상황들의 산물이므로 '모든 것의 독자적인 가치'가 인정되어야 한다는 방향으로 발전하였다.

이와 다른 한편으로 보편성에 대한 인식은 개별성을 무시하는 전체주의로 발전하기도 하고, 전체를 아우르는 형식이 개개 구성 요소들의 내용이나 실질보다 우위에 있거나 그것을 지배하는 형식주의로 흐르기도 하였다.

인지 발달과 언어 발달의 개별 분야 혹은 융합 분야에서 획기적인 업적을 남긴 피아제(J. Piager)는 그의 인지 발달 이론(認知發達理論, Theory of cognitive development)에서 인간의 인지 발달을 생물학적인 유기체와 이를 둘러싼 환경의 상호작용으로 파악하였다. 자연과학인 생물학과 인문과학인 인식론에 동시에 바탕을 둔 그의 이론은 '인간은 인식하는 생물학적 존재인데, '다른 인간과 차이나는 개별적인 존재'로 태어난다'는 것에서 출발한다. 그리하여 개인의 인지 발달은 각기 다르게 가지고 있는 인지의 세계가 주변의 환경과 교감하면서 개별적으로 이루어진다고 하였다. 그런데 그의 인지 발달 이론은 개인적인 것에서 끝나지 않는다. 그에 의하면 인지의 선천적인 개별성에도 불구하고, 인간의 인지 발달 단계는 공통적이고, 동시에 보편적이다. 그리하여 모든 인간은 보편적으로 동일한 인지 발달 단계를 거친다고 하였다. 결국 그의 이론은 개별성과 보편성의 조화를 추구하는 셈이 된다.

대립되거나 모순되는 개념들의 조화, 이것은 인류가 이룩한 거의 모든 정신세계의 분야에서 해결하지 못한 과제인 동시에, 앞으로 해결하기 위해 노력해야 할 과제가 될 것이다. 본고는 현재의 인류에게 그리고 미래의 인류에게 지속적인 과제가 될 '융합'을 주제로 하여 그것의 개념과 유형 그리고 역할 등에 대해 알아보고, 인류의 지속적인 발전을 위해서는 융합이 대립되는 개념과 어떻게 해야 하는가를 논의하기 위한 것이다. 더 엄밀하게 말하면 이러한 작업에 조그마한 디딤돌을 놓기 위한 시도를 해보고자 하는 것이 본고의 목적이 된다.

설탕에 물을 타서 설탕물이 되는 것을 융합이라고 하지 않는다. 설탕은 설탕의 특징을 그대로 가지고, 물은 물의 성격을 그대로 가지고 있기 때문이다.[1] 반면에 산소라는 원자와 수소라는 원자가 합쳐져서 새로운 물질인 물이 만들어졌을 경우 우리는 융합이라고 한다. 물은 산소의 성질이나 수소의 성질을 그대로 가지지 있는 것이 아니기 때문이다.

융합과 관련하여 다음의 네 가지 문제를 논의하는 것이 본고의 구체적인 목적이 된다.

　　가. 융합이란 무엇인가? 합류, 통일, 통합, 축약, 통섭 등 융합이라는
　　　　단어와 공통성과 차별성을 가지고 있는 개념들과 융합이라는
　　　　개념은 어떻게 다른가?
　　나. 두 개 이상의 이질적인 존재가 하나로 되는 융합에는 어떤 유형

---

1) 설탕물은 필요할 경우에 '질적인 변화 없이' 그것을 구성하고 있는 설탕과 물로 분리할 수 있다. 이러한 분리성도 융합이 아닌 증거가 된다.

이 있는가?

다. 융합의 결과는 본래의 존재인 구성 요소들과 어떤 관계에 있는
   가?

라. 앞으로 인류 문화의 지속적인 발전을 위해서는 분화와 융합의
   과정을 어떻게 인식해야 하는가?

본고의 제2장에서는 융합의 개념을 다룬다. 융합의 개념이 무엇인
지 그리고 다른 개념들과 유사점과 차이점이 무엇인지 하는 문제를
다룬다. 제3장에서는 융합의 유형을 다룬다. 인류의 문화 발전 과정
에서 볼 수 있는 융합의 유형을 몇 가지로 정리해 보고자 한다. 제4장
에서는 인류 문화의 발달 과정의 특징으로 분석과 융합의 기능을 살
펴보고 미래의 방향에 대한 진단을 해본다. 제5장에서는 마무리를 하
게 될 것이다.

2. 융합이란?

2.1. 융합의 개념

융합이라는 개념이 학계나 일반 사회에서 널리 사용되고 있지만 하
나의 통일된 개념으로 합의된 적은 없는 것 같다. '융합'이라는 단어
와 유사하게 사용되는 단어들을 대략 간추려 보면, '줄임, 생략, 통합,
통일, 축약, 합류, 통일, 통합, 통섭' 등을 열거할 수 있는데, 이는 '융
합'이라는 단어를 사용하는 사람이나 사용하는 분야에 따라 아주 다

양하게 쓰이고 있음을 알 수 있다. 이러한 사실은 '융합'이라는 단어의 개념 파악에 실로 큰 혼란을 초래하는 부분이 많다. 이러한 상황은 이 단어의 개념 정의가 우선적으로 급하다는 것을 암시하며, 본고는 이 문제에서 논의를 시작하고자 한다. 비슷한 개념이거나 중복되는 의미가 있는 개념들과 비교와 대조의 방법을 통하여 개념 정의에 접근하기로 한다. 우선 '융합'이 사용되는 몇 예를 제시하면 다음과 같다.(검색 엔진 네이버(naver)에서 옮긴 것이다.)

> The fused cell soon develops into an embryo.
>
> 융합 세포는 곧 배아가 됩니다.
>
> The sun is a example of thermonuclear fusionin nature
>
> 태양은 자연적인 핵융합 반응의 한 예이다
>
> His idea was to combine the two conductive principles.
>
> 그의 아이디어는 두 개의 전도성 원칙을 융합하는 것이다.
>
> For example, the reaction between calcium oxide and water to from calcium hydroxide is a synthesis reaction.[2]
>
> 예컨대, 산화칼슘과 물의 반응으로 수산화칼슘이 되는 것은 하나의 융합 반응이다.

여기에서 사용되는 '융합'의 예는 '세포의 융합, 핵의 융합, 원칙의 융합, 분자의 융합' 등이다. 둘 이상의 세포가 만나서 새로운 하나의 세포가 되거나, 둘 이상의 원자핵이 새로운 하나의 원자핵이 되거나, 둘 이상의 원칙이 만나서 새로운 원칙이 만들어지거나, 둘 이상의 분

---

2) naver에 있는 것을 그대로 옮겼는데, 그곳의 지적대로 from이 빠져야 할 것이다.

자가 만나서 새로운 분자가 되는 경우에 '융합'이라는 단어가 사용되고 있는 것이다. 이러한 상황에서 사용되는 단어의 정의 문제를 해결하기 위해 우리나라의 국가 기관에서 만들어진 표준국어대사전의 정의부터 살펴보기로 하자. 표준국어대사전에는 융합이란 단어가 다음과 같이 두 가지로 정의되어 있다.[3]

> 「1」다른 종류의 것이 녹아서 서로 구별이 없게 하나로 합하여지거나 그렇게 만듦. 또는 그런 일.
> 「2」『심리』둘 이상의 요소가 합쳐져 하나의 통일된 감각을 일으키는 일. 정신 분석에서는 생(生)의 본능과 죽음의 본능을 동시에 충족시키려는 충동을 이른다.

융합이라는 개념도 변화의 한 종류이니까 변화의 세 요소, 즉 변화하기 이전의 요소와 변화한 후의 결과, 변화 과정 등으로 나누어 분석해 보도록 하겠다. 첫째, 변화하기 이전의 요소는 '다른 종류의 것' 혹은 '둘 이상의 요소'이다. 둘째, 변화한 결과는 '하나로 합하여지거나 그렇게 만듦' 혹은 '하나의 통일된 감각'으로 '하나로 되는 것'이다. 셋째, 변화 과정은 '녹아서 서로 구별이 없게' 혹은 '합쳐져'로 '본래의 모습이 유지되지 않는 것'이다.

그리하여 우리는 융합의 개념에 대한 세 가지 구성 요소를 추출할 수 있다.

---

3) 한글학회에서 지은 〈우리말큰사전〉에는 '녹아서 하나로 합함'이라는 개념과 '합체 (여럿이 마음을 같이 하여 한 덩어리가 됨)'의 동의어로 쓰이는 두 가지로 설명하고 있고, 사회과학출판사에 낸 〈조선말대사전〉에는 '서로 구별이 없게 하나로 녹아합해지는 것'으로 풀이하고 있다.

첫째, 둘 이상의 다른 종류가 작용한다.

둘째, 둘 이상의 것이 하나로 된다.

셋째, 본래의 것이 녹거나 합쳐져서 원형을 유지하지 않는다.

신아사에서 1990년에 펴낸 〈영어학사전〉에서는 영어의 'coalescence, fusion, merger, syncretism, synthesis' 등이 '융합'으로 번역되고 있는데 여기에서 사용되는 개념도 위의 정의에서 그 범위를 벗어나지 않는다. 'coalescence'에 대해서는 '원래는 구분이 가능하였던 언어 단위(linguistic unit)들이 함께 합쳐지는 것을 지칭하기 위하여 사용되는 용어'로 정의되고 있고, 'fusion'에 대해서는 '두 개(이상)의 음성이 서로 영향을 미쳐서 별개의 음성으로 변하는 현상'으로 정의되고 있으며, 'syncretism'에 대해서는 '두 개 이상의 다른 굴절 형태(inflectional form)가 주로 음성 변화(sound change)에 의하여 결합되어, 한 개의 형태로 변화하는 것'으로 정의되고 있어서 앞에서 우리가 추출한 융합의 세 가지 구성 요소에서 벗어나는 경우는 없다.

반면에 'merger'에 대해서는 '음운 변화의 일종으로 둘 또는 그 이상의 음소 사이에서 음소 자신의 모든 이음(allophone), 또는 일부의 이음이 다른 음소의 이음과 같아지는 것'을 말하는 것으로 정의되고 있어서 우리가 내린 융합의 정의와 합치되지 않는데, 국어학에서는 'merger'를 '합류'라고 번역하고 있어서 그 개념을 달리 해석하고 있다. 그리고 'synthesis'는 '종합' 혹은 '융합'으로 번역하면서 '분석'에 대립되는 개념으로 사용하고 있는데 이는 언어 유형을 구분하기 위해 사용한 개념이어서 본고의 개념 정의와 상관없다.

다른 학문 분야에서 사용하고 있는 개념도 이와 동일하다고 할 수 있는데 우선 fusion을 '융합'이라고 번역하고 있는 몇 분야를 들면 다음과 같다.

사례(1) fusion, 融合

원자핵과 원자핵 또는 원자핵과 입자가 융합하여 1개의 원자핵이 되는 것을 융합이라 한다. (전기용어사전, 김동희 외 6, 2011. 1. 10., 일진사)

http://terms.naver.com/entry.nhn?docId=593744&cid=50324&categoryId=50324

사례 (2) fusion, 融合

(1) 식물의 기관끼리 합쳐지는 현상. 세포의 경우는 생식세포의 융합, 즉 접합 또는 수정이 대표적인 예이다. 동질 기관의 융합을 동류융합이라 하고, 합편악, 합판화관, 단체 또는 집약웅예, 자방 성립이 중요한 예이며 집합과(미국산딸나무)도 있다. 잎에도 위사단자엽(매화바람꽃), 관생엽(뻐꾹나리의 1종, 인동의 1종), 타형엽(연잎산딸기나무), 나선엽(질경이의 1종) 등이 있다. 또한 이질 기관간의 융합을 이류융합(adnation)이라 하고 자방하위의 형성 이외에 화관과 수술(앵초과), 주축과 측지(지치과), 잎과 액생(腋生)한 가지(Helwingiagaponica) 등이 있다. 또 동류융합만을 융합이라하고 이류융합을 착생이라 하는 견해도 있다.

(2) 유사한 세포가 결합 또는 융합하는 것. 융합 결과로 세포질의 합체가 일어나는 과정을 세포질융합이라고 한다. 균류에서는 균사의 첨단또는 다른 균사세포벽이 융합하여 균사의 그물코구조를 형성한다.

자낭균의 이핵체 형성, 담자균의 1차균사에서 2차균사형성 등의 과정
에서는 융합으로 세포질이 혼합되지만, 핵의 합체는 일어나지 않는다.
(생명과학대사전, 강영희, 2008. 2.1 9, 아카데미서적)

http://terms.naver.com/entry.nhn?docId=420405&cid=42411&c
ategoryId=42411

여기서 사용되고 있는 '융합'은 앞에서 내린 융합의 개념과 완전히
동일하다. 둘 이상이 하나로 합쳐져서 새로운 하나가 되는 것을 '융
합'이라고 하고 있는 것이다.

그런데 다음의 융합은 얼핏 보아 다른 듯이 느껴지기도 한다.

사례(3) fusion, 융합
M. Bowen의 가족체계이론에서 나온 용어로 감정과 지성의 기능
이 혼란되어 지성이 감정의 부속물이 되는 것을 뜻한다. 가령 남편이
아내와 융합의 상태에 있게 되면, 남편은 스스로 생각할 수 없고 언제
나 아내에게 상의를 하게 된다. 또 남편의 감정은 아내의 감정이 거울
이 되어 버리게 된다. (사회복지학사전, 이철수 외 공저, 2009. 8. 15.,
Blue Fish)

http://terms.naver.com/entry.nhn?docId=471866&cid=50294&cat
egoryId=50294

여기서 나타나는 본래의 남편, 변화한 남편 그리고 변화하는 과정
을 추적해 보면 다음과 같다. '본래의 남편'은 '남편의 지성'과 '남편의
감성'을 가지고 있었다. '변화한 남편'은 '남편의 지성'과 '아내의 감
성'을 가지게 된다. 여기에는 '아내의 감성'이 '남편의 감성'을 대체하

게 되는데 여기에서 생기는 현상은 단순한 대체가 아니라 '남편의 지성'을 지배하여 '새로운 남편'이 만들어지는 것이다. 즉, 여기에서 말하는 '융합'은 본래의 남편과 아내의 감성이라는 둘 이상의 요소가 합해져서 새로운 남편이 만들어지는 것으로 위에서 우리가 정의 내린 융합의 개념과 그대로 일치한다.

영어의 'fusion' 외의 단어가 융합으로 번역되는 경우가 있다.

사례 (4) convergence, 融合

방송과 통신의 통합. 융합 현상은 흔히 망의 융합, 서비스의 융합, 기업의 융합 등 세 분야에서 볼 수 있다. 망(network)의 융합은 방송은 통신망을, 통신은 방송망을 통하여 행해지는 현상으로 자원의 공유, 망의 경쟁, 망 통합 효과가 있다. 서비스의 융합은 방송이 통신처럼 불특정 다수가 아닌 특정인을 대상으로 양방향 서비스를 제공하며, 통신은 다수의 수신자에게 일방향성 서비스나 영상 서비스를 제공하는 것으로, 양자의 서비스가 혼재된 현상이다. 기업의 융합은 방송 사업자와 통신 사업자가 연합, 합병 등에 의하여 다른 분야로 진출하는 것으로, 유선 방송(CATV) 방송 사업자가 통신 사업에 진출하거나 통신 사업자를 합병하여 두 사업을 겸하거나, 방송 주파수의 여분의 대역을 통신 사업자에게 임대하여 간접적으로 통신 서비스를 제공하는 것 등이 있다.

(IT용어사전, 한국정보통신기술협회)

http://terms.naver.com/entry.nhn?docId=863936&cid=42346&categoryId=42346

앞에서의 융합은 생물체적이거나 물리적인 현상으로서의 융합이었는데, 여기서의 융합은 사회 현상으로서의 융합을 의미하고 있다.

여기서는 기존에 개별적으로 존재하던 요소들이 합쳐져서 새롭게 좀 더 큰 하나의 거대한 존재를 만드는 과정을 '융합'이라고 하고 있는데 이 역시 '존재하던 둘 이상의 것이 하나가 되어 새로운 것을 만들어 가는 것'이므로 앞에서 논의했던 정의에 어긋나지 않는다.

2.2. 유사 개념들과의 대비

융합이라는 개념의 내포와 외연을 좀 더 정확하게 하기 위해 유사한 개념들과 공유하고 있는 공통점과 개별적인 차이점들을 비교하고 대조해 보기로 한다.

2.2.1. 생략과 축약

생략이란 기존에 존재하던 것을 없애버리는 것이다. 생략과 유사한 개념으로 탈락이 있다. 생략이란 전체에서 일부를 없애 버리는 뜻이 강하고, 탈락이란 개체가 빠져 나가는 개념이 강하다. 그래서 '가+아서'가 '가서'가 되는 과정이나 '값+도'가 '갑또'가 되는 과정은 'ㅏ'가 탈락되었다', 'ㅅ'이 탈락되었다고 한다. 반면 '이화여자대학교'를 '이대'라고 하는 것은 생략했다고 한다. 이렇게 구성 요소의 일부가 빠져 나가는 탈락이나 생략은 구성 요소가 합해지는 융합의 과정과 전혀 다르다.

생략이나 탈락과 유사한 개념으로 축약이 있다. 축약이란 둘 이상의 상이한 존재가 줄어서 하나가 되는 과정이다. 축약은 아래의 정의에서 보듯이 그냥 '줄이는' 것과 '줄이면서 합해지는' 것의 두 가지가 있다.

축약

(1) 줄여서 간략하게 함. 나의 몸을 저 무변광대한 우주의 축약이라 본다면, 이 속에 분명히 십계 현상 모두가 들어 있을 것이요…. 최명희, 혼불

(2)『언어』두 형태소가 서로 만날 때에 앞뒤 형태소의 두 음소나 음절이 한 음소나 음절로 되는 현상. '좋고'가 '조코'로, '국화'가 '구콰'로, '가리+어'가 '가려'로, '되+어'가 '돼'로 되는 것 따위이다.

축약-되다(縮約--) [--뙤-/--뛔-]

「1」줄어서 간략하게 되다. 반으로 축약되다/그의 삶에는 파란만장한 우리나라의 근대사가 축약돼 담겨 있다.

「2」『언어』두 형태소가 서로 만날 때에 앞뒤 형태소의 두 음소나 음절이 한 음절로 되다. '좋고'가 '조코'로, '국화'가 '구콰'로, '가리+어'가 '가려'로, '되+어'가 '돼'로 되는 일 따위이다.(출처: 표준국어대사전)

위의 정의 (1)에 의한 축약의 과정은 융합과 거리가 멀다. 이것은 구성 요소가 합해지는 것이 아니라 구성 요소와 상관없이 전체적인 의미가 '압축되어 함의되어 있다'는 뜻이기 때문에 융합과 거리가 멀다. 반면 (2)의 축약은 둘 이상의 구성 요소가 합해져서 새로운 구성체가 되기 때문에 융합의 한 유형이 된다.

그런데 축약의 (2)에 의한 축약은 해석하기에 따라 융합의 과정으로 볼 수도 있고 다른 과정으로 되는 경우가 있을 수 있다. 'ㅎ'과 'ㄱ'이 합해져서 'ㅋ'이 되는 것은 'ㅎ'의 일부분을 버리고 남은 일부분과

'ㄱ'의 버린 일부분 외에 남은 일부분이 합해져서 새로운 'ㅋ'으로 되는 과정이기 때문에 융합의 과정으로 볼 수 있는 것이다. 그리고 '가리+어'가 '가려'가 되는 것은 음절 수가 줄어든 것인데 음절 수의 차원에서 보면 단순한 탈락의 예가 된다. 그러나 음절 구조의 차원에서 보면 융합의 예가 될 수 있다. 즉, 아래의 그림에서 볼 수 있듯이 두 개의 음절이 합해져서 새로운 구조를 가진 음절이 만들어졌으므로 융합이라고 볼 수 있는 것이다.

$$S1 \ + \ S2 \ \Rightarrow \ S3$$

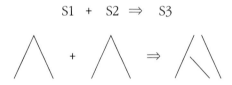

2.2.2. 통합과 합류 그리고 통일

융합과 유사한 개념으로 통합이 있다. 통합의 정의를 옮겨 보면 다음과 같다.

통합
「1」둘 이상의 조직이나 기구 따위를 하나로 합침.
「2」『교육』아동 및 학생의 생활 경험을 중심으로 학습을 종합하고 통일함. 또는 그런 일.
「3」『심리』여러 요소들이 조직되어 하나의 전체를 이룸. 또는 그런 일. 성전01(成全).
「4」『언어』언어 요소가 발화될 때, 일정한 순서로 배열됨. 또는 그런

일. '아주 좋은 사람'에서 세 단어는 일정한 순서로 배열되는 통합 관계에 있다.

통합-되다(統合--) [통 -뙤-/통 -뛔-]【…에】【…으로】【(…과)】((‘…과’가 나타나지 않을 때는 여럿임을 뜻하는 말이 주어로 온다))

「1」둘 이상의 조직이나 기구 따위가 하나로 합쳐지다. 우리 부서가 업무 성격이 완전히 다른 부서에 통합된 것은 분명히 잘못된 일이다. 1949년 김성수와 신익희가 서로 제휴하여 민주 국민당으로 통합되었고….《박태순, 어느 사학도의 젊은 시절》판매과가 홍보과와 통합된다는 소문이 있었다. 여러 부서가 통합되는 것은 별문제가 없으나 과연 그 업무 내용이 어떻게 체계화될 것인가 하는 것은 문제가 될 것이다.

「2」『교육』아동 및 학생의 생활 경험을 중심으로 학습이 종합되고 통일되다.

「3」『심리』여러 요소들이 조직되어 하나의 전체가 이루어지다.

「4」『언어』언어 요소가 발화될 때, 일정한 순서로 배열되다. '아주 좋은 사람'에서 세 단어는 일정한 순서로 배열되는 통합 관계에 있다.(출처 : 표준국어대사전)

위 정의에서 융합과 공통성을 공유할 수 있는 것은 정의 (1)과 (3)이다. '둘 이상의 조직이나 기구가 하나로 합'치게 될 때 기존의 성격이 그대로 유지되면 통합만 될 수 있고, '성격이 합쳐져서 새로운 기구가 만들어졌을 때는 융합과 동일한 개념이 된다.

전문 용어로서 다음과 같이 정의되는 통합은 융합과 완전히 동일한 의미가 된다.

통합[integration, 統合]: 부분적인 결합에 의해 새로운 성질을 갖는 전체가 출현하는 것. 창조적 진화론자 등이 말하는 emer-gentwhole 혹은 integratedwhole의 성질이다. 오래전에는 군집의 유기적 총체로서의 성질을 강조하기 위해 사용한 적도 있었지만 현재는 그다지 사용하고 않다. 단지, 구성 요소 간의 상호작용이 다수 결합된 네트워크 시스템을 취급하는 수리분야에서는 개개의 관계가 겹쳐서 예측할 수 없는 전체 거동의 출현이 주목 받고 있다. 또한, 뇌생리학에서는 체내 다수의 감각 수용기에 모이는 입력 정보를 적산하여 그 결과를 다시 적합한 신경경로 또는 실행기에 출력 정보로 전달하고, 그것에 의해 생체활동의 전체성 통일성을 보증하는 중추신경계의 기능이나, 척수반사계에서 각각의 요소적 반사를 복합하여 복잡한 운동을 형성하는 기능을 가리키기도 한다.(생명과학대사전, 강영희 외, 2008. 2. 5, 아카데미서적)

http://terms.naver.com/entry.nhn?docId=432198&cid=42411&categoryId=42411

그러나 다음과 같은 통합은 융합과 거리가 멀다. 아래 문장에서의 통합이란 존재하고 있던 것에 흡수되어 하나가 되는 것이기 때문에 융합과 다른 개념이 되는 것이다.

우리 부서가 업무 성격이 완전히 다른 부서에 통합된 것은 분명히 잘못된 일이다.

하나가 된다는 뜻을 가지고 있는 통합과 유사한 개념이 합류와 통일이다. 합류는 둘 이상의 것이 하나로 되는 것이기는 하지만, 하나가 다른 하나에 흡수되는 개념이기 때문에 합류는 융합의 유형이 되지 못한다.

> 훈민정음을 제자할 때 존재했던 'ㆍ'는 후대에 'ㅡ' 혹은 'ㅏ'로 합류
> 하였다.

통일 역시 융합의 개념과 차이가 있다. 둘 이상의 것이 하나로 되는
의미는 공통성을 가지지만 통일은 본래의 것 중 하나가 살아 있는 것
이 일반적이므로 의미상의 차이를 가진다. 아래 예문의 (1)과 (2)는
융합과 거리가 있는 '통일'이다. 반면에 아래 예문 (3)과 같이 이미 존
재하는 것이 아닌 완전히 제3의 것으로 하나가 된다면 이때의 통일은
융합과 동일한 개념이 된다.

> (1) 서독은 동독을 흡수 통일하였다.
> (2) 남한과 북한은 연방 국가로 통일하기로 하였다.
> (3) 남한과 북한은 남쪽과 북쪽의 유형이 아니라 두 체제를 융합시
>   킨 제3의 체제로 통일하였다.

다시 말해, '합류'는 융합과 전혀 다른 개념이 되고, '통일'은 융합과
공통적인 부분과 차별적인 부분을 동시에 가지고 있다. 이러한 개념
간의 관계는 융합이 통합이라는 개념과 맺고 있는 관계와 흡사하다.

2.2.3. 통섭

융합과 유사한 개념으로 사용되어, 융합과 공통성을 가지는 일면

차별성도 가지고 있는 개념으로 통섭이 있다. 통섭은 아래의 예에서 보듯이 본래는 그 의미가 전혀 다른 개념이었다.

> 통섭(統攝): 전체를 도맡아 다스림. 예: 의정부는 국왕 아래 국정과 백관을 통섭하는 최고의 정치 기관이었다./처소에 통섭하는 분이 안 계시면 웬 변고는 기다렸다는 듯이 그렇게 많은지…. 김주영, 객주
> 통섭(通涉):「1」사물에 널리 통함.「2」서로 사귀어 오감.
> (출전: 표준국어대사전)

그런데 지금은 아래의 인용에서 보듯 융합과 유사한 뜻을 가진 개념으로 새로이 사용되고 있다. 새로운 창조를 강조하는 21세기의 시대적 상황과 결합하여 기존에 존재하던 학문적 지식들 융합하여 문제 해결을 위한 새로운 방식으로 통섭이라는 개념이 융합의 개념으로 사용되고 있는 것이다. 이에 관련된 예는 다음과 같다.

> 통섭(한자 統攝, 영어 consilience)은 "지식의 통합"이라고 부르기도 하며 자연 과학과 인문학, 사회 과학을 연결하고자 하는 통합 학문 이론이다. 설명의 공통 기반을 만들기 위해 분야를 가로지르는 사실들과 사실에 기반을 둔 이론을 연결함으로써 지식을 통합하는 것으로 설명되며 이러한 생각은 우주의 본질적 질서를 논리적 성찰을 통해 이해하고자 하는 고대 그리스의 사상에 뿌리를 두고 있다. 자연 과학과 인문학의 두 관점은 그리스 시대에는 하나였으나, 르네상스 이후부터 점차 분화되어 현재에 이른다. 한편 통섭 이론의 연구 방향의 반대로, 전체를 각각의 부분으로 나누어 연구하는 환원주의도 있다.

〈어원과 뜻〉

Consilience이라는 단어는 1840년에 윌리엄 휴얼이 쓴 귀납적 과학의 철학이라는 책에서 처음으로 등장한다. 이 말은 라틴어 'consiliere'에서 온 것으로, 여기서 'con-'은 '함께'라는 뜻을 갖고 있고 'salire'는 '뛰어오르다', '뛰어넘다'의 뜻을 가지고 있다. 이를 합하면 '더불어 넘나듦'으로 풀어서 설명하면 '서로 다른 현상들로부터 도출되는 귀납들이 서로 일치하거나 정연한 일관성을 보이는 상태'를 의미한다. 휴얼은 "귀납의 통섭은 하나의 사실 집합으로부터 얻어진 하나의 귀납이 다른 사실 집합으로부터 얻어진 또 하나의 귀납과 부합할 때 일어난다. 이러한 통섭은 귀납이 사용된 그 이론이 과연 참인지 아닌지를 가리는 시험이다."라고 하였다.

그 이후 통섭이란 말은 20세기 말까지 널리 알려지지 않았으나 최근 에드워드 오스본 윌슨의 1998년 저서 《통섭, 지식의 대통합》을 통해 다시 알려지기 시작했다. 이때부터 지금과 같은 의미의 통섭이라는 말이 널리 사용되게 되었다. 한국에서는 이를 윌슨의 제자인 이화여대 최재천 교수가 처음으로 '통섭(한자: 統攝)'으로 번역하였는데 이는 '사물에 널리 통함'이라는 뜻을 가진 '통섭(通涉)'과는 다르며 불교와 성리학에 흔히 사용되는 용어로 '큰 줄기를 잡다'라는 뜻을 가진다.

〈융합적 통섭〉

휴얼은 귀납적 과학의 철학 보다 3년 먼저 저술한 그의 저서 귀납적 과학의 역사에서 과학을 강에 비유하였다. 그는 여러 갈래의 냇물들이 모여서 강을 이루듯이 먼저 밝혀진 진리들은 시간이 흐르면서 하나둘씩 합쳐져서 결국 하나의 강령에 포함될 뿐 그 어느 것도 다른 것으로는 환원되지 않는다고 설명하였다. 냇물이 강으로 환원되지 않는 진리가 환원되는 것이 아니라 다른 진리들과 합류된다는 개념이다. 하지만 이와 같은 휴얼의 설명은 '돌아오지 않는 강'이라는 비난을 받는다.

〈환원주의적 통섭〉

윌슨은 '통섭, 지식의 대통합'이라는 책에서 환원주의적 통섭의 개념을 제시한다. 태생적으로 환원주의는 통섭과 상반되는 개념이기는 하나, 윌슨은 기본적으로 환원주의적인 입장을 부인하지는 않는다. 환원주의를 통섭적인 연구를 하기 위한 하나의 방법론으로 삼은 것이다. 이러한 윌슨의 환원주의적 통섭은 나무에 비유된다. 나무는 가운데 줄기를 두고 위로는 여러 갈래의 가지를 뻗어 나가고 땅 속으로는 많은 뿌리로 갈라져 있다. 줄기가 뿌리와 가지를 연결하듯이, 눈에 보이는 현상들을 관찰하고 기술하는 학문들과 눈에 보이지 않는 부분을 측정하고 이론화 하는 학문들이 상호 영향적인 통섭을 이루어 내는 것이다.

〈융합과학과 통섭〉

현재 시점에서 '융합'이라는 개념은 통일되어 정착되어 정의한 바가 없다. 미국이나 유럽에서는 융합의 개념보다는 기술의 수렴과 학제적 연구의 개념에 초점을 맞추고 있다. 현재 한국에서 통용되고 있는 융합과학의 개념은 이보다는 더 많은 개념을 포괄하고 있다. 한국에서의 융합과학은 기술의 수렴에 대한 한국적인 해석과 최재천, 장대익 교수에 의해 국내에 들어오게 된 통섭의 개념과 추가적으로 융합에 대한 일반인들의 상식적이고 직관적인 이해를 포함하고 있다. 때문에 국내에서 융합은 쓰임에 따라 조금씩 의미에 차이를 보이지만 일반적으로 통용되고 있다. 특히나 통섭의 경우, 서구의 다른 국가들에서는 부각되지 않았던 학문 간의 융합의 한 면모이다. 통합은 서구에서 통용되는

기술 간의 수렴보다 더 넓은 인문학, 사회 과학과 과학 및 과학 기술의
융합의 개념을 포함한다. 통섭은 좁은 의미에서의 융합에서는 포함되
지 않으나 넓은 의미의 융합에는 포함되는 개념이라고 할 수 있다.

출전 http://ko.wikipedia.org/wiki/%ED%86%B5%EC%84%AD[4]

2.3. 융합의 결과

융합이라는 개념은 '둘 이상의 존재가 합하는 과정'에 관련된 개념
이다. 구성 요소 시절에 가지고 있던 본래의 특징을 구성체에서 그대
로 실현되지 않으면서, 둘 이상의 존재가 하나로 되는 과정에서는 항
상 새로운 존재가 만들어지게 된다. 즉, 창조되는 것이다. 융합의 모
든 결과물은 창조물인 것이다. 생략이나 줄이기 등의 과정을 거친 것
은 외형적인 변화가 있을 따름이지 성격의 변화를 초래하지는 않는
다. 축약의 과정을 거친 것은 본래의 특징을 가지는 것과 본래의 특징
을 버리는 것의 두 가지가 있을 수 있는데, 후자의 경우는 융합의 한
양상을 이루는 것으로 새로운 것이 창조되는 것이다. 통합의 경우도
유사하다. 합류나 합병의 성격을 가진 통합이 있는가 하면 융합의 성
격을 가진 통합도 있을 수 있다. 후자와 같은 통합의 결과는 새로운
것의 창조이다. 통섭은 두 가지의 상이한 개념으로 쓰이고 있다. '인
문학이나 사회학 혹은 자연 과학 등 모든 학문에 두루 통하는 원리나
규칙 혹은 법칙을 찾는 과정'의 의미로 사용되기도 하고, '상이한 다
른 존재를 하나로 녹여 합치는 과정'의 의미로 사용되기도 한다. 전자

---

4) 이 논문을 작성할 당시 즉 2014년 12월, 2015년 1월 당시에 인용한 것인데, 2015
년 3월 현재 이 파일은 실행되지 않는다.

는 융합과 관련 없는 개념이고, 후자는 융합을 달리 지칭한 개념이다.

　그런데 융합의 결과는 축약이나 통합의 과정에서 볼 수 없는 창조물이 있다. 기존에 존재하던 것들, 즉 구성 요소와 차원을 달리 하거나 구성 요소와 관련은 있지만 그에 구애받지 않는 새로운 창조물의 탄생이 그것이다. 이에 대해서는 후술한다.

3. 융합의 유형과 특징

　융합이라는 개념은 과정과 결과에 초점이 맞춰진 개념이다. '녹아서'라는 과정의 개념과 '새로운 하나로'라는 결과의 개념을 내포하고 있는 것이다. 이 중 창조된 결과에 초점을 맞추어 융합의 유형을 살펴보면 세 가지가 될 듯하다. 합쳐지기 전에 존재했던 것과 합쳐진 후의 생성된 것이 같은 층위에 있는 유형이 있을 수 있고, 합쳐져서 만들어지는 것이 기존에 존재하던 것과 층위를 달리하는 것이 있을 수 있다. 이와 달리 완전히 새로운 것이 만들어지는 유형이 있을 수 있다. 이를 각각 평면적 융합, 계층적(층위적) 융합, 혁신적 융합이라고 부르기도 한다.

3.1. 평면적 융합 결합적 융합

　융합이란 기본적으로 A+B → C 가 되는 유형이다. A와 B의 구성 요소가 합쳐져서 새로운 C가 되는 것이다. C에는 A나 B의 구성 요소 중 일부가 구성 요소로 작용한다. C에는 A와 B의 구성 요소 중 일부가 남아 있기 때문에 C가 다시 A나 B로 돌아갈 수 없다.

이 유형은 융합하는 구성 요소들의 역할에 따라 다시 두 부류로 나누어 볼 수 있겠다. 두 요소가 융합하여 새로운 것을 만들 때 두 요소가 대등하게 작용하는 부류도 있을 수 있고, 두 요소 중 하나가 중심이 되고, 다른 하나는 주변적 요소가 되는 부류도 있겠다. 이를 대등적 융합과 비대등적 융합이라고 하자.

이 유형의 융합은 다음과 같은 특징을 가진다.

1. 층위를 같이 하는 새로운 것이 만들어진다.
2. 기본적으로 구성 요소의 일부가 합쳐진다.
3. 융합에 참여하는 개별 구성 요소는 본래의 특징을 그대로 가진다.

이 유형을 구체적인 예와 함께 검토해 보면 다음과 같다.

3.1.1. 대등적 융합

대등적 융합은 국어사에 존재했던 단모음의 생성 과정에서 그 예를 볼 수 있다.

	ㅣ	ㅏ	ㅐ
전설성	+	-	+
고설성	+	-	-
저설성	-	+	+

'ㅏ'와 'ㅣ'가 축약(융합)되어 새로운 'ㅐ'라는 단모음이 만들어지는

데, 이 표에서 드러나듯 각각의 구성 성분을 살펴보면 /ㅏ/는 [+저설성, -전설성] /ㅣ/는 [+고설성, -저설성, +전설성] /ㅐ/는 [+저설성, +전설성]을 가지고 있다. 축약된 'ㅐ'에는 'ㅏ'의 [-전설성]이 빠져 있고, 'ㅣ'의 [+고설성]과 [-저설성]이 빠져 있는 것이다. 이들이 축약(융합)하기 위해서는 본래 가지고 있던 특징을 일부분을 버려야 축약(융합)될 수 있다. 'ㅐ'는 개구도에 관한 것은 'ㅏ'의 것을 취하고, 혀의 앞뒤 위치에 관한 것은 'ㅣ'의 특징을 취하여 축약(융합)되는 것이다.

3.1.2. 비대등적 융합

비대등적 융합은 한국어 자음들의 축약 현상에서 그 예를 볼 수 있다. 'ㅎ'은 파열음 'ㄱ, ㄷ, ㅂ, ㅈ' 등과 만나면 'ㅋ, ㅌ, ㅍ, ㅊ' 등으로 축약(융합)하게 되는데, 이는 'ㄱ'의 조음 위치 등을 그대로 하고, 'ㅎ'의 조음 방식이 합쳐져서 무표음 'ㄱ'에 대한 유표음 'ㅋ'이 만들어지는 것이다. 이 과정에는 'ㄱ'와 'ㅎ'이 대등하게 작용하지 않았으므로 비대등적 융합이라고 할 수 있다.

3.2. 계층적(층위적) 융합

두 요소가 융합하여 새로운 것을 만드는데, 구성 요소의 성격이 부분적으로 살아 있으면서 구성체의 층위가 차원을 달리 하는 새로운 층위의 것이 되었을 때 이를 계층(층위)적 융합이라고 하자. 요즘 창조 경제를 내세우면서 새로운 기업체를 만드는 것은 이 유형에 속한다. 이 유형은 대체로 다음과 같은 세 유형이 있을 수 있다.

가. 새로운 단위의 생성:'-어/아 잇- → -었/았-'이 되는 유형

나. 예술 작품의 창조: 재료 + 기술 → 예술품(공예품 등)의 생산

다. 물질 제품의 창조: 노동력 + 자본 + 기술 → 기업체 건설, 공산
 품의 생산

15세기에 존재했던 부동사 연결형 '-어/아 잇-'이 축약되어 과거를
나타내는 새로운 문법 형태소 ' -었/았-'이 만들어졌다. 이는 동사의
부사형과 존재사 '잇-'이 축약되면서 통합되어 새로운 단위를 만들어
낸 것이므로 층위를 달리하는 것이다.

기존에 존재하는 자연물에 예술적인 기술을 더하여 새로운 예술품
을 창안하는 것도 층위를 달리 하는 융합의 과정이다.

신진 기술과 기존의 자본이 결합하고 노동자의 노동력을 흡수하여
새로운 기업체를 만드는 과정은 구성 요소들의 층위를 뛰어넘는 과정
이다.[5]

3.3. 혁신적 융합

융합되는 둘 이상의 요소가 그 성격을 완전히 잃어버리고 완전히
새로운 것을 만들게 될 때 이를 혁신적 융합이라고 할 수 있다. 이 혁
신적 융합에는 네 가지 종류가 있다. 하나는 원자와 원자가 합쳐져서
전혀 새로운 성질의 물질이 되는 것과 같은 융합, 즉 산소와 수소가
합쳐져서 물이 되는 것과 같은 융합이고, 둘은 태양의 융합에서 보듯

---

5) 2013년 이래 현재 한국 정부에서 내세우고 있는 창조 경제를 내세우며 새로운 유
 망 산업을 만들려고 하는 노력은 이 유형이다.

두 개의 원소가 결합하여 다른 원소가 되면서 원소 내부의 에너지 차이를 다른 것, 즉 에너지로 방출하는 융합이다. 이때 구성 요소는 완전히 다른 것으로 변화해 버린다. 셋은 인간의 발성 기관에서 볼 수 있는 융합이다. 인간은 허파가 공기를 내보내는 힘과 성문의 개방 정도, 비강의 개방 여부, 입안에서의 혀의 활동, 입술의 활동, 그 외 여러 근육의 작용 등이 융합적으로 작용하여 이러한 개별적인 기관과 전혀 연관 지을 수 없는 새로운 음파를 창출하여 언어의 창조적 사용에 이용한다. 넷은 새로운 생명의 탄생이다. 암수 혹은 난자와 정자가 결합하여 유전자 정보를 융합하여 새로운 생명을 가진 하나의 생물체를 탄생시키고 여기에 새로운 혁신이 끊임없이 반복되는 생명의 탄생이야말로 융합의 가장 이상적인 상황인 것이다.

3.3.1. '$H_2 + O \rightarrow H_2O$'가 되는 유형

산소라는 원소와 수소라는 원소가 결합하여 새로운 분자가 만들어지는 것은 자연계에서 볼 수 있는 융합의 결정판이다. 구성 요소와 구성체는 구성 요소를 공유하고 있지만 구성체로서의 요소(산소 혹은 수소)와 구성체의 구성 요소가 된 요소(물의 구성 요소인 산소와 물)는 전혀 다르다. 구성체의 구성 요소는 본래의 기능을 수행하지 않고 다른 요소와 융합하여 다른 층위의 새로운 존재를 만들어낸다. 하지만 이들의 특수한 상황에서 복원될 수 있다. 본래의 제 기능을 수행하지 않지만 본래적인 특징은 그대로 유지하면서 새로운 층위의 구성체를 만들어 내는 것이다.

3.3.2. 핵융합

중수소와 삼중주소가 융합되어 중성자 하나가 떨어져 나가고 새로운 물질인 헬륨이 만들어지면서 막대한 에너지를 생산하는 핵융합은 물리적인 세계에서 볼 수 있는 전형적인 융합의 예가 된다. 이 과정에 대한 설명을 그대로 옮겨 보면 다음과 같다.

1억℃ 이상의 고온에서 가벼운 원자핵이 융합하여 더 무거운 원자핵이 되는 과정에서 에너지를 창출해 내는 방법으로 이 과정을 이용하여 수소 폭탄이 만들어졌다. 이 핵연료는 무한하며, 방사성 낙진도 생기지 않고 유해한 방사능도 적다.

핵융합에는 막대한 열이 발생하는데, 이것은 아인슈타인의 질량과 에너지의 등가성(等價性)의 원리(E=mc2)에 의해 계산된다. 이 핵연료는 무한하며, 방사성 낙진도 생기지 않고 유해한 방사능도 적다. 이와 같은 핵융합에는 1억℃ 이상의 높은 온도가 필요한데, 태양과 같은 별은 그 빛에너지가 핵융합에서 생긴다. 이 과정을 이용하여 수소폭탄이 만들어졌다.

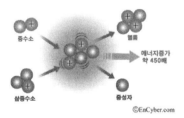

그림 출전: http://terms.naver.com/entry.nhn?docId=1162277&cid=
40942&categoryId=32248

3.3.3. '조음 기관들 + 조음 방식들 + 인간의 정신 작용 → 의미 변별력의 소리 단위'가 되는 유형

인간이 소리를 내는 과정은 아주 복잡하다. 맨 먼저 작동하는 것은 허파에서 공기를 바깥으로 내보내기 위해 힘을 가한다. 일정한 힘에 의해 허파로부터 방출된 공기는 우선 성문을 통과하게 되는데 자음의 종류나 모음의 종류에 따라 성문의 개폐 정도가 달라져 통과시키는 공기의 양에 따라 소리의 종류가 달라진다. 후두개와 인두강을 지난 공기는 발음하고자 하는 소리의 종류에 따라 목젖이 비강을 폐쇄하여 공기가 비강으로만 흐르기도 하고 비강을 개방하여 비강과 구강의 양쪽으로 공기가 흐르기도 한다. 입안을 통과하는 공기는 혀의 특정한 부위가 입천장의 특정한 부위에 접근하여 공기의 흐름을 변형시킨다. 그리고 마지막으로 입술이 오므라들거나 펴지거나 하여 공기를 대기로 방출시킨다. 여기에 관여하는 근육은 그 숫자를 헤아릴 수 없을 정도인데, 이 과정을 거쳐 인간은 모든 인간에게 보편적이면서 개인적으로 차별을 가지고 있는 자기만의 음파를 만들어 내고, 인간은 이 음파를 개념과 상관적으로 관계를 맺으면서 소통에 이용한다.

이 복잡한 과정을 거친 음파는 인간이 소통에 이용할 수 있는 음파로 창조되는데, 창조 과정에 위에 언급한 조음 기관의 근육들이 개별적으로 관여하지는 않는 듯하다. 아직 음파를 산출해 내는 과정이 정확하게 해석되지는 못하고 있는 상황이지만, 이들 근육의 움직임이 융합되어 새로운 파형을 만들어 내게 되는데, 인간들은 각기 다른 주파수 대역에 에너지가 집중되는 양상에 따라 각기 다른 모음으로 인식하게 된다. 여러 조음 기관이 동시적으로 작용하여 하나의 파형을 만들고, 이 복합체에 의미 분화의 기능을 부여하는 인간의 언어 활동 과정은 완전한 융합에 의해 새로운 존재를 창조하는 과정인 것이다.

3.3.4. '난자 + 정자 → 인간'이 되는 유형

난자와 정자가 결합하여 새로운 한 인간이 탄생하는 것은 융합의 극치를 보여 주는 과정이다. 정자와 난자가 결합하여 새로운 인간이 탄생하는 이 과정은 각각 독립된 생명체로 존재하던 난자와 정자가 새로운 유전자 구조를 가진 생명체를 창조시키면서 또한 이전에 없던 새로운 정신세계가 창조되는 것인데 이러한 융합은 새로운 생명의 탄생 외에서는 찾아 볼 수 없는 융합 현상인 것이다. 또한 인간이 태어나서 인지 활동을 하면서 언어를 습득하는 과정은 기존의 지식에 새로운 경험을 더하여 기존에 존재하던 개념의 내포나 외연을 변화시키는 것이 기본적인 과정이다. 그런데 이러한 변화로 부족할 경우에는 새로운 개념을 습득하거나 새로운 개념을 창조하기도 한다. 모든 인간에게 보편적인 언어의 습득 과정은 완전히 창조적인 융합 과정의 연속인 것이다.[6]

인간을 구성하는 영혼(혹은 정신)과 육체라는 것은 독립적으로는 존재하지 못하고 상호 의존적으로만 존재한다. 동시에 둘 다 서로 영향을 주면서 변화해 가는데, 정신의 변화 특히 인간의 지적 활동은 완전히 새로운 것을 창조하는 융합의 과정인 것이다.

---

6) 이러한 인간의 융합 활동은 모든 인간에게 보편적이다. 모든 인간은 이러한 창조적인 융합 활동을 살아 있는 한 지속하는 것이다.

인간이 탄생하여 지적 활동을 벌이는 과정을 부연하면 다음과 같다. 인간이 만들어지는 정자와 난자의 융합이 일어나기 위해서는 우선 난자와 정자가 제대로의 조건을 갖추어야 하는데 상식 수준에서 가장 기준적인 사항을 지적하면 다음과 같이 될 것이다.

첫째, 남자는 건강한 정자를 만들어 내야 한다.

둘째, 여성은 정상적인 배란을 통하여 건강한 난자를 생산해야 한다.

셋째, 정자가 여성의 자궁 속과 난관을 지나 난자와 수정이 되어야 한다.

넷째, 수정란은 난관을 이동하여 자궁 내막에 정상적으로 착상해야 한다.

생명은 있기에 생명체라 할 수도 있고, 반면에 그 자체가 완전한 생명체가 아니기 때문에 생명체가 아니라고 할 수도 있는, 난자와 정자가 정상적으로 결합하여 자궁벽에 착상하고 나면, 세포 분열을 지속하여 각각의 세포가 인간을 구성하고 있는 신체 각 부위를 담당하고, 그 과정을 계속하여 종국적으로 하나의 완전한 인간으로 탄생하게 된다. 인간은 태어난 후, 육체적인 성장과 동시에 지성과 감성 그리고 의지와 인내 등을 가진, 성리학적으로 언급하면 사단(四端): 인(仁)의 측은지심(惻隱之心), 의(義)의 수오지심(羞惡之心), 예(禮)의 사양지심(辭讓之心), 지(智)의 시비지심(是非之心)과 칠정(七情): 기쁨(喜)·노여움(怒)·슬픔(哀)·즐거움(樂)·사랑(愛)·미움(惡)·욕심(欲)을 가진 새로운 생명체로 성장을 계속하게 된다. 이 성장의 과정이란 개인차는 있지만 이전 요소를 바탕으로 어느 누구도 경험해 보지 못한 새로운 세계를 완전히 새롭게 혁신적인 융합으로 구축해 가는 과정인 것이다.

4. 인류 문화의 융합과 미래

4.1. 인류 문화의 3대 혁명

4.1.1. 문자의 발명과 진화

인류의 기원이 되는 생명체가 지구상에 언제 탄생하게 되었는지는 알 수 없지만, 그 생명체가 서서 보행을 하게 된 것은 대략 지금으로부터 600만 년 전이라고 한다. 그리하여 인류는 대략 600만 년에 걸친 진화 과정을 겪게 되는데, 그중에 인류가 급격하게 발전하기 시작하는 것은 지금으로부터 대략 7,000년 내지 8,000년 전쯤에 지식의 저장과 소통에 결정적인 영향을 미치게 되는 문자를 발명하면서부터이다. 인류는 그림을 그려 의사소통의 수단을 삼다가 이 그림이 기호화되면서 그림의 구체성을 버리고 추상적인 의미와 모양을 띄게 된다. 이 기호는 문자라고 지칭되는데, 새로운 기호로 탄생한 이 문자는 본래 그 사물을 지칭하는 언어로 독자적인 이름을 갖게 되고 동시에 언어 표현의 도구로 사용하게 됨으로써 인류는 새로운 세상을 경험하게 되는 것이다. 이러한 문자의 발명은 이집트 메소포타미아, 인도, 중국 등 인류의 4대 문명 발상지에서 동시다발적으로 발생하게 되는데, 이 문자의 발명이라는 것은 완전히 새로운 혁신의 과정이라고 할 수 있다. 그림 문자의 단계에서 가지고 있던 '그림과 사물의 직접적인 연상 관계'에서 그림이 추상화됨으로써 본래 사물과의 관계를 버리고 인간의 가장 고도한 정신 활동의 산물인 문자로서의 기능을 하게 되는 것은 앞에서 언급한 혁신적 융합의 〈다 유형〉에 해당되는 것이다.

혁신적 융합의 대표적인 다른 예는 훈민정음의 창제에서 볼 수 있다. 한자를 빌어 우리말을 표기하기 위해 사용하던 음절 분석의 삼분법적인 발상, 하나의 음절을 성운과 성모로 나누고 성모를 조음 위치에 따라 아, 설, 순, 치, 후로 나누고 조음 방식에 따라 청탁으로 나누는 중국 운학의 지식, 소리에 따라 혀와 입술 등 조음 기관의 상이한 움직임 그리고 개개 소리에 따라 달라지는 감각적인 음상 등 전통적인 지식과 외부의 지식 그리고 객관적인 현상 관찰, 소리에 대한 인지적인 작용 등을 융합시켜 새로운 문자를 만드는 이 과정은 전형적인 혁신적 융합을 보여 주는 것이다.

4.1.2. 산업 혁명

인류가 농경 사회에서 산업 사회로 넘어가게 되는 것은 18세기 영국에서 시작한 산업 혁명에 의해서라고 흔히 말한다. 풍부한 자본과 자원 그리고 노동력을 확보하여 기술 혁신을 꾀하여 영국을 최강의 선진 국가로 되게 하는 동시에 인류의 물질생활을 바꾸게 한 산업 혁명은 앞의 계층적 융합 〈다. 물질 제품의 창조〉에 해당되는 것이다. 산업 혁명에 대한 약간의 상세한 기술은 아래를 참조할 수 있다.

영국의 산업 혁명은 매뉴팩쳐 경제의 발전국의 산업 혁명의 극, 즉 기술적으로는 매뉴팩쳐 스스로 각종의 기계를 창출하고 경제적으로는 사회적 분업의 진전과 중소 생산자 층의 분해를 통하여 형성된 광대한 국내 시장을 근거로 하여 자생적 내부 필연적으로 전개되었다. 기계의 사용은 최대의 국민적 필수품이며 소비재생산 부문인 의류 생산 부문,

특히 면업에서부터 시작되어 1760년대에는 하그리브스(Hargreaves, J.)의 제니방적기, 아크라이트(Arkwright, R.)의 수력방적기가 출현하고, 1779년에는 크롬프톤(Crompton, S.)의 물방적기가 발명되었다. 동력기·원동력기가 1782년 왓트(Watt, J.)의 복동식회전기관의 발명에 의해 실용화하고 또 전도기가 도입되어 기계제 생산에의 재편성조정이 진행되었다. 이렇게 해서 기술의 변혁은 방적→직포→완성·준비공정→각종의 화학 공업에로 계속 파급하고 또 금속 공업과 탄광업의 기술적 발전을 기초로 공작 기계와 원동기를 생산하고, 또 기관차와 철도를 제작하는 등으로 주요 생산 부문에 기술의 변혁이 파급되어 대규모생산 내지 공장 제도를 성립시키고 농업 부문에 대해서도 각종의 농업 기계를 공급해서 자본제 대농 경영을 촉진하였다.

(경제학사전, 박은태 편저, 2011. 3. 9., 경연사)

출전: http://www.genyunsa.com/new/genyunsa/genyunsa.htm

4.1.3. 컴퓨터 혁명

최근에 만든 컴퓨터 혁명 역시 혁신적 융합의 한 예가 된다. 0과 1의 조합으로 가상의 세계를 만들어 존재와 소유 그리고 한계에 대한 개념 자체를 변화시키고 있다. 컴퓨터에 의해 만들어진 가상 세계가 현실 세계와 연관을 지으면서 존재 자체에 대한 인식이 바뀔 수밖에 없는 상황이 되었다.

현 세기보다 조금 앞선 시기에 컴퓨터가 만들어지기 시작하여 20세기의 후반기에 일반 사람들이 사용할 수 있을 정도로 대중화되었다. 그로부터 현재까지 우리는 전자 통신 혁명, 컴퓨터 혁명의 시대에 살고 있다. 한 개인이 감당할 수 없을 정도의 많은 정보들이 한 곳에 저장되고, 필요에 따라 다시 갈무리되고, 이것이 다른 사람에게 인터넷이나 무선 통신을 통해 순식간에 전달된다. 다시 이것은 어떤 변화를 만들어 내고, 그 변화는 다시 더 많은 정보를 생성하고 다시 온 세상에 전달된다. 이것을 개인에게 초점을 맞추면 어떻게 될까? 인터넷이 대중화되기 이전에는 모르는 것이 있으면 누군가에게 물어보거나 책을 찾아보다가 잊어버리거나 찾지 못하여 중도 포기하는 경우가 많았다. 그리고 새로운 곳을 찾아 가고자 하면 지도를 펴 놓고 한참 가는 길을 고민하여야 했다. 그런데 요즘은 새로운 목적지는 내비게이션이 찾아 주거나 가르쳐 준다. 모르는 것은 컴퓨터가 그것이 데스크톱이든 태블릿이든 혹은 스마트폰이든 제대로 된 검색어만 입력하면 즉석에서 이들이 해결해 준다. 음성 명령으로 필요한 작업을 할 수 있는 시리(Siri) 같은 프로그램이 개발되고, 또한 음성 명령으로 실시간 촬영이나 에스엔에스(SNS) 공유, 문자 전송, 내비게이션 등을 즐길 수 있는 구글글라스같은 기계도 개발되고 있다.

　이전에는 상상도 할 수 없는 변화가 컴퓨터를 통해 발생하고 있는 것이다. 컴퓨터를 통한 변화의 혁명 이것이 어떤 결과를 초래할 것인가?

　첫째, 컴퓨터에 의해 존재와 비존재의 개념이 모호하게 되었다. 가상 세계에서 존재하는 것이 실질적으로 존재하는 것인가 아니면 존재하지 않는 것인가? 가상 세계는 가상 세계일 따름인데 가상 세계가 현실 세계에 영향을 미치고 있으니 이것은 실질적으로 존재하는 것이 아닌가? 존재의 개념을 다시 구축해야 할 시기가 된 것이다.

　둘째, 컴퓨터에 의해 소유와 비소유의 개념이 모호하게 되었다.[7] 인

---

7) 여기서 말하는 소유와 비소유의 개념은 불교 등에서의 철학적인 개념이 아니다. 사

간이 구축한 정신세계의 지적 축적물이 가상 세계에 저장되면서 이것이 대한 소유권이나 이용권이 집단화하기도 하고, 개인 생활에 대한 개인의 소유권이 공용화 내지는 공개화 되면서 이것에 대한 소유권이 애매해지게 되었다.[8]

셋째, 경계 내지는 탈경계의 개념이 모호하게 되었다. 존재하는 모든 것은 경계를 가지고 있고 그것으로서의 한계를 가지게 마련이다.[9] 그런데 컴퓨터에 의해 새로운 개념이 만들어지고 이것의 공유 범위가 새롭게 계속 만들어지면서 어떠한 개념의 내포와 외연이 지속적으로 변화를 하게 된다. 그 과정은 기존의 영역이나 개념이 가지고 있던 경계와 한계가 허물어지고 새로운 영역이나 개념이 만들어지는 것을 의미하는 것이다. 컴퓨터에 의해 기존의 영역과 경계가 파괴되고 새로운 영역과 경계가 생성되는 과정이 계속되면서 현실적인 경계의 개념 자체가 애매모호하게 되고 있는 것이다.

이러한 컴퓨터에 의한 혁명은 앞에서 언급한 계층적 융합의 〈다. 물질 제품의 생산〉 유형으로 출발하였다. 그러나 그것이 물질이나 기계로서의 기능적, 효용적 극대화를 넘어서서 새로운 세계의 창조로까지 이어지려고 하고 있는 것이다.[10] 이 과정의 첨단 작업이 인공 지능의 개발인데 인공 지능이 발달되어 인간의 정신 작용과 같이 스스로 창

물의 존재라는 개념의 소유이다.
8) 컴퓨터에 들어갈 수 없는 부동산 등에 대한 소유권 등은 이와 다른 차원의 문제이다. 부동산에 대한 소유권 등은 컴퓨터에 입력할 수 있지만 부동산 자체는 컴퓨터에 들어갈 수 없는 것이다
9) 우주의 한계 내지는 경계는 우리의 차원을 넘어서는 개념이다. 최대의 구성체와 최소의 구성 요소는 본고의 개념을 초월하는 것이다.
10) 인간과 인공 지능이 대립하는 공상 과학 영화 등은 이를 역설적으로 대변하는 것이다.

조하는 기능을 수행할 수 있을지는 앞으로 두고 볼 수밖에 없는 과제
이다.

4.2. 분석의 시대에서 종합의 시대로(분업에서 융합으로)

21세기에 이르기까지 인류가 문화와 문명을 발달시켜 온 기본적인
힘은 물질과 사물에 대한 분석화, 정밀화였다. 학문이 세분화되어 정
밀화된 분야를 다루는 새로운 학문 분야가 새로이 계속 생겨나고, 전
체적인 일을 분업으로 일을 나누어 효율성과 생산성을 극대화시키는
것은 이러한 경향의 소산이었다.[11]

그런데 21세기의 교체기를 즈음하여 인류 문화가 급격하게 새롭게
변화하면서 분업과 분화 내지는 세분화의 단계를 넘어 세분화된 분야
들이 동시적으로 혹은 통합적으로 어떤 역할을 수행해야 한다는 새로
운 가치관이 대두되고 있는 듯하다. 그것은 바로 세분화된 한 분야가
담당할 수 있는 역할의 한계가 드러나면서 여러 분야가 동시적으로
혹은 통합적으로 해야 한다는 인식의 전환을 가져오게 된 것이다. 21
세기를 선도할 많은 기관에서 인류 문화의 미래를 결정할 몇 대 과제
등을 제시하면서 그 과제들을 해결하는 집단이나 국가들이 미래를 선
도할 것이라 예견하면서 해결할 방법이나 도구에 대한 고민을 새롭게
하고 있는 것이다.

---

11) 필자는 '대립되는 모든 것은 공존한다.'는 생각을 항상 가지고 있다. 20세기까지
　　분석이 역할의 중심이었다고 해서 종합이나 통합이 없었다는 의미는 아니다. 그
　　중심축이 분석에 있었다는 의미이다. 분석과 종합은 어느 시대에서나 어느 상황
　　에서나 공존하고 있는데 어디에 경향이 쏠리느냐에 따라 차이가 나는 것이다.

참고로 미국 공학원이 제시한 13개의 대도전을 옮겨 보면 다음과
같다.

환경적 태양 에너지 만들기	융합 에너지 만들기
탄소 제거 방법 개발하기	질소 순환 다루기
깨끗한 물 얻는 방법 개발하기	도시의 구조 재건 및 개선하기
더 좋은 약 개발하기	뇌의 역-기술 연구하기
핵 테러 막기	사이버공간 안전하기 만들기
생생한 현실감 증진시키기	개별적 지식의 증진
과학적 발견에 대한 방법들 개선	

이들은 모두 세분화된 한 분야가 담당할 수 있는 것이 아니라 여러
분야가 동시적으로 혹은 통합적으로 접근해야 해결할 수 있는 과제
들이다. 이러한 문제의 해결과 관련하여 김문조(2013, 융합문명론)는
'인류의 문화는 분석의 시대에서 종합의 시대로 가고 있다'고 말하며
인류 문명이 걸어온 길, 현재의 길, 미래의 길에 관한 진단을 하고 있
는데, '종합'에 관한 전체적인 내용은 그의 책에 대한 소개 글에 나와
있으므로 그것을 옮기면 다음과 같다.

지금까지의 인류 역사는 미분화 상태에 놓여 있던 사건이나 행동들
이 분화나 전문화 과정을 거쳐 잘게 나뉜 '분할의 과정'이었다. 그러나
최근 과거 수천 년간 세계의 변화를 주도해 온 분할적 힘이 융합적 힘
으로 대체되는 조짐이 도처에서 드러나고 있다. 다양한 정보를 일률적
인 형식으로 전환해 수신. 저장. 가공. 송출하는 디지털 기술의 특성,

나아가 무한 복제나 변환을 가능케 하는 디지털 기술의 효능이 네트워킹 기술과 합류하여 소통 양식의 일대 혁신을 초래하고 있기 때문이다.   이 책에서는 ① 융합 현상과 논리가 풍미하는 융합 문명의 기원과 의의를 진단할 수 있는 새로운 관점을 정립하고, ② 교류, 혼합, 변성, 창발. 분리 및 교류를 되풀이하는 융합적 사회 현실에 관한 접근법을 구축한 후, ③ 융합 사회의 전개 과정, 특성 및 역동성을 규명하고, ④ 융합 시대의 문제점과 대응책을 논구해 보고자 한다.

4.3. 분화와 융합이 조화를 이루는 시대로

융합을 강조하는 이 시점에서 우리는 다시 그것의 공시적 타당성과 통시적 방향성을 확보하기 첫째 융합을 강조하는 현재의 경향은 바람직한가? 둘째 그 방향으로만 계속 나아갈 수 있을 것인가? 등등의 문제를 제기할 수 있을 것이다. 그런데, 이에 대한 답은 부정적이다. 융합이란 홀로 독립적으로 존재할 수 있는 것이 아니라 그것의 존재 자체를 위해서 독립적으로 발전된 개별 분야를 전제로 하기 때문이다. 개별 분야의 발전, 분화에 의한 개별 문야의 정밀화는 융합의 전제가 되기 때문에 '융합만의 강조' 이것은 '설계 없는 건축', '공기 없는 생물체의 생존'만큼이나 공허한 것이다.

그런데 우리는 바로 앞에서 현재의 시대는 '융합을 필요로 하고 융합에 의해 새로이 발전을 도모하고 있는 시대'라는 것을 살펴보았다. 이러한 시대적인 상황은 분석과 분화를 중시한 결과 전체를 소홀히 했던 것을 반성하는 것이고, 동시에 사물이나 현상에 대한 일면적으로 접근하기보다 총체적으로 접근하여 미래를 좀 더 창조적이고 효율적으로 만들기 위한 인식의 전환인 것이다. 그 과정이나 배경이 어떠하든 기존의 업적을 바탕으로 새로운 창조를 위해 융합적으로 접근하는 것이 필요하다는 것은 부정할 수 없는 사실인 것이다.

　이러한 상황에서 우리가 내릴 수 있는 결론은 간단하다. 미시적인 접근과 거시적인 접근이 상호 배타적인 것이 아니라 상호 보완적인 것이듯이, 분화와 융합 역시 배타적인 것이 아니라 상호 보완적인 것이 되도록 인식을 전환할 필요가 있는 것이다. 결론적으로 인류 문화는 '분석과 종합이 조화'를 이루는 시대로 나아가야 할 것이다. 융합이나 통합, 종합 등의 개념이 존재할 수 있는 것은 그 대립 요소인 동시에 전제 요소인 구성 요소나 개별 존재 등이 존재하기 때문이라는 것을 놓쳐서는 안 될 것이다. 다시 말해 대립하는 모든 것은 상대의 존재를 전제하면서 자기의 존재를 확인한다는 것을 항상 유념해야 할 것이다. 이러한 논리의 구축을 위해 우리는 비슷한 예들을 추가할 수 있다. 동전의 앞면이 없으면 뒷면이 존재할 수 없는 것은 같은 논리다. 환자와 의사 역시 대립 관계이면서 공생 관계에 있다. 환자가 있기 때문에 의사가 존재할 수 있고 의사가 있기 때문에 환자는 병을 고칠 수 있다. 인간이 만든 개념도 비슷하다. 내용과 형식은 둘이 따로 존재할 수 없는 것이다. 모든 존재는 내용과 형식을 동시에 가지고 있다. 이를 인간들이 두 개의 대립되는 개념으로 인식하는 것이다.

　분석과 종합이라는 개념 역시 동일하다. 종합이란 분석 없이 존재할 수 없는 것이고, 종합 없는 분석 혹은 전제척인 의미 파악 없는 분석, 혹은 전체 속에서의 기능이나 역할 등에 대한 파악 없는 분석이란 아무런 의미가 없는 것이다. 구성 요소의 존재나 기능을 알지 못하는 종합이란 혼돈 그 자체일 따름인 것이다. 종합적인 시각이란 개개 구

성 요소 내지는 부분들을 전체적으로 보는 것이다. 때로는 형식이라
는 부분에 상대적인 초점을 더 맞출 수도 있고, 반대로 내용적인 측면
에 상대적인 무게를 더 둘 수 있지만, 둘이 상보적이라는 인식을 버리
는 순간 인식은 파탄에 빠지게 된다. 동일하게 분석과 종합이라는 것
은 사안에 따라 어느 일방에 더 강조점을 둘 수는 있지만 한쪽 없는
다른 한쪽만의 존재란 있을 수 없는 일이다.

　인류 문화의 지속적인 발전을 위해서는 대립적이면서 상보적인 '융
합'과 '분석'이 '조화'를 이루어야 되는 것이다.

5. 마무리

　1. 본고에서 논의한 내용을 몇 마디로 요약하면 다음의 네 가지가
된다.
　　(1) 융합이란 제 성질을 녹인 둘 이상의 존재물이 제3의 것을 창조
　　　　하는 과정이다.
　　(2) 융합은 탈락, 생략 등과는 전혀 다른 개념이고, 축약이나 통합
　　　　혹은 통일 등과는 부분적으로 공통적인 부분을 공유한다.
　　(3) 융합의 유형은 새로운 창조물과 이전의 구성 요소가 같은 층위
　　　　에 있는 평면적 융합('ㅎ'과 'ㄱ'이 합쳐서 'ㅋ'이 되는 유형 등),
　　　　다른 층위의 존재를 만드는 계층적 융합(산소와 수소가 결합하
　　　　여 물이 되는 유형 등), 완전히 새로운 것을 만드는 혁신적 융합
　　　　(인체의 여러 작용들, 예를 들어 난자와 정자가 합해져 인간이
　　　　만들어지는 과정, 조음 기관의 에너지 운동으로 인간의 소리가

만들어지는 과정 등)으로 총 세 가지이다.

(4) 인류의 문화는 분화의 시대에서 융합의 시대로 나아가고 있으나 미래의 지속적인 발전을 하기 위해서는 '분화와 융합의 조화'가 필요하다.

2. 현재 학계에는 융합 학문 분야가 이미 상당히 존재한다. 필자가 전공하고 있는 언어학과 사회 과학이 융합한 예로는 사회 언어학, 심리 언어학, 인류 언어학 등의 많은 예가 있다. 이들은 언어학과 사회 과학의 한 분야가 융합되어 새로운 학문 분야를 만들고 새로운 지식의 세계를 열어 나갔다. 이중 언어 심리학을 중심으로 몇 마디를 피력해 보기로 한다.

19세기 후반이 되어서야 비로소 '정신과학'으로 인정받게 되는 심리학은 인간의 행동과 심리 과정을 과학적으로 연구하는 경험 과학의 한 분야이다. 언어의 본질과 기능 그리고 변화를 연구 대상으로 하는 언어학은 인문 과학의 한 분야이다. 심리학의 관심 분야 중 한 분야와 언어학의 관심 분야 중 한 분야가 합해져서 언어 심리학 내지는 심리 언어학이라는 새로운 통합 분야를 탄생시켰다. 개별 학문 분야인 언어학의 발생이나 심리학의 발생 등은 학문 영역의 세분화에 의한 학문 분화의 소산이었다. 반면에 언어 심리학의 탄생은 두 학문 분야의 통합 내지는 융합의 소산이었다. 여기서 우리가 주목할 사항은 세 가지이다. 첫째는 언어학과 심리학 그리고 언어 심리학이 각자 독자적인 영역을 가지고 있다는 사실이다. 둘째는 언어 심리학이 언어학이나 심리학에서 관심 두지 않았던 새로운 분야를 개척하고, 이전의 학문에서 해결하지 못했던 것을 새로운 방식으로 해결하고 있다는 사실이다. 셋째는 언어학이나 심리학이라는 개별 분야가 존재하지 않았으면 언어 심리학이라는 통합 분야가 탄생할 수 없었다는 사실이다. 여기서 우리가 다시 지적하고 싶은 것은, 융합이나 통합이라는 것은 학문이나 사회의 발전에 의해 새롭게 발굴되거나 제기된 문제점을 해결하기 위한 새로운 해결 방책의 하나이면서 새로운 미래를 개척하기 위한 방법이지만 이들이 기존에 존재했던 개별 분야의 문제점을 해결하는 것이 아니고, 또한 기존의 분야를 대체하는 것은 아니라는 점이다. 이러한 논지에 의해 우리는 학문이나 사회가 안정적으로 그리고 지속적으로 발전하기 위해서는 '융합과 분석'이 상보적으로 조화를 이루어야 한다는 것을 다시 강조한다.

영문 초록

This thesis is aimed to define the concept of the fusion(or coalescence) and find out the the types of confusion, and research which type of confusion make the human culture develop. The conclusions are as followings.

(1) The fusion is the process which creates something new through melting two other things.

(2) The fusion is completely from the deletion and ellipsis, shortening but shares some commons with integration and unification.

(3) The types of fusion are three ones.

First, plain fusion - creature and constituents belong to same stratum.

Secomd, hierarchical fusion - creature and constituents belong to other stratum. New hierarchy is made through the fusion.

Third, innovation fusion complete different creature is made by the fusion.

(4) The trend of the times is changing from trend of division to trend of fusion. But it is essentiol to harmonize the fusion and division for the continuous development of human culture.

영문 주제어

fusion, coalescence, plain fusion, hierarchy fusion, innovation fusion, creation. harmony, division

제7장
다문화 사회를 위한 통합과 공존의 조화

〈국문 개요〉

한국은 현재 대외적 세계화와 대내적 세계화를 경험하고 있다. 여기서 말하는 대내적 세계화란 외국 사람이 다양한 방식으로 이주하여 한국 내에 다문화 사회가 형성되고 있다는 의미이다. 이러한 현상은 한국이 지금까지 경험해 보지 못한 새로운 것이기 때문에 한국이 지속적인 발전을 위해 새롭게 창의적인 해결책을 찾아야 한다.

한국적 다문화 사회의 형성이란 다른 국가와 다른 현상으로 외국 여자가 이주하여 한국 남자와 결혼하여 만들어지는 다문화 현상을 주로 일컫는 것이다. 국제 결혼하는 숫자는 전체 혼인 건수의 약 10%가 되고, 이들에 의해 태어난 자녀들이 초등학교와 중학교 그리고 고등학교에 대거 진입하고 있는 상황이다. 이들은 한국 사회에 적응하기 위한 한국어와 한국 문화에 대한 학습이 필요하고, 한국사회는 한국인이 이들을 차별하는 분위기의 개선을 필요로 한다.

한국의 정부가 이들에게 펼치는 정책은 지원 정책이 주류를 이루는

데 국가 전체의 체계적인 계획 없이 정부의 각 부처나 지방 자치 단체가 중구난방식으로 한국어 교육이나 직업 교육 등 현실적이고 표면적인 정책을 중심으로 하고 있다. 이들이 한국 사회의 진정한 일원이 되고, 한국 사회는 이들을 대등한 구성원으로 받아들이는 의식의 전환이나 가치관의 전환에 대한 근원적인 연구나 실천은 거의 없는 상황이다.

본고에서는 이러한 문제를 인문학적으로 해결하기 위해 통합과 공존의 조화를 논한다. 모든 존재는 보편성과 개별성을 동시에 가지고 있다. 이러한 사실에 착안하여 모든 한국인은 한국어를 중심으로 통합하고, 소수 이주민의 언어와 문화를 문화상대주의적 시각에서 수용하여, 전체와 부분이 각각 조화를 이루는 인문학적 정신을 한국적 다문화 현상의 해결책으로 제시하는 것이다. 그리하여 현재의 상황을 한국이 더 발전할 수 있는 기회로 만들 수 있도록 인식의 전환을 꾀하자는 것이다.

국문 주제어: 다문화 사회, 보편성, 개별성, 통합, 공존, 조화

1. 서론

지난 세기의 후반기에 시작되어 지금에 이르기까지 급속히 확산되어 가고 있는 한국의 대외적 세계화와 대내적 세계화는 지금까지 우리 민족이 경험해 보지 못한 새로운 상황으로서, 우리 민족의 지속적인 발전을 위한 조화로우면서도 창의적인 해결책을 우리 민족에게 요

구하고 있다.

여기서 말하는 대외적 세계화는 외국에서 한국적인 요소가 확산되는 것을 의미하는 것이고, 대내적 세계화란 국내에서 다양한 외국 요소가 고유 요소와 혼재되고 있는 상황을 말한다.[1] 두 가지의 상황 중에서 본고에서 논의하고자 하는 것은 후자에 해당되는 것이다. 각기 다른 문화와 언어 그리고 가치관을 가지고 있는 여러 종족이 한국에 이주하여 본래의 한국인과 혼재하여 살면서 다양한 양상의 갈등이 초래되고 동시에 문화와 가치관의 차이를 확인하게 되는데, 이를 슬기롭게 대처하여 극복할 수 있는 방법을 모색해야 하는 것이다.

이러한 상황에서 선택할 수 있는 기본적인 방향은 두 가지이다. 하나는 약육강식의 원칙에 의해 적자만이 생존할 수 있는 방향을 기본 원칙으로 정하는 것이고, 다른 하나는 상호 평등주의에 의해 다 같이 공존하는 상생 조화의 길을 선택하는 것이다. 만약 두 가지 모두 우리가 선택할 수 있는 길이 아니라면 새로운 제3의 길을 개척해야 할 것이다.

본 연구는 제3의 어떤 길을 개척하여 새로운 길을 창조하기 위한 실마리를 제공하기 위한 것인데, 본고에서 고민하고자 하는 제3의 길이란 '통합과 공존의 조화'를 인문학적 차원에서 개념 정립해 보고자 하는 것이다.[2]

본고의 제2장에서는 한국적 다문화의 특성과 다문화 가정의 숫자 및 다문화 가정 청소년의 숫자를 알아보고 이들에게 필요한 것이 무

---

1) 세계화의 두 방향과 개념에 대해서는 박창원(2006) 참고.
2) 융합과 다른 개념들과의 차이 그리고 융합의 유형에 대해서는 박창원(2014) 참고.

엇인지를 살펴 본다. 그리고 제3장에서는 현재 시행하고 있는 다문화 정책에는 어떤 것이 있는지 살펴 보고, 동시에 현재 시행되고 있는 정책의 문제점들에 대해 살펴본다. 그리고 제4장에서는 우리의 전통문화 속에 살아 있는 조화의 정신을 파악하고 현재적 관점에서 어떻게 조화의 개념을 구축할 것인가 하는 문제를 논의한다.

2. 한국적 다문화의 특성과 현황

2.1. 한국적 다문화의 특수성

인류의 역사는 전쟁과 평화가 사이클처럼 되풀이되면서, 지배 계층과 피지배 계층의 투쟁 속에 둘 이상의 문화가 서로 대립하고 갈등하면서 새로운 문화가 생성되어 부흥하다가 세월의 흐름과 더불어 소멸되고 또 새로운 문화가 창출되는 과정이 거듭되는 것이라고 할 수 있다. 이러한 투쟁의 역사 속에 둘 이상의 문화가 공존하는 경우는 대체로 미국식 다문화, 중국식 다문화, 유럽식 다문화 등 세 유형 중의 하나였다.

첫째, 미국식 다문화는 새로운 땅에 다수의 민족이 이주하여 다문화 사회를 이루는 유형이다. 초기에 이주한 민족이 중심 세력으로 주도권을 행사하면서 문화를 일으키고, 발전된 사회에 다수의 민족이 후발대로 참여하는 유형이다. 호주, 뉴질랜드 등이 여기에 속한다.

둘째, 중국식 다문화는 다수의 민족이 하나의 민족으로 통합되면서 주도 세력을 이루어 국가를 건국하고, 인근의 소수 민족이 존재하던 영역을 영토 내에 편입하면서 다민족 사회가 형성된다. 전형적인 '주도 민족+소수 변방 민족'의 관계가 형성되어 있는 다문화 사회이다. 남미의 여러 나라에서 볼 수 있는 다문화 사회도 이와 유사하다고 할 수 있다.

셋째, 유럽식 다문화는 기계 문명이 발달된 사회에 다른 민족이 경제적인 문제를 해결하기 위하여 개인 혹은 가족 단위로 유입하여 기존의 질서에 대립되기도 하는, 어찌 보면 상층과 하층의 다문화 사회를 형성하고 있는 유형이다. 독일, 프랑스 등 선진 유럽 국가의 대부분에서 볼 수 있는 유형이다.

그러나 한국에서는 지금까지 존재하던 것과는 전혀 다른 차원의 다문화 사회가 형성되고 있다.[3] 즉, 개인적으로 이주하되 결혼을 전제로 이주하여 새로운 혈연관계를 형성하게 되고, 이에 의해 다문화 배경의 한국인 2세가 늘어나고 있는 다문화 유형이다. 그 관계는 다음과 같이 간단하게 표시해 볼 수 있다.

넷째, 한국식 다문화: 이주 + 결혼 → 혈연관계의 생성 그리고 다문화 배경의 2세 출산

이 상황을 좀더 구체적으로 파악하기 위해 첫째, 한국 사회에서 다문화 가정이 생성되는 혼인 건수; 둘째, 다문화 가정 청소년의 숫자;

---

3) 한국과 서구의 다문화가 어떻게 다른가 하는 문제는 임형백(2009) 참고. 임형백(2009)에서는 한국과 서구의 다문화 차이를 인식론적 차이, 실정법의 차이, 다문화 사회로의 진입 배경 차이 등으로 나누어 논의하고 있다. 한국의 다문화 사회 형성은 일본의 다문화 사회 형성과 비슷한데 이에 대해서는 김태식(2012)과 천호성, 이정희(2014) 참고.

셋째 다문화 가정의 요구도; 넷째, 다문화 가정의 학습 능력 등에 대한 현황을 제시한다.

2.2. 다문화 가족 현황

가. 국제 결혼 현황

한국식 다문화를 형성하고 있는 외국인과의 혼인은 아래 (그림 1)에서 보듯 2005년에 정점을 보였고 이후에는 점차 감소하는 경향을 보이고 있다. 2013년의 외국인과의 혼인은 총 25,963건으로 2005년에 비하면 대략 61% 수준이고, 전년도인 2012년보다 2,362건이 감소하였다. 2013년에 이루어진 총 혼인(322,807건) 숫자 중 외국인과의 혼인 비율은 8.0% 수준인데, 한국 남성과 외국 여성의 혼인은 18,307건으로 전년보다 11.3% 감소하였고, 한국 여성과 외국 남성의 혼인은 7,656건으로 전년보다 0.4% 감소하였다.

(이 자료는 http://www.index.go.kr/potal/main/EachDtlPage Detail.do?idx_cd=2430 에서 가져온 것이다.

국가별 국제결혼 건수 통계표(1)								
	2005	2006	2007	2008	2009	2010	2011	2012	2013
국제 결혼 총건수	42,356	38,759	37,560	36,204	33,300	34,235	29,762	28,325	25,963

이 숫자를 한국 남자가 외국인 여자와 결혼한 숫자와 한국 여자가 외국인 남가와 결혼한 경우를 나누어 제시하면 다음과 같다. 이 표에

의하면 2013년의 총 결혼 건수 25,963건은 한국 남자와 외국 여자가 결혼한 18,307건과 외국 남자와 한국 여자가 결혼한 7,656건을 합친 숫자가 되는 것이다.

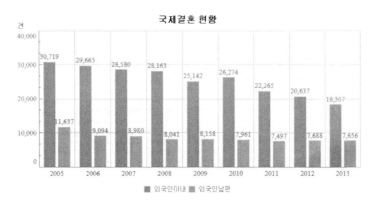

그림12. 통계청(인구동태 통계 연보)

한편, 2013년 현재 한국 남성과 혼인한 외국 여성의 국적은 중국 (33.1%), 베트남(31.5%), 필리핀(9.2%) 순인데, 2005년 이후 중국인 여자와 결혼하는 국제 결혼의 숫자는 30% 수준으로 감소하였다. 반면, 베트남 여자와 결혼하는 국제 결혼은 별다른 변화가 없으며, 필리핀 여자나 일본 여자와 결혼하는 국제 결혼의 숫자는 오히려 증가하였다. 국가별 숫자는 통계표(2)와 같다.

국가별 국제결혼 건수 통계표(2)									
	2005	2006	2007	2008	2009	2010	2011	2012	2013
한국 남자+외국 여자	30,719	29,665	28,580	28,163	25,142	26,274	22,265	20,637	18,307
-중국	20,582	14,566	14,484	13,203	11,364	9,623	7,549	7,036	6,058

-베트남	5,822	10,128	6,610	8,282	7,249	9,623	7,636	6,586	5,770
-필리핀	980	1,117	1,497	1,857	1,643	1,906	2,072	2,216	1,692
-일본	883	1,045	1,206	1,162	1,140	1,193	1,124	1,309	1,218
-캄보디아	157	394	1,804	659	851	1,205	961	525	735
-태국	266	271	524	633	496	438	354	323	291
-미국	285	331	376	344	416	428	507	526	637
-몽골	561	594	745	521	386	326	266	217	266
-기타	1,183	1,219	1,334	1,502	1,597	1,532	1,796	1,899	1,640

한편 한국 여자가 외국 남자와 결혼하는 국제 결혼에서 2013년 현재 외국 남성의 국적은 미국(22.9%), 중국(22.6%), 일본(17.8%) 순이다. 2005년 당시에는 중국인이 가장 많았는데 2006년에 역전되어 일본인 남자와 결혼하는 국제 결혼이 가장 많았다. 2005년 이후 중국 남자나 일본 남자와 결혼하는 국제 결혼의 숫자는 점차 감소하는 추세를 보인 반면, 미국이나 호주 유럽 등의 남자와 결혼하는 숫자는 꾸준히 늘어 2013년에는 한국 여자가 미국인 남자와 결혼하는 숫자가 가장 많게 되었다. 국가별로 그 숫자를 제시하면 다음의 〈통계표 3〉과 같다.

국가별 국제결혼 건수 통계표(3)									
	2005	2006	2007	2008	2009	2010	2011	2012	2013
한국 여자+외국 남자	11,637	9,094	8,980	8,041	8,158	7,961	7,497	7,688	7,656
-일본	3,423	3,412	3,349	2,743	2,422	2,090	1,709	1,582	1,366
-중국	5,037	2,589	2,486	2,101	2,617	2,293	1,869	1,997	1,727
-미국	1,392	1,443	1,334	1,347	1,312	1,516	1,632	1,593	1,755
-캐나다	283	307	374	371	332	403	448	505	475

-호주	101	137	158	164	159	194	216	220	308
-영국	104	136	125	144	166	178	195	196	197
-독일	85	126	98	115	110	135	114	134	157
-파키스탄	219	150	134	117	104	102	126	130	99
-기타	993	794	922	939	936	1,050	1,188	1,331	1,572

나. 다문화 가정 청소년의 숫자

다문화 가정이 늘어나는 수에 비례하여 다문화 가정의 청소년 역시 늘어나고 있다. 최근 다문화 가정의 학생 수는 2013년을 기준으로 5만 5,780명이며, 2012년(4만 6,954명)에 비해 18.8%(8,826명) 증가하였다. 아직 전체 학생 수(652만 9천 명)의 0.9%이지만 앞으로 이들의 비율은 급속도로 증가할 것으로 예상된다.

〈다문화 청소년 현황〉

	전체 학생 (천 명)	다문화 학생 수[1]	구성비[2]	초등 학교	구성비[3]	중 학교	구성비[3]	고등 학교	구성비[3]
2009	7,447	26,015	0.3	21,466	82.5	3,294	12.7	1,255	4.8
2010	7,236	31,788	0.4	24,701	77.7	5,260	16.5	1,827	5.7
2011	6,987	38,678	0.6	28,667	74.1	7,634	19.7	2,377	6.1
2012	6,732	46,954	0.7	33,792	72.0	9,647	20.5	3,515	7.5
2013	6,529	55,780	0.9	39,430	70.7	11,294	20.2	5,056	9.1

자료: 교육부, 「다문화 가정 학생 현황」 각 년도
주: 1) 국제결혼 가정 학생(국내 출생+중도 입국)+외국인 가정 학생
　　2) 다문화 학생 수/전체 학생 수 100
　　3) 학교급별 다문화 학생 수/다문화 학생 수 100

위 표에 의해서 다문화 가족 학생 수의 추이를 대강 추적해 볼 수 있다. 2009년의 초등학교 숫자는 21,466명이고, 2013년의 초등학생 숫자는 39,430명이다. 2009년의 통계에 잡힌 초등학생은 2009년에 입학한 당시 1학년부터 2004년에 입학한 당시 6학년까지이다. 한편 2013년의 통계에 잡힌 초등학생은 2013년에 입학한 당시 1학년부터 2008년에 입학한 당시 6학년까지이다. 39,430명에서 21,466명을 뺀 17,964명의 의미는 2010년부터 2013년까지 4년 동안에 입학한 초등학생 숫자보다 2004년부터 2007년 사이에 입학한 초등학생의 숫자가 더 많다는 의미이다. 4년을 평균하면 1년에 대략 4,000명 이상이 증가하고 있다는 의미이다.

한편 중학생의 숫자는 전체적으로는 많아지고 있지만, 증가세가 둔화하고 있음을 보여 준다. 위 표로써 계산해 보면 2010년에 중학교에 입학한 학생은 2007년에 입학한 학생보다 1,966명이 더 많고, 2011년에 입학한 학생은 2008년에 입학한 학생보다 2,374명이 더 많다. 이 숫자를 정점으로 하여 2012년에 입학한 학생은 2008년에 입학한 학생보다 2,013명이 더 많고, 2013년에 입학한 학생은 2010년에 입학한 학생보다 1,647명이 더 많다 증가세가 줄어들기는 했지만 2013년 현재 계속 증가하고 있는 것이다.[4]

한편 중학교를 졸업한 후 고등학교에 진학하는 비율도 대강 추적할 수 있다. 2010년의 중학생 숫자는 5,260이고, 2013년의 고등학생 숫

---

4) 이를 계산한 방법은 다음과 같다. 2009년도 중학생 숫자는 3294명인데, 이는 2007년, 2008년, 2009년에 입학한 재학생이다. 2010년도 중학생 숫자는 5260명이 되는데 이는 2008년, 2009년, 2010년에 입학한 재학생이다. 2010년도 중학생 숫자에서 2009년도 중학생 숫자를 빼면 2010년도 입학한 학생과 2007년도 입학한 학생 수의 차이가 되는 것이다.

자는 5,056으로 나타난다. 2010년의 중학생이 아무런 변동없이 모두 고등학교로 진학했을 경우 그 숫자가 동일해야 하는데, 약 200명 정도 감소로 나타나는 것이다. 이것은 무슨 사정 등으로 인하여 진학을 하지도 못했다는 것을 의미한다. 이 사정이 무엇인지 파악하여 대책을 마련할 필요가 있을 것이다.

다. 다문화 가정의 요구도 조사

다문화 가정은 서울과 경기를 중심으로 전국으로 확산되어 그 숫자가 점차 늘어나고 있는데, 이들이 한국 사회에 적응하여 살기 위한 요구도 조사에서 그 선호도는 아래 표와 같이 나타났다. (a) 항과 (b) 항은 개인적인 생존을 위한 것이고, (C) 항과 (d) 항은 한국 사회와 개인과의 관계에 관련된 것이고, (e) 항은 후세와 관련된 것이다. 그런데 이들에 대한 선호도에서 한국 사회에 적응을 하고 위한 기초적 욕구인 (c)항과 (d) 항이 지속적으로 높은 수치를 차지한다는 것은 우리 사회가 근원적인 문제점을 안고 있다는 것을 보여주는 것이다. 즉 한국어나 한글 문화에 대한 서비스를 확대하고, 다문화 가정에 대한 우리 사회의 편견이 아직도 심하여[5] 개선할 필요가 있다는 것을 보여주는 것이다.

---

5) 우리 사회가 가지고 있는 다문화 가정에 대한 편견을 대중 문화적인 측면에서 다룬 것은 김종갑, 김슬기(2014) 참고.

다문화(혼혈인, 가구주) 가정의 요구도 조사
Multicultural (Household head)
(통계청 자료를 약간 변형한 것임.)   (단위:%) (unit: %)

계	**	정부에서 시급히 해결해야 할 사항 Project government should solve immediately						
		소계	(a)	(b)	(c)	(d)	(e)	기타
⟨2006⟩								
전국 100.0	0.4	100.0	15.1	19.9	25.7	30.6	6.1	2.6
도시(동부) 100.0	0.3	100.0	17.7	20.8	25.5	29.5	6.5	0.0
농어촌(읍면부) 100.0	0.7	100.0	9.1	17.7	26.2	33.0	5.3	8.7
⟨2008⟩								
전국 100.0	1.7	100.0	17.0	17.6	32.8	26.4	5.9	0.3
도시(동부) 100.0	1.7	100.0	18.1	15.0	31.1	29.0	6.4	0.4
농어촌(읍면부) 100.0	2.1	100.0	13.0	26.8	39.1	17.3	3.9	-

** 다문화(혼혈인) 가구

(a) 직업 훈련 취업 알선   (b) 경제적 지원
(c) 사회 적응을 위한 한글문화 교육 서비스   (d) 다문화 가족 편견 없애는 사회 분위기 조성
(e) 혼혈인 자녀를 위한 특별 교육 과정 지원

라. 다문화 가정의 한국어 학습도

다문화 가정의 이주민이 한국어를 능숙하게 사용하지 못하고[6] 이 때문에 그 자녀들에게 한국어를 제대로 가르치지 못하는 상황과[7] 부

---

6) 다문화 가정 이주민의 한국어 학습에 관한 조사는 류경애(2014) 참고. 류경애(2014)에 의하면 다문화 가족의 학력 등 기초 학습 배경과 한국어 능력에 대한 학습자의 인식 변인들에 따라 한국어 각 영역에서의 교재 수준을 조절하여야 하고, 교재 선택과 수업 시간 조정 그리고 수강 반 편성 등도 학습 영역의 난이도에 따라 달리 하여야 한다.
7) 다문화 가정 이주민의 한국어 능력에 대한 조사 역시 류경애(2014) 참고.

모들의 경제적인 어려움으로 인하여 효과적인 학습을 못하거나 상급 학교로 취학하지 못하는 자녀가 많다는 것은 이미 잘 알려진 사실이다. 그리고 이들이 본래부터 한국인인 부모로부터 태어난 자녀에 비해 학습 능력이 떨어진다는 것은 이미 예견되어 있던 일이다. 학습 능력의 차이에 대한 공표가 새로운 사회적인 문제가 되는 것을 회피하기 때문인지 다문화 가정 자녀들의 학습 능력에 관한 연구는 별로 활발하지 못하다. 이 방면의 연구자에 의해 학습 효과와 학습 능력의 차이 등에 관한 조사 및 연구 결과가 나와 객관적인 자료를 가지고 새로운 계획을 수립할 수 있어야 할 것이다.

2.3. 다문화 가정에 대한 현재의 지원 정책

다문화 가정에 대한 지원 정책의 역사는 몇 년 되지 않는다. 짧은 시기에 다문화 가정에 대한 지원 정책이 획기적으로 늘어나긴 했지만, 아직 초반기로서 정립해 가는 과정에 있기 때문에 피상적인 지원 위주로 구성되어 있는 것이 사실이다.

국무총리실 관계 부처 합동(2010) 〈다문화가족 지원 정책 기본계획(2010-2012)〉에 의하면[8] 다문화 가족의 지원 정책 비전을 '열린 다문화 사회로 성숙한 세계 국가 구현'으로 설정하고 추진 목표를 '다문화가족의 삶의 질 향상 및 안정적인 정착 지원과 다문화 가족 자녀에 대한 지원 강화 및 글로벌 인재 육성'으로 설정하였다. 그리고 추진 분야를 다음의 5가지로 설정하고 있다.

---

8) 김준식, 안광현(2012)에서 인용하되 편집한 것임.

가. 다문화 가족 지원 정책 추진 체계 정비

나. 국제결혼 관리 및 입국 전 검증 시스템 강화

다. 결혼 이민자 정착 지원 및 자립 역량 강화

라. 다문화 가족 자녀의 건강한 성장 환경 조성

마. 다문화에 대한 사회적 이해 제고

　이러한 사업들은 모두 필요한 것이고, 국가의 중앙 부처가 정책을 펼치기 위한 과제이기 때문에 어쩔 수 없는 상황이기는 하겠지만 모든 사업들이 현재에 급급한 지원 사업에만 치중하고 있는 것이다. 장기적인 비전을 준비하기 위한 계획이나 사회적 공감대를 형성하기 위한 이론 구축이라는 것을 찾을 수 없는 것이다.

　이러한 상황은 부처의 사업 내용이 타 부처에 비해 잘 소개되어 있는 여성가족부의 홈페이지에도 같은 현상이다.

　여성가족부는 〈다문화 가족 지원〉을 '생애 주기별 맞춤형'과 '다문화 가족 지원 센터 운영'의 두 가지로 그 사업을 구별하고, '생애주기별맞춤형'의 기본 방향을 '다문화 가족을 위한 가족 교육·상담·문화 프로그램 등 서비스 제공을 통해 결혼 이민자의 한국 사회 조기 적응 및 다문화가족의 안정적인 가족생활 지원'으로 설정하고, 사업의 단계를 4단계와 전단계로 구분하고, 다음과 같이 그 사업 내용을 설정하고 있다.

　　　1단계: 입국 전 결혼준비기

　　　　　1. 국제결혼 과정의 인권 보호와 교육 프로그램

　　　2단계: 입국 초 가족 관계 형성기

　　　　　1. 결혼 이민자의 조기 적응 및 안정적 생활 지원

2. 다양한 매체를 통한 한국어 교육

3. 위기 개입 및 가족 통합 교육 실시

3단계: 자녀양육 및 정착기

1. 다문화 가족 자녀의 양육 · 교육 지원

4단계: 역량 강화기

1. 다문화가족의 경제 · 사회적 자립 지원

전단계: 다문화 역량 강화

1. 대국민 인식개선 및 홍보

2. 다문화 가족 실태 조사 실시 (다문화가족지원법 제4조)

'다문화 가족 지원 센터 운영'에서는 그 기본 방향을 '다문화 가족을 위한 가족 교육 · 상담 · 문화 프로그램 등 서비스 제공을 통해 결혼 이민자의 한국 사회 조기 적응 및 다문화 가족의 안정적인 가족생활 지원' 등으로 설정하고 있는 것이다.

이러한 상황은 교육부의 경우도 유사하다. 교육부 홈페이지(2014년 12월 현재)에 안내되고 있는 '장애 · 다문화 · 탈북 학생 등 교육 지원 강화'에 제시되고 있는 '다문화 · 탈북 학생의 교육 기회 확대 (국정과제 50-2, 126-1)'의 내용은 다음과 같다.

가. 다문화 가족 자녀의 언어 교육 강화 등 한국 사회 정착 지원

- 한국어 · 문화에 대한 적응교육을 위해 예비학교(2012년 25교 → 2013년 50교) 및 특별 학급(2012년 초 13교 → 2017년 초 · 중 120교) 확대

* 다문화 특별 학급 확대 등을 위해 초 · 중등교육법 시행령 개정

(2013. 5월 중)

　- 교원 및 학생을 위한 다문화 이해 교육 강화(2012년 18,000명

　　→ 2013년 40,000명)

　나. 탈북 학생의 특성 · 여건을 고려한 맞춤형 교육 지원 강화

　(내용 생략)

위에서 보듯 현재의 지원 정책은 지원을 해야 하는 당위나 목표의 설정 없이(아주 추상적인 목표는 설정되어 있지만) 눈 앞의 표면적인 지원에 급급한 상황인 것이다.

2.4. 학계의 지원 정책 비판

21세기에 접어들어 다문화와 관련된 정책 비판 및 제안 제시 등과 관련된 논문이 사회과학이나 한국어 교육 등을 중심으로 우후죽순식으로 나오고 있는 실정이다. 이러한 논문들은 현황을 파악하는 것과 정책 비판 내지는 대안 제시를 하는 것으로 구분할 수 있는데 그 비판적인 분석을 하고 있는 한두 논문을 보기로 한다.

정진우(2014)에서는 다문화 가정의 지원 정책을 다각도로 분석한 후 다음과 같은 세 가지의 제안을 하고 있다.

첫째, 가족 분야와 관련하여 재한외국인 및 결혼 이민자를 '국적'이 아닌 '거주'의 개념으로 파악하는 것이 바람직하며, 결혼 이민자의 문제를 '여성'의 문제로만 보아서는 안 되며, '가정'의 문제로 볼 필요가 있다.(중략)

둘째, 교육 분야와 관련하여 공교육과 민간 기관의 유기적 연계가

바람직하다.(중략)

 셋째, 통합과 관련하여 교육과 고용을 동시에 고려한 사회통합정책 실시가 필요하다.

 이러한 논의와 결론은 바람직한 다문화 사회의 건립을 위해 모두 필요한 사항들이지만, 사회 과학도로서 다문화 지원 정책의 운영 방향 등의 논의에 한정되고 있는 것이다.

 이런 논의는 김준식, 안광현(2012)에서도 비슷하다. 여기서는 국가의 다문화 정책을 비판하고, 문제점을 6가지 추진 주체, 추진 목표, 추진 내용, 추진 대상, 추진 방법 그리고 추진 시기 등으로 나누어 고찰하고 각각에 대해 조언을 하고 있는데, 이 역시 다원화 지원 정책의 운영에 관한 사항에만 관심을 두고 있는 것이다.

 한편 천호성, 이정희(2014)에서는 한국과 일본의 다문화 현상이 시기상으로 조금 차이가 있을 뿐 그 양상이 아주 흡사하다는 것을 지적하고, 일본 사회에서 내걸었던 '공생적 다문화주의'를 소개하고 다음과 같이 결론을 내리고 있다.(아래에 인용하는 부분은 결론의 마지막 부분이다.)

 일본의 다문화 거버넌스 체제에 주목해 볼 때, 다문화 교육에 있어서 가정-학교-지역사회 간의 연계 강화를 통한 다문화 가정 자녀의 역량강화 전략도 고려해 볼 수 있을 것이다. 우리나라의 경우 다문화 가정과 이주민을 대상으로 하는 계몽 및 사회 적응 중심의 교육 활동은 매우 잘 되고 있으나 지역 주민 교육으로서의 현실 적합성 교육은 미흡하다. 이주민 중 문화적 소수민들이 지역의 언어와 문화 학습을 통해 지역의 의사 결정에 참여할 수 있는 다문화 역량 교육이 요구된다.

이러한 논의 역시 다문화 가정의 구성원이 앞으로 우리 사회에 효율적으로 적응할 수 있는 방법의 모색으로 훌륭한 지적이라 할 수 있지만, 이들이 가지고 있는 문화를 우리는 어떤 식으로 보아야 하는가 하는 기본적인 문제에 대해서는 아무도 언급을 하지 않고 있는 것이다.

2.5. 다문화 가정의 문제점

위에서 다문화 가정의 기본적인 현황을 살펴 보았는데, 이러한 현황과 관련하여 혹은 이러한 현황의 이면에 잠재되어 있는 다문화 가정의 문제점을 가장 평범한 수준에서 몇 가지 지적해 보기로 한다.

첫째, 다문화 가정의 생성과 관련된 문제로 대부분의 다문화 가정은 한국과 이주민의 해당 국가에서 사회적인 약자의 신분에 있는 사람들이 결합하여 사회적 신분이 낮은 계층에 속해 있다는 것이다. 이러한 생성적 한계는 많은 경우 경제적 취약성을 가질 수밖에 없게 되고, 이는 다시 사회적으로나 교육적으로 취약 계층이 될 가능성이 크다는 것이다.

둘째, 여성 이민자의 한국어 능력 부족이나 지적인 능력의 상대적 취약은 이민자가 한국 생활에 적응하는 데 어려움을 겪게 하고, 이는 사회적으로나 가정적으로 나 이민자의 위치를 불안정하게 하게 하여 장기적으로는 가정 자체의 어려움을 초래할 가능성이 있다는 것이다.

셋째, 다문화 가정의 자녀들은 한국어 능력이 부족한 부모로부터 양질의 모국어 교육을 받을 수 없기 때문에 같은 또래의 한국인 어린이보다 한국어 학습 능력이 뒤쳐질 수밖에 없고 이 현상은 한국 사회에 제대로 적응하지 못하고 이탈자가 될 가능성이 크다는 것이다.

넷째, 위와 같은 문제점을 가지고 있음에도 불구하고, 한국 사회는 다문화 사회에 대한 이해와 포용력을 충분히 가지지 못하고, 또한 다문화 가정의 이민자나 그 자녀들에 대해 우리 사회의 일원이라는 인식을 주지 못하고 있는 것이다. 이는 우리 사회의 암적 요인이 되거나 불안정의 요인이 될 가능성이 크다는 것을 암시하는 것이다.

다섯째, 이러한 상황에도 불구하고, 이주민의 적응 능력과 생활 능력, 다문화 학생과 일반 학생의 학습 능력 비교, 다문화 가정에 대한 지원 정책의 수립과 검토, 예상되는 미래상 등을 종합적으로 고찰할 국내의 국가 기관이 없다는 것이다. 국내의 다문화 가정에 대한 지원 정책 등이 교육부, 문화체육관광부, 노동부, 법무부, 여성가족부에 흩어져 있고 지방 자치 단체도 각각의 정책을 펼치고 있는 것이 현재의 다문화 정책의 모습인데 이 현상은 국가 예산의 효율적 집행을 위해서도 시급해 해결되어야 할 문제이다.

여섯째, 가장 중요한 문제는 이러한 문제들을 전반적으로 고찰할 수 있는 철학이 부재하고 인문학적 연구가 부족하다는 것이다. 우리 사회의 밑바탕에 흐르고 있는 전통적인 정신 문화를 바탕으로 새로운 시대 상황에 맞는 새로운 가치관을 창조하여 새로운 시대에 대비하고 미래의 지속적인 발전을 도모할 필요가 있는 것이다.

2.6. 의식의 전환과 해결책의 실제

가. 상황에 대한 의식의 전환

20세기 말부터 현 세기의 초반에 이르러, 외국 노동자들의 국내 유입과 중국과 일본 그리고 동남아시아 제 나라의 결혼 이민으로 인해 한국 사회는 급속히 다원화 다층화 다문화화하고 있다.[9] 다문화 가정의 이주민은 현재 한국 사회의 안정에 절대적으로 중요한 존재이고, 이들 가정의 자녀들은 20년 후나 30년 후 한국 사회의 중요한 변수로 작용하리라는 것은 절대적인 사실이다.

그래서 이들은 한국이 지속적으로 발전할 수 있는 원천적인 자산이 될 것인가, 아니면 한국 사회의 암적인 존재가 될 것인가 하는 문제는 한국 사회가 이들을 어떻게 끌어 안고 구성원으로서의 역할을 할 수 있게 하는가에 달려 있다.

그런데 한국 사회는 역사적으로 단일 민족으로 하나의 언어문화 공동체를 이루어왔기 때문에 다양한 언어와 문화 그리고 다른 종족과 상생하고 공존할 수 있는 이해와 수용의 의식이 아주 미흡하다. 이러한 현황의 돌파구를 마련하고 발전적인 공존과 상생의 공동체를 추구하기 위해서는 공동체 형성의 가장 핵심적인 요소인 언어, 문화, 교육의 세 문제를 중심으로 새로운 접근 방식을 모색해야 한다. 세 요소에 대한 핵심적인 비전은 다음과 같이 정리할 수 있다.

- 언어는 소통의 기본적 도구로서 상호 이해의 출발점이 된다.
  ⇒ 여러 언어의 보편성과 개별성, 공통성과 차별성을 분석하고 종합하여 소통 장애의 문제점을 제거해야 한다.
- 문화는 공동체 성립의 근간이자 상호 이해의 중심이다.
  ⇒ 다문화의 생성 과정을 이해하고, 통합과 공존이 조화할 수 있

---

9) 한국어를 모국어로 하는 한민족의 내부에서도 같은 문제가 제기되고 있으나 본고의 관심에서는 일단 제외하기로 한다.

는 방법을 모색해야 한다.

- 교육은 한 공동체의 언어와 문화를 전수하는 동시에 그것들이 통합하고 공존할 수 있는 방법을 찾아야 한다.

⇒ 새로운 다문화 사회에 효과적으로 존재하고 대처할 수 있는 교육의 원리와 방법을 창안하고 실천해야 한다.

결론적으로 다문화 사회에 대한 접근은 문화적 상호 의존 관계와 다양성의 조화를 다루는 생태 언어학적 관점, 이를 확대시키는 생태 인문학적 관점, 생태 인문학적 관점의 문제점을 극복하는 새로운 의식의 창조가 필요하고, 실제적으로 해결책을 강구하는 것도 필요하다. 해결을 위한 실제적인 접근은 언어, 문화, 교육과 관련하여 이루어져야 한다.

〈대비 언어학적 접근〉

가. 다양한 문화와 언어가 공존하는 다언어 문화 사회에서는 각 언어에 대한 비교 연구를 통해 서로 다른 언어권에 속한 사람들의 의식 구조와 사고방식의 차이 등을 이해함으로써 문화적 다양성에 대한 인식을 제고할 수 있다.

나. 특히 한자 문화권이라고 할 수 있는 한국과 중국 그리고 일본의 경우에는 동일한 한자를 사용하면서 다른 의미를 가지거나 동일한 개념을 다른 한자로 표현하는 경우가 있기 때문에 이를 정리하는 작업도 필요하다.

〈문화적 접근〉

가. 다양한 문화적 배경과 생활 풍습, 가치관을 가지고 있는 이주민
에 대한 이해는 그들의 문화를 한국 문화에 통합시키는 것이 아
닌, 보다 발전적인 공존과 상생의 공동체를 추구하는 데 필수적
인 요소이다.

나. 이러한 인식 하에 한국 사회에 분포하는 이주민들의 생활 세계
에 대해 출신 국가별로 심층적인 현황 조사를 함으로써 다문화
공동체의 핵심 축들에 대한 심화된 지식을 축적해 나가야 할 것
이다.

〈교육적 접근〉

가. 다문화 교육은 모든 학생의 지적 발달과 개인적 발달을 동시에
추고하고, 아울러 사회 전체적인 발달을 촉진시키는 것을 공교
육의 가장 핵심적인 과제로 설정해야 한다.

나. 이를 위해 우리 사회는 사회의 변동에 따른 새로운 가치를 확립
해야 할 때이다. 다문화 공동체의 기저 가치인 다양성, 개방성,
적응성 등을 바탕으로 '(사회) 통합과 (문화) 공존'을 추구해야
한다. '공존과 통합'이라는 미래의 핵심적인 가치를 확립하기 위
해서는 기존의 가치를 해체·재구성하는 등 새로운 가치관 형
성에 대한 논의를 활성화해야 할 것이다.

다. 이러한 인식을 토대로 한국 사회를 구성하는 다양한 계층, 연령,
언어, 문화 등의 특성을 고려하여 새로운 교육적 목적과 방법을

창조·제안해야 한다.[10) 예를 들어 '배려 교육'이라는 프레임에서 자아, 이웃, 사회, 환경 등에 대한 '배려'를 하나의 교육적 가치로 제안해 볼 수 있을 것이다.

〈정책적 접근〉

가. 범정부적으로 외국인의 유입, 체류, 영주, 국적 부여 등 사례별로 종합적으로 검토할 전담 기구를 설치한다.

나. 이 기관에서는 다문화에 관련된 이론 개발과 정책 개발을 동시에 시행한다.

다. 다문화 가족의 결혼과 이혼에 관한 정확한 통계를 내고 그 이유나 원인에 대한 고찰을 하는 동시에, 다문화 가족 자녀들의 교육 정도와 성취 정도를 분석하고, 사회 통합을 위한 정책을 개발한다.

라. 정부조직법상 청(廳)에 해당하는 가칭 '이민·다문화청' 과 같은 국가 기관을 설치해야 할 것이다.

3. 통합과 공존의 조화

제2장에서 제기한 문제점들을 해결하고, 주어진 실천적인 과제들을 수행하기 위한 인문학적인 가치의 재창조가 필요하다. 이를 위해

---

10) 다문화 교육을 맡을 수 있는 교육자의 양성과 관련된 교육 과정에 대해서는 이관규, 정지현(2014)참고. 그리고 한국어 교사 교육에 대해서는 권순희(2014) 참고.

한국인의 전통 문화 속에 내재되어 있는 조화의 정신을 알아보고, 현재의 상황을 발전의 계기로 삼을 수 있는 바탕 이론을 어떻게 창출할 수 있는가 하는 문제에 대해 논의하기로 한다.

3.1. 한국인의 전통적 조화의 유형

둘 이상의 요소가 새로운 창조물을 만들어 내면서 조화를 이루는 것은 인류의 문화의 발전에 가장 중요한 요인이 된다. 한국인만이 가지고 있는 전통 문화 속에 조화의 개념이 어떻게 작용하는가 하는 문제를 몇 가지 사례로 검토해 보자.

3.1.1. 통합에 의한 조화

이 유형에는 최소한 두 가지 종류의 조화 유형이 존재한다. 하나의 유형은 존재하던 여럿이 공존할 수 없기 때문에 경쟁을 통하여 하나로 흡수 통합되는 유형이고, 다른 하나는 존재하던 여럿이 하나가 되어 새로운 하나를 창출하는 유형이다. 전자는 옛날 삼국 시대 이후 신라로 통일되면서 우리 민족의 언어가 신라어 중심으로 통합되는 유형이고, 후자는 한국의 전통 예술인 농악에서 찾아볼 수 있는 조화의 유형이다.

단일어를 사용했던 우리 민족은 기원전 1세기에서 2세기 사이에 설치된 한사군에 의해 남북으로 분단되고, 이후 약 400년간 분단의 길을 걷게 된다. 서력기원 313년에 고구려가 낙랑군을 축출하면서 한반도와 만주는 다시 우리 민족의 터전이 된다. 그리하여 우리 민족은 북쪽의 고구려와 남쪽의 백제, 신라가 서로 대립되면서 직접 접촉을 시작하여 재통일의 물꼬를 트게 된다. 그후 7세기에 신라가 삼국을 통일함으로써 우리 민족은 민족의 통일과 동시에 언어의 통일을 다시 이루게 된다. 이때부터 하나로 합친 우리 민족은 공통되는 어휘는 공유하여 사용하지만, 하나의 사물이나 존재에 대해서는 하나의 어휘가 적합하기 때문에 삼국에서 차이가 났던 어휘들은 어쩔 수 없이 서로 경쟁을 하게 되고 결국에는 하나의 어휘만 남게 된다. 하나의 사물이나 존재에 대해 여러 가지 다른 어휘를 사용한다는 것은 하나의 언어 공동체가 필수적으로 가져야 할 의사소통에 결정적 장애 요인이 되기 때문이다. 이때 나타나는 통합 현상은 신라어를 중심으로 우리 민족의 언어가 하나로 되는 통합 과정이다.

우리의 농악에서 볼 수 있는 통합 현상은 이와 다른 현상이다.

위 그림에서 보듯 농악의 구성 요소는 세 가지이다. 악기와 공간 그리고 연주자가 그것이다. 연주자는 한정된 공간에서 때로는 빠르게 때로는 느리게 움직여 다양한 시간의 흐름을 조율하여 조화로운 모습을 보여 준다. 그리고 다수의 연주자가 주어진 공간에서 때로는 원을 이루기도 하고 때로는 타원을 이루기도 하고 때로는 선의 모양을 보여 주기도 하면서 다양한 조합을 만들어 다양한 공간의 조화를 꾀한다. 그리고 농악의 악기는 꽹과리[小金]·징·장구·북·소고(버꾸)·태평소·나발 등 타악기가 중심이 되는데 이들의 소리는 날카로운 소리와 둔한 소리, 부드러운 선율과 탁한 선율, 큰 소리와 작은 소리 등 다양한 소리가 한데 어우러져 소리의 조화를 이룬다.

시각과 청각의 조화, 시간과 공간의 조화가 우리 농악의 전통적인 조화의 모습인 것이다. 이때에는 악기와 공간 그리고 연주자라는 세 개의 구성 요소가 하나로 통합되면서 새로운 하나의 창조물 농악을 만들어 내게 되는 것이다.

3.1.2. 융합에 의한 조화

이 유형은 훈민정음의 창제에서 찾아 볼 수 있는 조화의 유형이다. 지구상에서 인류가 사용하는 문자에 대한 역사를 새로 쓰게 한 훈민정음의 창제는 '기존의 차자 표기법'과 '성운학의 지식' 그리고 '조음 기관의 관찰'이 융합되어 새로운 조화를 이루어 낸 결과이다. 한자를 빌어 우리말을 표기하면서 의식한 음절에 대한 3분법적인 사고, 성운과 성모를 구분하고 성모를 조음 방식에 따라 '전청·차청·전탁·차탁'으로 나누고 조음 위치에 따라 '아, 설, 순, 치. 후'로 나눈 성운학적인 지식, 그리고 '혀, 입술' 등 조음체와 '이, 치조, 입천장' 등 조음점을 정확하여 관찰하고 이들의 관계까지 파악한 세종의 조음 음성학적 지식이 어우러져 훈민정음을 창제하게 되는 것이다.

기존의 표기 방식에서 자연스럽게 습득한 언어학적 지식, 중국의 성운학에 나타나는 조음 음성학적 지식 그리고 조음 기관에 대한 정확한 관찰 이 삼자가 세종의 천재성과 융합되어 조화를 이루면서 새로운 창조가 완성되는 것이다.

3.1.3. 선택적 결합에 의한 조화

이 유형은 한글맞춤법이 추구하는 조화의 유형이다. 문자로 언어를 표기하는 방법에는 그 기본형을 밝혀 적는 방법과 소리나는 대로 표기하는 방법의 두 가지가 있다. 예를 들어 '덧없이 흘러 도는 세월아'라는 문장의 표기는 여러 가지로 구상해 볼 수 있다. 첫째는 모든 형태소들의 기본형을 밝혀 적는 표기이다. 이렇게 표기할 경우 '덧없이 흐르어 돌는 세월아'가 될 것이다. 둘째, 모든 형태소를 소리나는 대로 적을 수도 있겠다. 이 경우 그 표기는 '더덥씨 흘러 도는 세워라'가 될 것이다.

그런데 우리 한글맞춤법은 소리나는 대로 적는 것과 기본형을 밝혀 적는 것을 절충하여 '덧없이 흘러 도는 세월아'로 표기하고 있다. 이렇게 표기하게 된 언어학적 근거는, '현대의 공시적인 음운 규칙으로 설명할 수 있는 것은 기본형을 밝혀 적고, 이미 역사적인 사실로서 현대의 공시적인 음운 규칙으로 설명할 수 없는 것은 소리나는 대로 표기한다'는 것이다.

다시 말해 현재의 표기법은 '음운 규칙의 공시적 타당성 여부'를 기준하여 기본형을 밝혀 적는 표기법과 소리나는 대로 적는 표기법을 음운 현상의 경우에 따라 선택하여 전체적으로 조화를 꾀하고 있는 것이다.

3.1.4. 공존에 의한 조화

이 유형은 우리 민족의 종교 생활에서 찾아볼 수 있는 조화의 유형이다. 인간은 신의 계시에 의해서든 자발적인 의지에 의해서든 많은 경우 종교적인 생활을 하고 있고 또 인간들은 다양한 종교를 가지고 있다. 한국인들은 고대로부터 믿어 오던 전통 무속 신앙에서부터 삼국 시대에 전해진 불교, 그리고 조선 시대 말에 전해진 천주교, 기독교 등 서양 종교, 이 즈음에 새로 대두한 원불교, 천도교(동학), 대종교 등 고유 종교를 수용하고 있다. 그리고 최근에 전교된 미국의 프로테스탄트 계열의 소교파와 이슬람교 바하이교 등 지구상에 존재하고 있는 거의 모든 주요 종교를 현재의 시점에서 수용하고 있는 것이다.

해방과 더불어 각종 종교가 다양하게 활동될 수 있었던 요인은 헌법에 의한 종교의 자유 보장때문이라고 할 수 있을 것인데, 통계청 조사에 의한 한국인의 3대 종교 활동 인구는 다음의 표와 같다.

대한민국 종교 인구 통계 1985~2005년					
전체 국민 비율 %					
항목					
연도	무교	불교	개신교	로마 가톨릭 교회	기타
1985	57.4	19.9	16	4.6	2.1

| 1995 | 49.3 | 23.2 | 19.7 | 6.6 | 1.2 |
| 2005 | 46.9 | 22.8 | 18.3 | 10.9 | 1 |

출처 : 통계청(인구주택총조사 1985, 1995, 2005)

이처럼 각종 교단이 한국에서 자유스럽게 활동하는 것은 한국에서의 종교 활동이 헌법적으로 자유스럽게 보장되어 있기 때문이기도 하겠지만, 그보다 더 중요한 것은 한국인들은 자기가 믿는 종교는 있다 하더라도 다른 종교의 활동에 대해 배타적이지 않기 때문이다. 한국에서의 종교 활동이란 다양한 이질적인 종교가 다른 종교를 배척하지 않고 서로 인정해 주면서 공존하는 그 자체의 모습이라고 할 수 있는 것이다.

3.2. 한국적 다문화를 위한 조화의 유형

3.2.1. 새로운 인문학적(혹은 언어학적) 비전의 정립

생태 인문학과 문화 상대주의 내지는 문화 다원주의는 기본적인 개념이 통하는 것이다. 그러나 이것이 지나치게 강조될 경우에는 공동체로서의 정체성을 확립할 수 없고, 전체로서 생존해야 하는 의식이나 전체가 나아가야 할 방향에 대한 의식이 불필요해질 수 있다. 이를 극복하기 위해서는 모든 집단들이 따라야 할 필수적인 규범이나 규칙이 필요하게 된다.

다문화 사회가 제대로 발전하기 위해서는 존재하는 모든 집단들에 대해 대등함을 인정하고, 이를 존중해 주는 성숙성이 필요하다. 동시에 이들을 전체적으로 묶어 줄 수 있는 그 무엇이 있어야 한다.

한국적 다문화 사회에서 다양한 집단들이 함께 어울려 살기 위해서는 이들이 모두 한국어를 할 줄 알아야 하고, 소수 집단으로서 개개의 생활을 영위할 수 있는 소수어가 존중 받고 대접 받을 수 있어야 한다.

그리하여 현대 인문학이 추구해야 할 사항들을 다음과 같이 정리할 수 있을 것이다.

가. 다문화 공동체의 현황을 파악하고 갈등을 치유하여 평등하게 모두가 소통하는 통합적 조화의 방법을 모색하는 인문학(언어학)의 정립

나. 다문화의 다층적 다양성을 있는 그대로 인정하면서 조화롭게 상생하는 공존적 조화의 가치관을 정립하는 인문학(언어학)의 창출

다. 사회적 기대에 부응하는 자유와 평등에 기초한 조화의 가치관을 역동적으로 실천하는 인문학(언어학)의 확산

3.2.2. 대립 이론의 조화

새로운 비전을 위한 이론적인 문제나 실천적인 문제를 해결하기 위해 가장 필요한 것은 기존에 대립하던 인문학적 사고들이 개개 존재의 차원에서는 배타적인 것으로 보이지만, 사실은 이들이 대립의 차원에 머물러 있는 것이 아니라 전체의 차원에서는 조화의 개념 속에서 서로 상보적이라는 것을 새롭게 인식하는 일이다.

가. 언어 상대설과 인지 결정설의 조화

'인간이 인간이게끔 하는 가장 인간적인 특징이 무엇일까 혹은 인

간의 가장 본연적인 능력이 무엇일까'라는 질문은 아직 해결하지 못한 질문들 중의 하나이다. 이러한 질문에 대해 언어 상대설은 '어떤 언어를 사용하는가에 따라 세상을 보는 눈이 달라지기 때문에 언어의 사용이 인지를 결정한다'고 한다. Sapir-Whorf 가설로 알려져 있는 이 이론에 의하면 무지개의 색깔을 구분하는 용어가 5개이면 무지개를 5개의 색깔로 구분하고, 그 용어가 7개이면 무지개의 색깔을 7개로 구분하여 인식한다는 것이다. 다시 말해 언어의 분화 및 종류가 사람의 인식이나 정신세계를 결정한다고 보는 것이다.

하지만 인지 결정설은 '인간이 타고난 인지의 선천적인 능력이 인간으로 말을 하게 만들고 생각을 하게 만든다'고 보는 것이다. 이러한 생각을 하는 대표적인 학자는 Jean Piaget인데 그는 인지 발달에 있어서 질적인 차이를 보여 주는 인지의 발달 단계를 제시하고, 인지(혹은 사고)의 수준이 일정 단계에 도달해야 그에 맞는 언어 훈련이나 학습이 된다는 것이다. 즉 인지 발달은 평형화와 비평행화를 반복하면서 발달하게 되는데 새로 경험하는 세상이 기존의 정신세계와 일치하는 평형화와 일치하지 않는 비평행화의 단계가 있는데 이 과정에서 동화와 조절의 과정으로 인지가 발달하고 언어 학습이 이루어진다는 것이다.

이 두 이론의 중간에 있으면서 중간적이지 않는 이론은 비고스키에게서 볼 수 있는데, 그에 의하면 언어와 사고는 전적으로 다른 출발점을 가지고 있다. 언어는 사회적 현상으로 유아는 부모나 타인과의 접촉이라는 경험적 상호 작용에 의해 발달하고, 사고는 선천적으로 타고난 인지적 현상으로 외부 세계에 대한 학습의 결과로 발달한다는 것이다. 그에 의하면 유아가 일정 나이가 되면 유아의 사고와 언어가 결합된다고 한다.

언어와 사고와 관련된 세 관점은 모두 다른 듯하지만, 이들의 견해도 모두 하나의 초점에서 통합될 수 있을 것이다. 언어가 발달해 가고 인지가 발달해 가는 과정에서는 새로운 언어를 습득하고 이해하고자 함으로써 인지가 발달해 가고, 수준 높고 깊이 있는 사고는 언어라는 중간 존재를 거침으로써 이해하게 된다. 또한 개념의 외연과 내포의 정확성을 기하기 위해 언어의 개념을 재점검하는 것은 언어의 영역과 사고의 영역이 반드시 일치하는 것이 아니라는 것을 보여 주는 것이다.

이들은 언어 발달과 인지 발달이 각각 독자적인 영역이 있으면서 상호 작용하는 영역도 있다는 것을 인간의 정신 작용이라는 총괄적인 영역에서 상보적인 조화를 이루고 있는 것을 통해 알 수 있다.

나. 보편성과 개별성의 변증법적 접근

지구상에 존재하고 있는 모든 종족은 다른 종족과의 생존 경쟁 속에서 살아남거나 다른 종족보다 상대적 우위를 점하기 위해 자기 민족 중심으로 신화를 구축하기도 하고 우상을 만들기도 한다. 이를 통해 각 종족은 자기 문화를 구축하고 자민족의 정체성을 확보하여 자민족의 모든 것이 타민족의 그것보다 우월하다고 믿거나 착각하면서 때로는 타민족의 문화를 배척하면서 자기중심적으로 살아 왔다.

아득하게 멀고 크던 지구가 하나의 촌처럼 서로 교류하면서 자기중심적인 자아도취는 더 이상 공존의 길이 아니라는 것을 깨닫고, 문화 상대주의라는 새로운 개념을 만들게 된다. 문화 상대주의 내지는 문화 다원주의는 서로 다른 민족이 구축한 문화의 다양성을 인정하고, 존재하는 각 문화는 그 문화를 생성시킨 환경과 역사적 사회적 상황에서 이해해야 한다는 견해다. 문화가 만들어진 사회적 환경과 맥락을 연관시켜 문화를 판단하고 이해하는 것으로, 어떠한 유형의 문화도 모두 그 나름대로의 존재 이유가 있다는 것을 이해하게 된 것이다.

문화 인류학자 루스 F. 베네딕트(Ruth Fulton Benedict)는 그의 저서《문화의 유형》에서 인간 행위를 지배하는 도덕이나 윤리가 인류의 생득적이거나 원천적인 것이 아니라 사회의 상이한 관습에 따라 다양하게 나타난다는 것을 보여 준다. 그리고 인류가 구축하고 있는 다양하고 특수한 문화는 그 문화를 구축한 그 사회의 입장에서 이해해야 한다는 것을 일깨워 주고 있다. 그에 의하면 인간이 이룩한 문화적 가치들은 그 문화적 가치를 만든 역사적·사회적 관계에 의한 것으로, 존재하는 모든 것은 그 나름대로 고유한 의미를 가지고 있다. 그래서 인간 행위의 옳고 그름에 대한 도덕적, 윤리적 판단의 차이란 결국 문화적 환경의 차이에서 기인하는 것이라고 볼 수 있는 것이다.

한국이라는 특정의 사회에 다양한 종족들이 모여 살기 시작하면서 한국식 다문화 사회를 이루게 된 이 시점에 한국인들은 다양한 종족들의 다양한 문화를 각자 독자적인 세계 인식이나 가치관을 가지고 있는 것으로 인정해야 할 것인가? 다양한 종족들이 사용하고 있던 그들 고유의 언어를 한국 사회의 통용어로 인정해야 할 것인가?

한 개인은 개인 나름대로의 가치관과 의식 세계를 가지고 있고, 한 집단도 역시 그들 나름대로의 가치관과 의식 세계를 가지고 있다. 개인적으로는 각자 개인의 그것만을 주장하고, 한 집단은 자기 집단의 그것만을 주장한다면 그 개인은 다른 개인과 공존할 수 없고 한 집단역시 다른 집단과 공존할 수 없게 될 것이다. 여기에서 우리는 개인의 개별성 이전에 다른 인간과 공유하는 보편성의 존재와 그 필요성을 확인하게 되고 집단에 대해서도 같은 논리를 적용할 수 있다. 한 인간은 다른 인간과 공유하고 있는 보편성과 동시에 자기만이 가지고 있는 개별성을 가지고 있기에 개별적인 존재로서 인간 사회에 생존할 수 있는 것이다.

하나의 사회는 그 사회를 구성하고 있는 모든 구성원이 같이 움직이고 한 방향으로 나아가게 하는 보편성을 공유하면서, 개별 집단은 개별 집단 나름대로의 개별성을 가져야 한다.

한국 사회에서 다 같이 숨 쉬면서 한 방향으로 가기 위해서는 모든 이들에게 보편적인 그 무엇 하나가 있어야 하고, 이러한 공유 외에 개별적 집단은 개별적인 특색을 나타낼 수 있는 각각 독자적인 세계 인식이나 가치관 등을 가질 수 있어야 한다. 모든 존재는 보편성과 개별성을 동시에 가지고 있기 때문에 일정 영역에서는 보편성을 강조하고 다른 일정 영역에서는 개별성을 강조하여, 전체적으로는 보편성과 개별성이 조화를 이루도록 해야 할 것이다.

3.2.3. 통합과 공존의 조화 일원적 다원주의의 정립

가. 한국적 다문화를 위한 조화의 유형

한국 내의 모든 인간은 한국과 관련된 상황에서 한국어로 의사소통할 수 있어야 한다. 한국 내의 공공생활이나 일상 생활에서 한국어 이외의 다른 것으로 소통한다는 것은 특별한 목적을 수행하기 위한 상황이 아닌 한 있을 수 없는 일이다. 한국어로 소통하는 통합적 일원주의가 필요한 것이다. 한국에서의 보편적인 삶, 공공적인 삶을 위해서는 한국어로 소통해야 하는 것이다. 앞에서 제시한 통합의 유형에서 신라의 삼국 통일에 의한 조화의 유형이 필요한 것이다. 적어도 언어에 의한 의사 소통에 관한 한 '하나로 통합에 의한 조화'를 지켜야 하는 것이다.

그러나 언어는 문화의 산물인 동시에 문화 그 자체를 나타내는 것이기에 한국어가 모든 경우에 '갑의 언어'로서 기능할 수 있다고 생각하는 것은 큰 오산이 된다. 소수 언어에 존재하지만 우리에게는 없는 문화적인 전통 등과 관련된 언어는 한국어에 과감하게 수용하여 우리의 언어가 되도록 노력해야 한다. 이는 농악이 펼치는 융합의 조화와 같이 조화의 중심자가 되는 연주자는 악기나 공간의 사용을 폐쇄된 마음이 아니라 열린 마음으로 수용하면서 새로운 문화의 창조를 위해 조화로움을 선택해야 하는 것과 같다.

한국어가 중심이 되지만 한국어만 모든 경우에 사용한다는 것은 있을 수 없는 일이다. 한국어가 모국어가 아닌 사람들은 특정한 상황에서 그들의 언어를 소수 언어이지만 이민자의 모국어로서 각자의 생활에서 각자의 언어를 구사할 수 있는 권리가 보장되어야 할 것이다. 즉 개별적인 상황에서 개별적인 행위를 할 수 있는 권리가 보장되어야 하는 것이다. 이를 공존을 위한 다원주의라고 하자.

그리하여 일원주의와 다원주의가 상황에 따라 운영되는 조화로운 모습을 가져야 할 것이다. 보편성과 개별성의 변증법적인 조화, 이것이 앞으로 우리가 구축해야 할 논리가 되는 것이다.

나. 통합과 공존을 위한 조화의 원리

국제결혼의 비중이 10% 내외이므로 장기적으로 국제결혼한 이민자와 이들 자녀의 숫자는 전체 인구의 15%를 넘어서게 될 것이다. 이들도 한국인이기 때문에 개인적으로는 이들과 평등과 존중의 원칙으로 공존해야 하고, 전체적으로는 사회 정의의 이름으로 한국 사회를 발전시키기 위해 힘을 모아야 할 것이다.

토박이와 이주민이 다 같이 한국 땅에서 같이 살아가기 위해 한국 사회에서 주류를 이루는 한국어와 한국 내에서 소수로 존재하는 언어 사이에 통합과 공존이 조화를 이루는 사회를 구축하여야 할 것이다. 이들 개념은 다음과 같이 정리할 수 있다.

- 통합 : 한국 사회에서 영위하는 보편적인 삶과 관련된 부분은 한국어 중심으로 통합을 이룸.
- 공존: 한국 사회에서의 개별적인 삶은 소수자의 개별 권리로서 특수성을 인정하고, 다수자와 소수자 모두가 같이 살아가는 다원적 상생의 정신을 바탕으로 모든 문화를 상보적 시각에서 접근하고, 아울러 같이 존재해야 할 당위성을 확보함.
- 조화: 다원적 요소를 때로는 전체와의 관계에서 이해하고, 때로는 부분과 부분과의 관계에서 이해하여 전체를 균형성과 복잡성 그리고 보편성과 다양성의 조화로 인식함.

그리고 통합과 공존이 조화롭게 나아가기 위해서는 조화의 개념 속에 첫째, 갈등의 요소를 없애고 둘째, 소통을 원활하게 하고 셋째, 사회의 모든 요소가 균형을 이루도록 한다는 원칙이 내재되어야 할 것이다. 이들의 개념을 간단하게 다시 정리하면 다음과 같이 된다.

가. 치유: 이질적 요소들의 갈등과 대립의 요소를 치료하여 화합을 이루도록 함.

　나. 소통: 다원적 요소가 상호 존중의 차원에서 교류하여 공감대를
　　형성함.
　다. 균형: 중심부와 주변부, 상층과 하층 간의 정당하고 합리적인
　　평등 관계 구축

4. 마무리

　새로운 사회에 맞는 새로운 가치관의 창조, 그것은 바로 통합(융
합)과 공존의 조화이다. 어떤 개체나 집단이든 부분적으로 다른 개체
나 집단과 보편적 내지는 동질성을 공유하고 있다. 이와 달리 모든 개
체나 집단은 부분적으로 다른 개체나 집단이 가지지 않은 그 나름대
로의 독자적인 가치관이나 인식 체계를 가지고 있다. 다시 말해 모든
존재는 다른 존재와 보편성과 개별성을 동시에 가지고 있는 것이다.
여기에서 존재하기 위한 기본적인 원칙으로 보편성과 개별성의 조화
이고, 통합(융합)과 공존의 조화가 제기되는 것이다.

　일원적 다원주의는 통합(융합)과 공존이 조화하는 실제적인 상황을
표현한다. 즉, 한국에서 하는 모든 언어 행위는 한국어로 행하는 것이
원칙이되, 각자의 상황에 맞게 각자의 모국어를 인정하는 것이다.

　새로운 다문화 사회가 형성된 이 시대에 제2차 세계대전 후 지금까
지 해 온 우리 사회의 발전을 더욱 지속시키기 위해서는, 새로이 형성
된 이 시대적 상황을 우리가 더욱 발전하기 위한 동기로 인식하고, 새
로운 가치관의 창조와 새로운 실천적인 대안을 만들어 가야 할 것이다.

　그것은 다름 아닌 통합(융합)과 공존의 조화이다.

제4부

남북의 통일

제8장

한국인의 전통
– 문자 생활을 중심으로 –

1. 도입

한국인의 문자 생활은 중국의 한자를 차용하면서부터 시작된다. 한국인이 독자적으로 창제한 문자를 가지고 있었다는 기록은 많이 있으나, 이것을 확인할 길이 없다. 중국의 문자를 차용하고 때로는 그대로 수용하고 때로는 변개하여 사용하는 것이 한국인이 독자적인 문자를 가지기 이전의 상황이다. 한자를 차용하고 변개하여 사용하는 과정은 이집트 문자가 음절 문자의 중간 과정을 거쳐 음소 문자로 발달해 가는 과정과 근본적으로는 차이가 나지 않는다. 이 과정을 간단하게 비교하고, 한자를 변용하여 사용한 과정을 추적한 후, 한글이 왜 자질문자라고 불려질 수 있는시를 창제의 원리를 통해서 밝힌다. 그리고 창제 후 실제적인 운용의 과정에서 나타나는 의미를 추출해 보기로 한다.

세계 문자사의 흐름에서 볼 때 기존에 존재하던 것이나 인근의 지역에 존재하던 것을 차용하여 자기의 것으로 만들어 가는 과정은, 단순한 수용을 제외하면, 크게 세 부류로 나누어진다.

'차용과 창조적 발상 전환에 의한 혁신적 변용', '차용과 단순 변용' 그리고 '독자적으로 행한 혁신적 창조' 등의 세 부류가 그것이다. 첫 번째의 예에 속하는 종족은 단어 문자를 확립시킨 고대 수메르인, 음절문자를 확립시킨 고대 셈(세미트)인 특히 페니키아인, 음소 문자를 확립시킨 고대 그리스인 등이다. 두 번째의 예는 현재 문자생활을 하는 대부분의 국가가 이에 해당한다. 마지막의 예는 15세기 세종의 훈민정음 창제가 이에 해당한다.

이 중 세계 문자사에서 그 흐름의 물꼬를 바꾸면서 문자사의 단계를 진행시킨 것은 수천년에 걸쳐서 여러 민족에 의해 이루어진 '수용과 창조적 발상 전환'이라고 할 수 있고, 현재 문자사의 마지막 단계를 장식하고 있는 것은 현대의 한국에서 사용되고 있는 '한글'이라고 할 수 있다.

2. 한자의 수용과 혁신적 변용

한국인의 문자 생활은 중국과의 접촉에 의해 한자를 차용하면서부터 시작되는데, 차용 후의 문자 생활은 수용과 변용의 양상이 동시에 나타난다. 중국어식의 한문을 사용하는 것은 단순한 수용의 과정이고, 이것을 한국어식의 차자표기로 전환하는 것은 변용에 해당한다.

한국에서 한자의 수용은 역사가 아주 깊은 것으로 추정된다. 고구려나 백제, 신라의 시기에 한자의 수용에 의한 문헌의 발간은 역사적인 기록에 의해 확인되는 것이다.

고유한 문자를 가지지 못했던(혹은 가졌다 하더라도 상실해 버린) 한국인의 조상들은, 지금으로부터 약 2,000년 내지 2,500년 전쯤에, 인접해 있는 종족의 문자인 한자를 빌어 우리말을 표기하게 된다. 한자를 빌어 우리말을 표기하는 방법에는 기본적으로 두 가지가 있다. 한자를 빌어서 사용하되, 그 한자가 가지고 있는 표음적 기능과 표의적 기능 중 어느 한 쪽만을 택하여 사용하는 것이다. 즉, 하나의 방법은 국어의 음절 '고'를 표기하기 위해 한자 '古'를 사용하는 것인데, 이것은 '古'의 표의적 기능을 버리고, 한자의 문자 형태와 음을 빌어서 국어를 표기하는 것이다. 다른 하나는 국어의 형태소 '믈'을 표기하기 위해 한자 '水'를 사용하는 것인데, 이것은 한자 '水'의 음은 고려하지 않고, 한자의 문자 형태와 그 문자의 의미를 빌어서 국어를 표기하는 것이다.

〈초기의 차자 표기〉

한자를 차용하여 국어를 표기하는 위의 두 가지 방식은 초기에는 혼용되었던 것으로 보인다. 신라 시조로 알려지고 있는 '赫居世王'의 경우 『삼국사기』(권1)에서 주를 달기를 "蓋鄕言也 或作弗矩內王言光明理世也"라 하고 있는데, 이것은 '光明理世'라는 의미를 가지고 있는 당시의 국어를 표기하기 위해 '赫'의 뜻을 빌어서 표기하거나 '弗'의 음을 빌어 표기하였다는 것을 보여주기 때문이다. 그리고 지명의 표기에서 "買忽一云水城"라는 것도 볼 수 있는데 이것은 음을 빌어 표기하는 방법과 훈을 빌어 표기하는 방법을 혼용하고 있었음을 보여주는 것이라 할 수 있다.

고유명사를 표기하는 이러한 방식 외에 문장을 기록하는 측면에서도 한자를 빌리되 우리말답게 표현하고자 하는 노력은 문장 구조를 우리말식으로 표현하는 방식으로 나타나게 된다. 이러한 방식으로 된 문장 중에서 초기에 나타나는 것의 예를 보면 다음과 같다.

壬申年六月十六日 二人並誓記 天前誓 今自三年以後忠道執持過失
无誓 若此事失 天大罪得誓 若國不安大亂世可容行誓之 又別先辛未年
七月二十二日 大誓 詩尙書禮傳倫得誓三年(임신 서기석)
(해독 : 임신년 6월 16일에 두 사람이 같이 맹세하여 기록한다. 하늘 앞에 맹세한다. 지금부터 삼년 이후에 충도를 집하고 과실이 없기를 맹세한다. 만약 이 일을 잃으면 하늘로부터 큰 죄를 받을 것을 맹세한다. 만약 나라가 불안하고, 큰 난세이면 가히 모름지기 행할 것을 맹세한다. 또 따로 먼저 신미년 7월 22일에 크게 맹세하였다. 시, 상서, 예(예기), 전(좌전)을 차례로 얻을(습득할) 것을 맹세하였는데, 삼년이다.)

이것은 壬申誓記石에서 볼 수 있는 것으로 흔히 서기체 표기라 불려지던 것이다. 한글로 된 해독과 비교해 보면, 한자를 빌어 사용하되 한자의 순서가 완전히 우리말식으로 되어 있다는 것을 알 수 있다. 이 문장은 한자의 뜻을 파악한 뒤, 우리말의 적당한 문법 형태소를 보충해 주면 그 뜻이 통하게 된다.

이러한 초기의 차자 표기 중 고유명사의 표기는 한자가 가지고 있는 표의적 기능과 표음적 기능 중 어느 하나만을 선택하여 사용하였으므로 〈변용〉이라고 할 수 있고, 문장의 표기는 한자가 가지고 있는 기능을 그대로 사용하였으므로 〈수용〉이라고 할 수 있을 것이다.

그런데 이러한 표기 즉 고유명사의 표기에 있어서 뜻을 빌어 표기하기도 하고 음을 빌어 표기하기도 하는 방식은 하나의 존재를 두 가지 이상의 형식으로 표기하기 때문에 대단히 번잡스러운 면을 가지게 된다. 그리고 문장의 표기에 있어서 구조 자체는 우리말 식으로 되어 있기는 하지만, 문법 형태소를 자의적으로 삽입할 가능성이 있기 때문에 의미의 전달에 문제가 발생할 소지가 있게 된다. 또한 한국어와 중국어는 음운·통사에 있어서 큰 차이를 가지고 있기 때문에 동일한 문자를 사용하더라도, 그 표기의 대상인 언어의 차이로 인하여 용법상의 큰 차이를 보인다. 그뿐만 아니라, 한자는 고립어인 중국어의 특징을 반영하여 만들어졌기 때문에 교착어인 한국어를 표기하기에는 부적절한 면이 드러나게 된다. 그래서 한자를 차용한 우리의 조상들은 한자로써 우리말을 표기하기 위해 새로운 방법을 강구하게 된다. 이러한 방법의 하나는 한 단어를 표기함에 있어서 표기의 유형을 단일화시키는 것이고, 다른 하나는 중국어에 없는 문법 형태소를 표기할 방법을 강구하는 것이다. 즉 국어 문장을 한자를 빌어서 표기하되 문상의 구조적 차이와 문법 형태소의 유무적 차이를 인식하고 한자를 국어식으로 사용하는 것이다.

〈향찰문〉

중국어에서는 하나의 글자가 하나의 음절로 발음되고 이것이 하나의 형태소로 되지만, 국어의 형태소는 하나 이상의 음절로 구성된 경우가 많기 때문에 차용된 글자 수와 국어의 형태소 사이에는 뚜렷한 형태 상의 불일치가 발생하게 된다. 또한 한자는 여러 가지 뜻을 가지고 있는 경우가 많기 때문에 의미 선택에 있어서 어려움을 겪게 된다. 그래서 차자를 함에 있어서 조금 더 정확하고 국어다운 표현을 모색하게 되는데, 이 과정에서 몇 가지 특징적인 현상이 나타나게 된다.

음을 빌어 표기하는 방식과 뜻을 빌어 표기하는 방식을 혼용하는 것에서, 하나의 단어를 표기함에 있어서 뜻을 나타내는 부분을 앞에 두고 음을 표기하는 부분을 뒤에 두는 방식으로 점차 정형화시키고, 문법 형태소를 보충하여 의미 전달을 명확하게 하고, 국어다운 문장이 되게 한다.

이러한 노력에 의해 차자 표기는 국어 문장을 더욱 정확하게 표현하게 되는데, 이의 발전 형태는 대체로 두 가지로 나누어진다. 하나는 실질적인 형태소까지 다양한 차자 표기법이 활용되는 것이고, 다른 하나는 문법 형태소나 이에 준하는 형태소에 한하여 차자표기법을 활용하는 것이다. 전자는 향찰문에서 볼 수 있는 것이고, 후자는 이두문에서 볼 수 있는 것이다.

우선 향찰문의 예로 제망매가의 한 부분을 보면 다음과 같다.

一等隱 枝良 出古 去奴隱 處 毛冬乎丁(제망매가)
(해독 : 하든 가지라 나고 가논 곧 모들 온뎌)
(현대어역 : 한 가지에서 나고 가는 곳 모르는구나)

원문과 해독을 비교하여, 뜻을 빌어온 경우를 '훈'이라 하고, 음을 빌어온 경우를 '음'으로 적어 보면, '훈+음+음, 훈+음, 훈+음, 훈+음+음, 훈, 음+음+음+음'의 구조로 되어 있음을 알 수 있다. 즉 부분적인 예외가 있기는 하지만, 뜻을 나타내는 부분을 앞에 두고, 음을 나타내는 부분을 뒤따르게 하는 표기법으로 정형화되어 가는 것이다. 그리고 음을 나타내는 부분은 '等'과 '隱'처럼 형태소나 단어의 뒷부분이거나, 독립된 형태소일 경우에는 '良'이나 '古'처럼 조사나 어미 등의 표기를 위해 사용되었다는 것을 알 수 있다. 이러한 방식으로 우리말을 우리말답게 표현하게 되는데, 형태소의 뒷부분을 표기하는 예나 문법 형태소를 표기한 예를 조금 정리해 보면 다음과 같다.[1] (괄호안의 한글 표기는 15세기 식으로 해본 것이다.)

　　말음 첨기
　　　　夜音(밤), 雲音(구룸), 心音(마슴)
　　　　道乙(길), 落尸(딮)
　　　　折叱可(것거)
　　격조사의 표기
　　　　주격조사 : 伊(이, ㅣ)
　　　　속격조사 : 矣, 衣, 叱(의/이, ㅅ)
　　　　대격조사 : 乙, 肹(올/을/롤/를/ㄹ)
　　　　처격조사 : 矣(希), 衣, 阿, 良(의, 이, 아, 라)
　　　　구격조사 : 留(로)
　　　　호격조사 : 下, 良, 也, 邪(하, 아, 야)
　　선어말어미의 표기
　　　　시　상 : 內(ㄴ), 去(거), 呑, 頓(더), 甲, 理(리)
　　　　경어법 : 賜, 史(시), 白(슬)

---

1) 이 글의 목적이 차자 표기의 전반적인 고찰이 아니고 그 성격을 비교해 보기 위한 것이므로, 비교적 해독상의 문제점이 덜한 문법 형태소를 선택한 것이다. 이러한 용법과 용례는 상식적인 것이므로 출전은 생략한다.

의도법 : 乎(오)

위의 예에서 보듯이, 향찰문에서는 한자의 음이나 뜻 중 하나만을 빌어 단음절인 국어의 형태소를 표기하거나, 한 형태소의 말음 음소를 표기하기 위해 '音, 乙, 尸, 叱' 등을 사용하고 있다. 이것은 단어문자인 한자를 차용하여 음절문자식으로 사용하거나 음소문자 식으로 사용하였다는 것을 의미한다. 그러므로 이것은 〈혁신적 변용〉이라고 할 만한 것이다.

〈이두문〉

향찰문과 기본적인 성격이 비슷한 것으로 이두문이 있다. 향찰문이 운문을 지칭하는 데 사용되고, 이두문이 산문을 지칭하는 데 사용되지만, 이두문이 실질 형태소 부분에서 한자의 원 뜻과 원 음을 그대로 사용한다는 것을 제외하면, 향찰문과 초기의 이두문은 기본적인 성격에 있어서 거의 동일하다고 할 수 있다. 이두문의 예를 간단하게 제시해 보면 다음과 같다.

> 蠶段 陽物是乎等用良 水氣乙 厭却 桑葉叱分 喫破爲遣 飯水不冬
> (양잠경험 촬요)
> 修理爲乎矣失時爲在乙良苔三十齊(대명률직해, 30:1b)
> (이두부분 해독 : 修理ᄒ오되 失時ᄒ견을랑 苔 三十 齊
> (현대어로 해석 : 수리하되, 때를 놓치면 몽둥이가 30대이다.)

이러한 이두문에 사용된 문법 형태소 표기의 일람표를 향찰문에서

제시된 것과 관련하여 만들어 보면 다음과 같다.[2]

격조사
주격조사 : 亦, 敎是, 弋只, 戈只(이, ㅣ)
속격조사 : 矣, 叱(의/이, ㅅ)
대격조사 : 乙(올/을/롤/를/ㄹ)
처격조사 : 中, 亦中(여희), 良中(아희)
구격조사 : 以(로)
선어말어미
시 상 : 內, 飛, 臥(ㄴ); 去(거), 良; 如(더)
경어법 : 賜(시), 敎(是); 白(숣)
의도법 : 乎

이두문에서는 향찰문에서와 같은 말음첨가자를 거의 볼 수 없는데, 그것은 실질 형태소의 표기에서는 한자의 음과 뜻을 살려 표기하기 때문이다. 문법 형태소를 표기하기 위해 한자를 사용한 방법은 음절문자식으로 사용하고 있으므로, 이두문 역시 〈혁신적 변용〉에 의해 표기되었다고 할 수 있을 것이다.

〈구결문〉
석독 구결문은 한문의 원문을 변개시키지 않고, 문법 단위의 끝에 본문의 오른쪽이나 왼쪽에 토를 달아 우리말로 새겨 읽은 일종의 변

2) 각 항목에 사용된 문법 형태소의 목록에 있어서 논자에 따라 차이나는 부분이 있지만, 그것 자체가 본고의 목적이 아니므로 논의는 생략한다. 구체적인 사항은 이승재(1990)와 서종학(1995)를 비교하여 참고할 것.

역체 문장이다. 『구역 인왕경』의 첫 문장을 통해 석독 구결의 표기법
을 우선 살펴 보기로 한다.

信行ㄴ 具足ヽニゟ 復ヽヿ 有ㅌナゟ 五道ㅌ 一切衆生‖ ﹑ 復ヽヿ
有ㅌナゟ 他方ㅌ 不ㅊ‖ㅌㅌ 可ㅌヽヿ﹒量ノゟ﹑ 衆﹑

이 문장은 원문의 상태를 그대로 옮기되 세로로 배열된 것을 가로
로 배열하고, 본문의 왼쪽에 붙어 있는 구결은 위첨자로 표기하고, 본
문의 오른쪽에 붙어 있는 토는 아래첨자로 표기한 것이다. 이 문장을
석독 구결의 독법에 따라[3] 다시 배열하면 다음과 같은 우리말 문장이
된다.

信行ㄴ 具足ヽニゟ 復ヽヿ 五道ㅌ 一切 衆生‖ 有ㅌナゟ 復ヽヿ 他
方ㅌ 量ノゟ 可ㅌヽヿ 不ㅊ‖ㅌㅌ 衆 有ㅌナゟ〈舊仁 02:01-2〉
(해독 : 신행을(淸信行을) 구족하시며 또 五道의 모든 중생이 있으
며 또한 他方에, 헤아릴 수 없이 많은 무리가 있으며)

여기에 나타나는 차자 중 앞에 나오는 몇 자만을 간단하게 설명하
면 다음과 같다. ㄴ는 '乙'을 간략하게 한 것으로 목적격 조사 '을/올'
을 표기하기 위해 사용한 것이다. 그리고 ヽ는 '爲'의 시작 부분에서
따온 것으로 동사 어간 'ㅎ-'를 표기하는 것이고, ニ는 '示'의 머리 부
분을 따온 것으로 '시'를 표기하기 위한 것이다. ゟ는 '於'의 약체자

---

3) 문장을 처음부터 읽어 나가되, 윗첨자가 붙어 있는 부분은 건너 뛴다. 다시 앞으로
돌아가라는 '-' 부호가 나오면 윗첨자가 있는 곳으로 가서 읽는다.

로 '며'를 표기하기 위한 것이다. 이렇게 사용된 구결의 약체자는 대략 70여 종이 되는데 그 목록을 추정되는 원글자와 함께 제시하면 다음과 같다.(한글 전사는 추정되는 음가를 15세기 문자로 표기한 것이다.)

ハ(只: ㄱ/기)	厶(去: 거)	ナ(在: 겨)
ㅁ(古: 고)	人(果: 과)	ㄱ(隱: ㄴ/은)
乃(那: 나)	ㅅ(奴: 노)	ㅏ(臥: 누)
ㄴ(尼: 니)	ㄷ(飛: ㄴ)	片(斤: 늘)
ㅣ(如: ?다)	ㄱ(丁: 뎌)	ㅓ(彼: 뎌)
弓(第: 뎨)	刀(刀: 도)	ㅛ(斗: 두)
矢(知: 디)	の, 入(入: ᄃ)	冬(冬: 둘)
ㅿ, 矣(矣: 딕)	ㄴ(乙: 을)	尸(尸?: 읋)
罒(羅: 라)	몸(呂: 려)	亠(以: 로)
禾/ㅊ(利: 리)	ㆆㅛ(音: ㅁ/음)	亇(亇: 마)
ㅅ(彌: 며)	毛(毛: 모)	勿(勿: 믈)
邑(邑: ㅂ/읍)	火(火: ㅂ/브)	ㄴ(叱: ㅅ)
シ(沙: 사)	三(三: 삼)	立(立: 셔)
祁(賜: 시)	二(示: 시)	ㅂ(白: 숣)
ㄹ(良: 아)	人(也: 야)	ㅋ(與 ?)
亠/ᅩ(亦: 여)	之(之: 예)	五(五: 오)
乎(乎: 오)	ノ彡(乎: 오/호)	于(于: 우)
衣(衣: 의)	ㅣ(是: 이)	齊(齊: 져)
ㄷ(下: 하)	ㅎ(兮: 히)	丷(爲: ᄒ-)
十(中: 긔)	人(爲: 히/ᄒ이)	

이외에 다음의 글자들도 사용되고 있다.

且 子　　　弋　　巴　　凵　　成　　造

구결문에 사용된 글자들을 앞에서 정리했던 문법형태소별로 정리
하면 다음과 같다.

　　격조사
　　　　주격조사 : ㅣ(是; 이, ㅣ)
　　　　속격조사 : 矣(矣; 의, 이), ㄷ(叱; ㅅ)
　　　　대격조사 : ㄴ(乙; 올/을/룰/를/ㄹ)
　　　　처격조사 : 氵十, 尸十, 矣(여희, 아중 등)
　　　　구격조사 : ㅡ(以; 로)
　　접속조사 : ㅅ(果; 과/와)
　　계사　　　ㅣ(是; 이-)
　　선어말어미
　　　　시상 : ㄷ(飛 : ㄴ), ㅏ(臥 : ㄴ), ㅊ(去 : 거), 氵(良 : 아/어),
　　　　　　ㅣ(如 : 다/더),
　　　　경어법 : ㄴ氵(示, 賜; 시), ㅂ(白; 숩)
　　　　의도법 : 氵矣丿(乎; 오)

　이러한 글자들은 대개 자주 쓰이는 동사 어간이나 조사나 어미 등
문법 형태소를 표기하기 위해 한자의 획을 줄여 새로운 문자를 창조
한 것이고, 단어 문자를 음절을 표기하기 위한 문자로 변용한 것이기
때문에 문자의 단계를 달리 하는 것으로 볼 수 있다. 구결문의 이러한

변용 역시 앞에서 제시한 대로 〈혁신적 변용〉이라 할 것이다.

〈요약〉

한자를 차용하여, 우리 조상들이 표기에 이용하면서 나타나는 특징을 몇 가지 정리하면 다음과 같다.

첫째, 어순을 국어의 어순으로 바꾸었다. 우리말에 해당되는 뜻을 가진 한자를 빌어와 우리말 어순대로 나열하여 사용한 것이다.[4]

둘째, 단어 문자인 한자를 빌어와 음절 문자식으로 변용하여 표기하였다.

셋째, 단어 문자인 한자를 빌어와 음소 문자식으로 변용하여 표기하였다.

넷째, 단어 문자를 간략하게 하여 새로운 문자를 창조하였다.

결론적으로 중국에서 한자를 차용하여, 한국에서 사용한 방법은 기본적으로 〈혁신적 변용〉이었다.

3. 새 문자의 창조 – 자질 문자의 출현[5]

한자를 빌어 우리말을 표기하던 전통적인 방식 특히 음절 말음을 분리하여 음소 문자처럼 사용하던 방식은 후대에 훈민정음의 창제에

---

4) 만약 이러한 방식으로 영어를 빌어와 "나는 지금 학교에 간다"라는 한국어를 표현하면, "I now school go" 정도가 될 것이다.

5) 이 부분은 졸고(1993)의 뒤 부분을 거의 그대로 옮긴 것이다. 본고의 논지 전개 때문에 어쩔 수 없기도 하지만, 이 글이 실릴 책 자체가 학제간의 이해를 도모하기 위한 것이라는 데에 변명을 두기로 한다.

지대한 영향을 미치게 되지만, 문자 그 자체는 대단히 불완전한 것이어서 우리말의 표기 수단으로서 제 기능을 수행하지 못했던 것으로 짐작된다. 이러한 사정과 당시 조선의 주변에 있던 민족들의 문자 사용(예를 들어 몽고족은 인근 종족의 문자를 변개시켜 음소문자를 만들어 사용한다.), 음성학과 운서에 대한 지식 등은 15세기 자질 문자인 훈민정음을 탄생하게 한다.

3.1. 훈민정음 창제의 배경

여러 논저들에서 훈민정음 창제의 배경으로 언급되는 것을 간단하게 정리하면 다음과 같이 될 것이다.

> ① 차자 표기의 전통 – 음절의 삼분(초성, 중성, 종성의 분리)
> ② 조음 기관 및 조음 방식의 정확한 관찰 – 뒤에 설명함.
> ③ 중국 운학, 성리학적인 습득 – 성모의 분류, 음양과 오행의 원리
> ④ 주변 국가들의 문자 생활의 영향[6)]

---

6) 이와 관련하여 『保閒齋集』 권11의 부록에 실려 있는 다음의 글을 참고할 만하다.
上 以本國音韻 與華語雖殊 其牙舌脣齒喉淸濁高下 未嘗不與中國同
列國皆有國音之文 以記國語 獨我國無之 御制諺文字母二十八字

그리고 강신항 교수의 다음 글도 당시의 상황을 이해하는 데 유익하다.

몽고에서는 위글문자를 바탕으로 해서 만든 몽고문자를 만들어 쓰다가, 원제국을 건립한 뒤로는 몽고문자의 결함을 보충하여, 八思巴문자를 창안하여 사용하였다. 이것은 범어 계통인 티벧 문자를 기초로 한 것으로, 티벧의 고승 파스파가 1269년에 음소문자식으로 만들고, 음절문자처럼 쓰도록 마련한 문자였다. 이 문자의 창제 목적은 첫째, 자유로운 몽고어 표기, 둘째, 한음(중국자음)의 정확한 표기, 셋째, 원

이 중 조음 기관 및 조음 방식의 정확한 관찰에 대해 논의하면 다음과 같다.

3.2. 초성 제자의 '理'

훈민정음 창제자는 초성자를 제자하기 위해 초성의 '聲'의 '理'에 대한 관찰을 하게 된다. 초성의 '理'를 훈민정음 창제자가 조음위치와 조음 방법으로 파악했다는 것은 훈민정음 해례에 나타나는 다음과 같은 기술로 확인할 수 있다.

初聲凡十七字 牙音ㄱ象舌根閉喉之形 舌音ㄴ象舌附上齶 之形 脣音ㅁ象口形 齒音ㅅ象齒形 喉音ㅇ象喉形 ㅋ比ㄱ 聲出稍厲故加畫 ㄴ而ㄷ ㄷ而ㅌ ㅁ而ㅂ ㅂ而ㅍ ㅅ而ㅈ ㅈ而ㅊ ㅇ而ㆆ ㆆ而ㅎ 其因聲加畫之義皆同 唯ㆁ爲異 半舌音ㄹ半齒音 亦象舌齒之形而異其體 無加畫之義焉

이러한 기술에 대해 초성의 제자 원리를 상형과 가획으로 설정하고, 기본자 5자만이 상형에 의한 것으로 그리고 나머지는 가획에 의한 것으로 이해하여, 가획의 원리가 무엇인가에 대해 천착하거나,[7] 상형과 가획에 내재된 제자 원리가 무엇인가에 대한 논의[8]를 심화

제국 판도내의 모든 언어의 표기라고 할 수 있겠다.(강신항, 1987 p.31)

7) 이에 대한 대표적인 논의는 김완진(1975)참고. 김완진(1975)는 김완진(1983, 1984)에 의해 다소 수정된다.

8) 훈민정음의 제자원리에 대한 논의는 크게 '象形'에 비중을 두는 학설과 '字倣古篆'에 비중을 두는 학설로 나누어 볼 수 있겠는데, 전자의 경우(후자의 경우 본고의 범

시켜 왔다. 그런데 기본자 5자만이 상형자라는 종래의 논의는 '正音 二十八字 各象其形'이라는 『훈민정음』의 기술과 정면으로 배치된다는 점에서 재론의 여지가 있는 것이다. 본고는 '象其形'의 '其形'의 의미를 다시 한번 음미해볼 필요가 있다고 느끼는 것이다. 물론 '其形'이 조음기관을 의미한다는 사실에 대해서는 재론의 여지가 없을 것이다. 그런데 조음기관이란 고정되어 움직이지 아니하는 부분(앞으로 이것을 '고정부'라 하기로 한다.)이 있는가 하면, 고정되지 않아서 이동이 가능한 부분(앞으로 이것을 '이동부'라 하기로 한다.)이 있다는 기본적인 사실에 주목하면, 전혀 다른 결론에 도달할 수 있다. 아음과 설음의 경우 이동부만 상형하여 'ㄱ'과 'ㄴ'을 만들고, 고정부까지 고려하여 점차 그 획을 더한 것으로 이해할 수 있는 것이다. 그리고 순음은 입이 아래위로 벌어지거나(ㅂ), 옆으로 펴지는(ㅍ) 것을 고려하여 획을 더한 것으로 이해할 수 있는 것이다. 그리고 치음의 경우 아랫니만 고려하거나 이에 혀가 접근하는 모양을 고려하고(ㅅ), 또한 위의 이까지 고려하여(ㅈ) 제자한 것으로 이해할 수 있는 것이다. 이러한 논의에 의하면 초성 17자 모두 상형에 의해 제자한 것이 된다.[9]

제자해에 나오는 각자병서를 포함하여 훈민정음의 초성 목록을 제시해 보면 다음과 같다.

위에서는 제외된다.) 대표적인 학설의 하나가 훈민정음의 제자원리를 한자의 구성원리와 관련하여 논의한 것이다. 이러한 논의는 유창균(1966)이래, 강신항(1987), 안병희(1990) 등이 대표될 수 있을 것이다.

9) 만약 이러한 방식으로 영어를 빌어와 "나는 지금 학교에 간다"라는 한국어를 표현하면, "I now school go" 정도가 될 것이다.

			조음 위치의 분류							글자 수
			후	아	설	치	순	반설	반치	
상형자(창제자)	기본자		ㅇ	ㄱ	ㄴ	ㅅ	ㅁ			17
	가획자		ㆆㅎ	ㅋ	ㄷㅌ	ㅈㅊ	ㅂㅍ			
	이체자			ㆁ				ㄹ	ㅿ	
비상형자	연서자						ㅸ	(ㅱ)		1(2)
	병서자	각자병서	ㆅㆀ	ㄲ	ㄸㅥ	ㅆㅉ	ㅃ			8
		합용병서		ㅺ	ㅼㅅㅅ		ㅽ			4
					ㅳ	ㅄㅄ				3
				ㅴ	ㅵ					2
				ㅾ						1

모두 : 36(37)

3.3. 중성 제자의 '理'

중성 제자의 '理' 역시 상형에 있다. 중성자의 제자의 '理'가 상형에 있다는 것은 제자해의 다음의 기술에서 확인되는 것이다.

正音二十八字 各象基形而制之(제자해)

中聲十一亦取象(제자해 결)

상형에 관한 구체적인 내용을 뽑아 보면 다음과 같다.

中聲凡十一字

. (중략)天開於子也 形之圓 象乎天也

ㅡ (중략)地闢於丑也 形之平 象乎地也

ㅣ (중략)人生於寅也 形地立 象乎人也

ㅗ (중략)基形則丶與一合而成 取天地初交之義也

ㅏ (중략)基形則ㅣ與丶合而成 取天地之用發於事物待人而成也

ㅜ (중략)基形則一與丶合而成 亦取天地初交之義也

ㅓ (중략)基形則丶與ㅣ合而成 亦取天地之用發於事物待人而成也(제

자해)

ㅗ ㅏ ㅜ ㅓ 始於天地 爲初出也

ㅗ ㅏ ㅜ ㅓ 之一其圓者 取其初生之義也

ㅛ ㅑ ㅠ ㅕ (起於ㅣ) 而兼乎人 爲再出也

ㅛ ㅑ ㅠ ㅕ 之二其圓者 取其再生之義也

중성 11자는 우선 '天地人'의 모습을 상형하여 3자를 만들고, (天地
人의 조화로써 만물이 생성되므로) 이 3자를 바탕으로 '初出'이나 '再
出'인 것은 각각 그 뜻[義]을 취하여 '圓'의 숫자를 결정하였다는 것이
다. 이러한 기술에서 몇 가지의 의문이 제기될 수 있다. 중성을 제
자하기 위해 '天地人'을 상형하게 된 이유가 무엇인가, 제자의 기본이
되는 '聲'이 왜 하필 3개이며, 그것이 '天地人'의 상형자와 결합하게
된 이유가 무엇이며, 제자의 필요성을 느낀 '聲'이 왜 11개인가 등등

이 그것이다.

'聲(여기서는 음절)'을 초성, 중성, 종성으로 구분하면서 그것에 각
각 '天地人'를 대응시켰는데 중성의 구성요소를 다시 '天地人'로 삼은
것에 깔려 있는 인식은 무엇인가. '聲'의 구성요소를 '天地人'로 하고,
中聲의 구성요소를 '天地人'으로 한 관계는 다음과 같이 표시해 볼 수
있다.

논의의 편의를 위해 중성의 기능에 관한 부분을 인용해 보면 다음
과 같다.

中聲承初之生 接終之成(제자해) 盖字韻之要 在於中聲(제자해)

즉 중성이라는 것은 초성을 이어받고, 종성에 접하여 이루어지기
때문에 그리고 '字韻'의 '要'이기 때문에, 상위의 구성체에 작용했던
만물 생성의 기본 요소가 하위의 구성요소에 다시 작용하게 된다. 그
리하여, 그 구성요소(중성)로 하여금 한 단계 더 아래의 하위 구성요
소에 대해 구성체로 작용하게 한 것으로 볼 수 있는 것이다. 모든 만
물에 통하는 기본적인 이치는 동일하고(天地之化本一氣(중략)元本
無二理數通), 자연의 이치와 '聲'의 이치 그리고 '字'의 이치가 동일하

다는 창제자의 인식이 중성을 구성하는 기본 단위를 '天地人' 三才로 삼게 한 것으로 이해되는 것이다. 다시 말해 '聲'은 계층적인 구조를 가지고 있는데 구성체로서의 '聲(음절)'과 구성 요소로서의 '聲(음성)'은 구성체와 구성 요소의 관계에 있으면서 각각이 독립적인 실체로써 존재하고, 각각에 내재된 기본적인 이치가 동일하다는 인식이 상위 단위의 구성 원리와 하위 단위 즉 중성의 구성 원리를 동일하게 하기 위해 그것의 기본 단위를 '천지인'으로 한 것으로 이해되는 것이다.

훈민정음 창제자가 제자의 필요성을 느낀 '聲'은 11개의 '聲'이 되는데 11개의 '聲'은 3단계로 구분된다. 1단계의 '聲'은 중성의 전체 체계에 있어서 근간이 되는 '聲'이다. 그리고 다음 단계의 '聲'은 앞 단계의 '聲'과 동질성의 공유와 이질성의 존재라는 관계에 의해서 파악된다. 보다 구체적으로 논의하면 다음과 같다. 1단계의 근간이 되는 '聲'은 혀의 위치나 상태에 의해 3개로 결정된다. 2단계의 '聲'은 1단계의 근간이 되는 3개의 '聲'과 혀의 위치나 상태는 동일(동질성의 공유)하되, 'ㅁ'의 모양이 다른(이질성의 존재) 것으로 4개가 선택된다. 3단계의 '聲'은 2단계의 '聲'과 끝은 같되(동질성의 공유) 시작이 같지 않은(이질성의 존재) 중성으로 4개가 선택된다. 이렇게 파악된 11개의 '聲'을 표상할 11개 '字'의 제자 과정은 다음과 같다. 천지인 삼재의 형태를 본떠 'ㆍ ㅡ ㅣ'를 제자하여 3자를 만든다. 하늘이 삼재의 처음이기 때문에 'ㆍ, ㅡ, ㅣ' 3자 중에서 'ㆍ'를 으뜸(冠)으로 삼아 나머지 두 글자의 위와 아래 혹은 좌우에 결합하여 4자를 만들고, 다시 이들 4글자에 'ㆍ'를 한번 더 결합한다.

제자의 필요성을 느낀 11개의 '聲'에 대한 단계적인 구분이, '字'의 단계적인 구분을 이루고, 각 단계의 존재하는 관계를 제자상에 반영한 것이 중성 제자의 원리가 된 것이다.

3.4. 훈민정음의 문자사적인 위치

위와 같은 과정을 거쳐 훈민정음이 완성된다. 훈민정음은 음소의 조음 위치와 조음 방식 등 변별적 자질이 문자 자체에 반영된 것이다. 다시 말해 문자사에서 이전에 존재하지 않던, 20세기의 끝인 현재까지 유일한 자질 문자가 탄생된 것이다. 문자사에서 훈민정음이 차지하는 위치에 대해서는 다음을 인용하는 것으로 대신한다.

The special characteristic of Han'gul is that it is based on phonetic features rather than on complete segments (중략)
Han'gul must unquestionably rank as one of the great intellectual achievements of humankind.(Sampson, 1985, pp. 143-144)

2.3.5. 덧붙임

한글의 실질적인 운용면을 고려하면 한글은 다음과 같은 여러 가지 특징이 복합되어 있다고 할 수 있다.(원고의 분량 관계로 부연적인 설명은 생략함)

① 교착어의 형태소를 구분 표기할 수 있는 문자 – 'ㅇ'의 창제
② 음절 단위로 표기할 수 있는 문자
③ 음소 단위로 표기할 수 있는 문자

④ 소리의 관계가 문자에 반영된 문자 - 자질 문자

4. 공존과 조화 - 표기법의 원리

4.1. 도입

세종에 의해 채택되었던 표기의 방법에 대해 19세기 초엽 유희 선생이 반론을 제기한다. 그 후 주시경 선생에 의해 제기되었던 된소리의 표기에 관한 문제는 한글파와 정음파의 대토론으로 이어지고, 이 문제는 한글맞춤법 통일안의 제정에 의해 일단락되는데, 결과적으로 한글파의 승리로 끝나게 된다. 그리하여 현재 한국인은 된소리를 표기하기 위해 각자병서 흔히 말하는 '쌍기역, 쌍디귿, …' 등의 문자를 사용하고 있는 것이다. 이것은 몇 세기 동안 해 오던 표기 방식을 버리고 사용하지 않던 옛날 문자를 재생시켜 사용한 예가 된다. 이 과정에서 주장된 논지의 정당성이나 결과의 타당성을 보류해 두더라도, 당시의 학자들은 문제의 제기를 위해 사용상의 편의나 이해관계 때문에 토론을 벌인 것이 아니라 사물의 본질 즉 '음'의 이치를 밝히기 위해 토론하였고, 자기 주장의 타당성을 증명하기 위해 역시 사물의 본질을 밝히고자 하였다. 그리고 하나의 사안을 해결하기 위해 몇 십년 동안 몇 십명의 국어학자가 토론을 거쳤다는 사실에 주목할 필요가 있을 것이다.[10]

---

10) 이 과정에 대해서는 졸고(1990)에서 정리하였다.

문자 생활을 전환하기 위해 벌인 이 과정에서 우리 조상들은 국어학사적인 측면에서 그리고 한국인의 정신문화적인 측면에서 다음과 같은 유산을 남겨주게 된다.

문제의 제기를 위해서는 사물의 본질을 탐구하고, 혁신을 하기 위해서는 끊임없는 토론을 벌여라.

2.4.2. 조화와 균형

몇 십 년간의 토론 끝에 한글 맞춤법 통일안이 만들어지는데, 이 한글맞춤법 통일안의 원리는, 앞에서 언급한 대로, 훈민정음 창제 후 「한글맞춤법 통일안」이 만들어지기까지 몇 백 년 동안 사용되던 표기의 원리를 전면적으로 바꾸는 것이었다. 이 원리는 한글맞춤법 통일안 총론의 제1항에 기술되어 있다. 즉 총론의 제1항에서

(1) 한글맞춤법은 표준말을 그 소리대로 적되, 어법에 맞도록 한다.

는 것이다. 이전의 표기가 소리대로 적었다면, 한글 맞춤법은 '어법에 맞도록'이라는 새로운 내용이 추가되어 '소리대로'와 '어법에 맞도록'이라는 상반된 두 사항을 모두 가지게 된다.

〈표기법의 두 원리〉

언어가 음성 형식과 의미 내용의 복합체라면, 언어를 문자로 표기하는 방법에는 기본적으로 두 가지의 방식이 있을 수 있다. 음성 형식

위주로 표기할 것이냐 아니면 의미 내용 위주로 표기할 것이냐 하는 것이 그것인데, 우리 문자의 경우 기본적으로 한 음성에 하나의 문자가 대응하게끔 표기하는 음소적 표기와 형태소의 기본형을 밝혀 표기하는 형태소적 표기[11]로 구분될 수 있다. 흔히 전자를 표음주의적 표기라 하고 후자를 표의주의적 표기라 한다. 다음의 예를 보자.

(1) ㉮ 값만 비싼 것을 값도 모르고, 값을 생각하지 않고, 값없이 행동한다.

㉯ 도움이 될테니까, 만든 사람의 이어지는 얘기를 들어라.

㉰ 냇가에 앉아, 다 못한 회포를 풀자.

(2) ㉮ 감만 비싼 거슬 갑또 모르고, 갑쓸 생가카지 안코 가볍씨 행동한다.

㉯ 도우미 될테니까, 만든 사라메 이어지는 얘기를 드러라.

㉰ 내까에 안자 다 모탄 회(훼, 홰, 헤)포를 풀자.

(3) ㉮ 값만 비싼 것을 값을 생각하지 않고, 값없이 행동한다.

㉯ 돕음이 될테니까, 만듣(만들은) 사람의 잇어지는 얘기를 듣어라.

㉰ 내가(냇가?)에 앉아, 다 못한 회포를 풀자.

---

11) 형태소적 표기는 형태음소적 표기라고 할 수도 있을 것이다. 이 표기에 주로 관련되는 것이 형태소의 끝자음을 어떻게 표기할 것인가 하는 문제이므로, 이것을 형태음소론의 차원에서 보면 형태음소적 표기가 될 것이고, 형태론의 차원에서 보면 형태소적 표기가 될 것이다.

(1)은 현행 표기법대로 적어본 것이고, (2)는 현대 한국에서 사용하는 문자로써 발음에 가깝게(음소적 표기와 연철 표기로) 적어본 것이고, (3)은 기본형을 밝혀(형태음소적 표기와 분철로) 표기해 본 것이다. 이로써 현행 표기법의 (1)은 ㉮문장의 경우 형태소적 표기법으로 나타낸 (3)과 가깝고, ㉯문장의 경우 음소적 표기법으로 나타낸 (2)와 가깝다는 것을 알 수 있다. 그리고 ㉰의 경우는 음소적 표기도 아니고, 그렇다고 형태소적 표기라고 할 수도 없다는 것을 알 수 있다.

그러면 현행 한글맞춤법은 왜 이도 저도 아닌 어정쩡한(?) 표기법 - 음소적 표기와 형태음소적 표기를 절충한 표기법을 채택하고 있는가? 이 속에 들어 있는 원리는 무엇인가?

〈언어(음운 규칙)와 문자의 조화〉

/값만/이라는 음소들의 연결을 한국인이 발음할 때 [값만]이라고 발음하거나 [갑만]이라고 발음하는 한국인은 존재하지 않는다. 반면, [도움]이라고 발음하는 형태소 '돕-'과 '-음'의 연결을 '돕음'이라고 표기했을 경우 한국인은 철자를 의식하여 [도븜/도붐]이라고 발음하거나 혹은 실제 단어의 뜻을 고려하여 [도움]이라고 발음할 것이다.[12] 전자는 한국어의 음운 규칙으로 당연히 예견될 수 있는 것이고, 그래서 달리 발음될 가능성이 없어서 발음이 혼란될 위험이 없기 때문에 그 기본형을 밝혀 적은 것이다. 반면에 후자는 모음과 모음 사이

---

12) '잇어지는'과 '듣어라'도 동일할 것이다. 철자식 발음을 하여 [이서지는], [드더라]으로 발음하거나, 문맥상의 의미를 고려하여 [이어지는][드러라]로 조음할 것이다.

에 'ㅂ'은 얼마든지 발음될 수 있기 때문에(예: 잡음, 접음 등) 공시적인 음운 규칙으로 예견될 수 없는 것이다.(한글맞춤법은 기본적으로 이러한 원칙에 따랐기 때문에 그러한 예는 많다.)

공시적인 음운 규칙으로 설명될 수 있는 것은 형태음소적 표기를 하고, 공시적으로 설명될 수 없는 것은 음소적 표기를 함으로써, 언어 속에 내재되어 있는 규칙과 언어를 표기하는 문자의 표기 방법을 조화시키고자 한 것이 현행 한글맞춤법의 기본정신이 된다.

음소적 표기는 발음하는 대로 즉 표면 구조를 표기하는 것이고, 형태소적 표기가 기본형 내지는 기저형을 즉 기저 구조를 표기에 반영하는 것이라면, 두 원칙은 상반된 결과를 초래하게 되는데, 그러면 무엇을 원칙으로 삼고 무엇을 예외로 인정할 것인가.[13]

〈상반된 원칙의 균형〉

음소적 표기가 그 나름대로의 장단점을 가지고 있고, 형태소적 표기 역시 그나름대로의 장단점을 가지고 있다면, 개별 사항의 표기는 언어를 사용하고 있는 그 시대의 사람들이 결정할 사항이 될 것이다. 그런데 현행 한글맞춤법에서는 두 원칙의 균형을 고려하여 안배한 흔적이 역력하다. 총론에서는 '소리대로 적되, 어법에 맞도록'으로 규정하고, 각론에서는 '어법에 맞추는 것을 원칙으로 하고 소리대로를 예외로' 인정하고 있는 것이다. 두 원칙은 상반된 결과를 가져 오기 때문에 한 쪽의 우위는 다른 쪽의 위축을 초래할 위험성이 있어서 이들

---

13) 현행 한글맞춤법은 형태소적 표기를 원칙으로 하고, 음소적 표기를 예외로 인정하고 있다.

의 균형을 유지하기 위한 조치로 이해할 수 있는 것이다.

때로는 음소적 표기를 하고 때로는 형태소적 표기를 한다는 것은 상반된 원칙을 적절히 혼용하는 것인데, 이것은 언어 현실과의 조화를 꾀하고자 한 것이고, 또한 상반된 규칙이 힘의 균형을 유지하는 것은 경쟁적 발전 내지는 논쟁점의 끊임없는 발아 가능성을 의미하는 것이라고 할 수 있을 것이다.

그러면 상반된 두 원칙이 그 지향하는 바가 상반된다고 하여 모든 경우를 다 포괄할 수 있느냐 하는 문제가 제기될 수 있을 것이다.

앞에서 예를 들었던 '냇가', '못하다' 등의 표기는 음소적 표기인가, 아니면 형태소적 표기인가. 이들은 현대의 공시적인 상태에서 볼 때 'ㅅ'으로 표기해야 할 이유를 찾기 어렵다. 그렇다고 하여 다른 문자로 표기하는 것도 마땅하지 않다. 이들을 'ㅅ'으로 표기한 것은 이전부터 해 오던 관습을 존중한 것으로 해석할 수 있다. 이전의 관습적인 표기를 그대로 따르는 것을 역사주의적 표기라고 하는데, 한글 맞춤법에는 형태소적 표기와 음소적 표기 외에 역사주의적 표기를 채택하여 세 원칙이 균형을 이루도록 하고 있는 것이다.

〈정리〉

한글맞춤법에 내재된 원칙은 언어 현실과 표기의 부조화를 최대한 줄이고, 역사적으로 해 왔던 관습까지 존중하여 언어와 표기 그리고 관습의 조화를 꾀하는 것이다. 이것이 현행 한글 맞춤법의 정신이고 이것이 우리 조상들이 우리에게 물려준 정신 문화이자 전통인 것이다.

5. 요약

1. 세계 문자사의 흐름은 '그림 → 그림 문자 → 단어 문자 → 음절 문자 →음소 문자 → 자질 문자'로 발전해 왔다. 음소문자까지의 발달은 여러 민족이 수천년에 걸쳐 〈차용과 혁신적 변용〉의 과정을 거치면서 이루어졌다. 즉 그림에서 그림 문자를 만들고, 이것을 단어 문자로 만들어 가는 과정은 혁신적 변용에 해당한다. 그리고 단어 문자를 차용하여 음절 문자를 만들거나 음절 문자를 차용하여 음소 문자를 만드는 과정 역시 혁신적 변용에 해당한다.

한국의 경우 중국의 문자를 차용하여 한문으로 글을 쓰는 것은 〈단순 차용〉에 해당한다. 초기의 차자 표기 즉 고유명사 표기나 서기석의 기록은 〈단순 변용〉에 해당한다. 한자를 그대로 혹은 약체자를 만들어 음절 문자나 음소 문자처럼 사용하는 것은 〈혁신적 변용〉에 해당한다. 반면에 한글을 창제하는 것은 〈혁신적 창조〉에 해당한다. 인류의 문자사에서 혁신적 창조에 의해 만들어진 유일한 문자가 한글인 것이다.

2. 과거를 되돌아 보는 목적은 현대적인 안목으로 선각자들의 업적을 평가하고, 정리하는 것만은 아닐 것이다. 이러한 단계를 넘어서서 선각자들의 깊은 고민을 이해하고, 그것을 공유함으로써 전통 문화를 형성하고 그것을 계승 발전시킬 수 있는 디딤돌을 만드는 것이 과거사 서술의 한 목적이 될 것이다. 그뿐만 아니라 선각자들의 깊은 고민이 후학들에게 계승 발전되지 못한 면이 있다면, 그 원인을 정확하게 지적하고 그에 대한 처방을 내림으로써 그러한 일이 되풀이되지 않도

록 하는 것도 과거사 서술의 다른 한 목적이 될 것이다.

이러한 시각에서 문자사를 볼 때 훈민정음 창제 이전의 문자 차용 시기에 나타나는 '수용과 변용의 정신' 특히, '혁신적인 변용', 훈민정음(세종 25년)에 나타난 '혁신적인 창조 정신', 유희(1824)와 주시경 (1908, 1910, 1914)에 나타난 '혁신적인 사고', 한글파와 정음파가 보여 준 '토론의 장'[14], 한글맞춤법 통일안을 만들 때의 '조화와 균형을 추구하는 정신' – 이것들은 국어의 표기 내지는 국어에 대한 논의와 관련하여 우리 조상들이 후손들에게 물려준 문자 생활의 전통이고, 크게는 우리 조상들이 우리에게 물려준 정신문화인 것이다.

3. 과거를 되돌아 보는 목적은 현대적인 안목으로 선각자들의 업적을 평가하고 정리하는 것만은 아닐 것이다. 이러한 단계를 넘어서서 선각자들의 깊은 고민을 이해하고 그것을 공유함으로써 그것을 계승 발전시킬 수 있는 디딤돌을 만드는 것이 과거사 서술의 한 목적이 될 것이다. 그뿐만 아니라 선각자들의 깊은 고민이 후학들에게 계승 발전되지 못한 면이 있다면 그 원인을 정확하게 지적하고 그에 대한 처방을 내림으로써 그러한 일이 되풀이 되지 않도록 하는 것도 과거사 서술의 다른 한 목적이 될 것이다.

이와 관련하여 다시 한 번 문화 유산의 교훈적인 의미를 다음과 같이 되돌아 보면서 끝맺기로 한다.

첫째, 고유의 것이 없을 경우에는 차용(수용)하되, 한국적인 실정에 맞게 변용하라.

둘째, 수용과 변용이 만족스럽지 못할 경우에는 스스로 창조하라.

---

14) '혁신적인 사고', '토론의 장'에 대해서는 졸고(1990)을 참고할 것.

셋째, 실질적인 운용에 있어서는 그것의 기능을 고려하여 혁신하되 충분한 토론을 거쳐라.

넷째, 실재체의 조화를 꾀하되, 상반된 원리의 균형을 항상 생각하라.

제9장

국어학의 남북 공동 연구를 위한 전제와 실제[1]

1. 들어가기

본고는 남과 북의 학자들이 국어학 분야에서 공동으로 작업을 하기 위해서는 어떤 자세를 갖추어야 하는가 그리고 실제적으로 통일되기 이전에 통일을 대비해서 혹은 국어학의 발전을 위해서 구체적으로 할 수 있는 일이 무엇인가 하는 문제를 논의하기 위한 것이다.

우리 민족은 하나의 언어공동체를 생성하여 5,000년 가까이 단일 민족으로 지내왔다. 때로는 외세의 침입 때문에(중국 한나라의 침입과 한사군 설치), 때로는 민족의 분열 때문에(삼국시대와 후삼국 시대) 방언의 분화와 재통일의 과정을 겪기도 하면서 지내 왔다. 19

---

1) 필자에게 국어국문학 학술발표대회의 발표 제목으로 주어진 것은 '통일 시대의 국어학 연구 방법'이였으나 '통일시대'란 표현이 '통일된 시기'를 의미하는 것인지 '통일을 준비하기 위한 시대'를 의미하는 것인지 명확하지 않고, 전자에 대해서는 아직 언급하기 어려울 듯하여, 필자 나름대로 필요에 따라 제목을 바꾸었다.

세기 말에 이르러 우리말과 문자에 대한 인식을 새로이 하면서 우리의 것을 정비하고자 했지만 구체적인 성과를 거두지 못하였다. 나라를 빼앗긴 1910년 이후에 국어학자들은 민족을 지키는 최선의 방책은 우리말과 글을 지키는 것이라는 공통된 인식을 가지고 한글맞춤법에 대한 통일안을 만들고, 외래어 표기법을 정비하는 한편, 표준어에 대한 기준을 만들고, 국어 사전 편찬의 준비를 하는 등 하나의 목표를 가지고 통일된 작업을 해 왔다. 그러나 광복의 기쁨도 잠시 우리 민족은 두 개의 국가로 분열되고 각각 다른 언어관으로 상이한 언어 정책을 펼치게 되었다. 다시 말해 남과 북으로 갈라진 최근의 60여년은 남쪽 방언과 북쪽 방언이 언어적인 접촉을 거의 하지 못하고, 많은 공통성을 가지고 있지만 이질적인 요소도 가지고 있는 서로 다른 규범으로 생활해 온 시기라 할 수 있다.

그런데 현재의 남북간 분열이 영원한 분열이 아니라 언젠가 이루어질 민족의 필연적인 통일을 위한 일시적인 현상이라면, 이제 그 필연을 위해 남과 북이 공동의 작업을 할 시기가 되었다. 이를 위해서는, 즉 남측과 북측이 공동으로 새로운 작업을 하기 위해서는 서로 간에 존재하고 있는 공통성과 차별성에 대한 현황을 파악하고, 공통성을 신뢰의 기반으로 하여 차별성을 극복하거나 서로 이해할 수 있는 상황을 구축하는 것이 필요하다. 즉, 공통성을 토대로 이질적인 현황을 파악하고 그 원인을 점검하여 정체성을 확립할 수 있는 해결책을 찾는 것이 바람직하다.

남쪽과 북쪽이 서로간의 체제적 차이와 관련 있는 사상과 이념을 의식하지 않고 공동의 작업을 하기 위해서는 그렇게 할 수 있는 대상을 찾는 것부터 해야 한다. 이러한 차원에서 남북이 쉽게 공동의 연구를 펼칠 수 있는 것은 기존의 연구 업적을 편견 없이 정리하는 것이고, 또 하나 접근해 볼 수 있는 것이 국어의 기초적인 사항을 객관적으로 그리고 철저하게 정리하여 국어학의 기반을 다지면서 국어 교육이나 한국어 교육의 기초를 놓는 것이다.

본고의 제2장에서는 남북 이질화의 현황에 대해 알아 보고, 제3장에서는 공동의 작업을 하기 위한 인식에 관한 문제를 그리고 제4장에서는 그러한 이질화의 상태에서 남북이 국어학적인 차원에서 공동으로 할 수 있는 일 가운데 기초적인 국어 정리 작업에 초점을 맞추어 필자의 의견을 약간 피력하고자 한다.

본고에서 언급하고자 하는 여러 가지의 문제가 학술적인 차원에서 깊이있게 논의된 적이 없고[2], 본고 역시 그러한 주제로 토론을 심화시킬 여유가 없기 때문에 여러 가지 사례들을 나열하여 앞으로의 공동의 작업을 하기 위한 실마리를 제공하는 데에 만족하기로 한다.

2. 남북의 현황

2.1. 동일한 문법과 규범에서의 출발

2.1.1. 전통 문법의 공유

서구에서는 언어학의 발전 단계를 보통 전통 문법, 구조 문법, 생성

---

2) 본고에서 제시하는 일부의 과제는 국가 차원에서 이미 준비되고 있는 것으로 알고 있다.

문법으로 구분한다. 소쉬르로 대표되는 구조 문법의 특징을 실증주의적 기술, 객관적이고 과학적인 분석, 인간의 언어 습득에 대한 새로운 인식 등으로 삼는다면 이전의 전통 문법은 대체로 이에 반대되는 경향이 될 것이다. 즉 심성주의와 행동주의의 미분화, 주관적인 규범 문법의 구축, 인간의 언어 습득 과정에 직관적 인식 등이 대체적으로 대응되는 개념이 될 것이다.

그러면 국어학에서는 연구사적인 시대 구분을 어떻게 할 것인가 하는 문제가 제기될 수 있을 것인데, 국어학사적인 차원에서도 서구의 시대 구분과 비슷하게 할 수 있을 것으로 추정된다. 즉, 서구의 구조 언어학이 본격적으로 도입된 시기와 그 이전 그리고 생성언어학이 본격적으로 유입된 시기 등으로 나눌 수 있지 않을까 한다.

이렇게 시대 구분을 할 때 전통 문법의 대표적인 학자는 주시경 선생이라고 할 수 있고, 전통 문법의 특징 역시 주시경 선생을 중심으로 논의할 수 있을 것이다. 주시경 선생은 구한말 학부 안에 설립된 국문 연구소의 일원으로 활약하였고, 1914년에 돌아가실 때까지 활발한 저술 활동과 교육 활동으로 일관하셨다. 〈한글마춤법통일안〉의 기본 정신 역시 주시경 선생의 언어 이론에서 나왔고, 1920년대와 1930년대의 학술 토론 역시 주시경 선생의 제자들이 한 축을 이루었다. 당시의 학문적 풍토, 즉 우리의 전통 문법이 구축되던 시기의 학문적인 풍토는 표기법의 정비라는 실용적인 목적과 같이 조성되는데 그 결과는 다음과 같이 정리할 수 있다.[3]

---

3) 이는 박창원(2005), "한국인의 문자생활사"에서 옮긴 것이다.

　　문자생활을 전환하기 위해 벌인 이 과정에서 우리 조상들은 국어학
사적인 측면에서 그리고 한국인의 정신문화적인 측면에서 유산을 남
겨주게 되는데 이를 정리하면 다음과 같다.

　　첫째, 정신문화적인 측면에서 문제의 제기를 위해서는 사물의 본질
을 탐구하고, 혁신을 하기 위해서는 끊임없는 토론을 벌여라.

　　– 이것이 우리 조상들이 우리에게 남겨준 전통 내지는 민족 정신의
　　　유산이라고 할 수 있을 것이다.

　　둘째, 국어학사적으로 방법론 내지는 인식의 전환을 보여 주게 되는
데. 이에 관련된 몇 가지는 다음과 같이 정리될 수 있다.

　　1) 언어와 문자[주시경(1908)의 표현에 의하면 '音理와 語式'을 분
　　　리하여 인식하되, 이들의 조화를 추구하라.(주시경, 1908)[4]

　　2) 언어음에는 표준음과 간음(현대 언어학적으로 표현하면 구체 음
　　　소와 표면 음성 정도가 될 것이다)이 있다.(박승빈, 1931)

　　3) 공시론과 통시론을 구분하는 인식을 실질적인 작업에서 구체
　　　적으로 반영하고, 음소의 음절 위치에 대해 인식하라. (신명균,
　　　1933)

　　4) 추상적인 주장 내지는 이론을 제시한 후에는, 그에 대해 구체적인
　　　증거로 논증하라. (신명균, 1933)

　　사물의 본질에 대한 탐구, 실용성과 이론성의 조화, 실증주의적 탐
구 정신 등 국어학의 선각자들이 전통 문법을 구축하면서 수립하였던
방법론은 20세기 중반기에 남쪽과 북쪽으로 갈라지기 이전에는 우리
말을 공부하던 학자들이 공유하던 학문 정신이었던 것이다.

---

4) 주시경 선생은 '본음과 이음'이라는 표현도 하고 있는데, 이를 현대 언어학적인 용
　어와 비교한다면 '형태음소'와 '변이음'정도가 될 것이다.

2.1.2. 한글 규범의 공유

한글이 국가 공문서 작성의 기본 글자가 되고 우리 민족의 문자 생활이 전반적으로 한글로 작성되는 조선 시대의 말기에 언어 규범을 정비할 필요성을 느끼고 국문연구소를 설치한 후, 여기에 속한 위원들의 의견을 종합하여 '국문연구의정안'을 만든다. 이 안이 국가의 공인을 받는 하나의 통일안으로 발전되지는 못하였지만 이후 한글맞춤법의 제정에 큰 밑그림이 되었다. 일제시절 조선총독부의 개정안을 거쳐 1933년에 조선어학회를 중심으로 '한글마춤법통일안'이 만들어지게 되는데 이것이 현행 사용하고 있는 남쪽 규범과 북쪽 규범의 기본안이 되었다. 어문 규범이 무엇을 대상으로 하느냐, 그리고 어떤 원칙으로 하느냐 하는 문제는 모두 총론 혹은 총칙에 규정되어 있는데 그 내용을 세 규정에서 비교해 보면 다음과 같다.

먼저 1933년에 제정된 〈한글마춤법통일안〉의 총론은 다음과 같다.

1. 한글 마춤법(綴字法)은 표준말을 그 소리대로 적되, 어법에 맞도록 함으로써 원칙을 삼는다.
2. 표준말은 대체로 현재 중류 사회에서 쓰는 서울말로 한다.
3. 문장의 각 단어는 띄어 쓰되, 토는 그 웃 말에 붙여 쓴다.

남쪽에서는 일부 개정되어 1988년에 고시되는데, 여기에 나타나는 남쪽 어문 규범의 원칙은 다음과 같이 제시되고 있다.

제1장 총   칙

제1항 한글 맞춤법은 표준어를 소리대로 적되, 어법에 맞도록 함을
원칙으로 한다.

제2항 문장의 각 단어는 띄어 씀을 원칙으로 한다.

제3항 외래어는 '외래어 표기법'에 따라 적는다.

여기서 보듯이 남쪽의 규범은 일부 항목의 조정은 있었지만, 규
범의 원칙은 1933년의 것을 그대로 지키고 있다. 이에 반해 북쪽은
1987년에 국어사정위원회의 이름으로 개정안을 내게 되는데, 여기에
나타나는 〈맞춤법〉과 〈띄여쓰기〉의 총칙은 다음과 같이 나타난다.

총 칙

조선말맞춤법은 단어에서 뜻을 가지는 매개 부분을 언제나 같게 적
는 원칙을 기본으로 하면서 일부 경우 소리나는대로 적거나 관습을 따
르는것을 허용한다.

총 칙

조선어의 글에서는 단어를 단위로 하여 띄여쓰는것을 원칙으로 하
되 자모를 소리마디단위로 묶어쓰는 특성을 고려하여 특수한 어휘부
류는 붙여쓰도록 한다.

이들을 비교해 보면 1933년 한글맞춤법통일안의 제정 당시의 규정
과 현재 남쪽과 북쪽이 사용하고 있는 규정은 대동소이하다고 할 수
있다. 즉, 규정의 대상이나 표기 원칙에 있어서 동일성 내지는 공통성
을 공유하면서 세부적인 차원에서 약간의 차이가 있는 것이다. 북쪽
의 규정에 나타나는 '뜻을 가지는 매개 부분을 언제나 같게 적는 원칙

을 기본으로 하면서 일부 경우 소리나는대로 적거나 관습을 따르는것
을 허용한다.'는 것은 남쪽의 '어법에 맞도록 함을 원칙으로 한다.'는
표현을 구체적으로 풀어서 설명한 것이다.[5]

2.2. 남북 이질화의 현 주소

2.2.1. 언어 이질화의 요인

실제적인 인적 교류를 하지 않는 남쪽의 언어와 북쪽의 언어는 세
월의 흐름에 따라 이질성이 커질 수밖에 없는데 그 원인을 세부적으
로 나누어 보자.

첫째, 남북의 언어가 달라질 수밖에 없는 가장 중요한 요인은 〈상이
한 사회 문화 체계〉를 가지고 있기 때문이다. 남쪽 사회와 북쪽 사회
의 기본이 되는 사회문화적인 체계나 사상의 다름으로 인하여 언어가
이질화될 수밖에 없다. 남쪽은 자본주의를 바탕으로 자유민주주의 체
제를 채택하고 있고 북쪽은 그렇지 못하다. 이러한 체제는 상이한 사
상과 개념을 형성하고, 이에 의한 언어의 차이가 유발될 수밖에 없다.
예를 들어 '중' 내지는 '스님'에 대한 해석은 남쪽의 시각과 북쪽의 시
각이 다르기 때문에 그 개념이 달라질 수밖에 없는 것이다. 이러한 단
어들은 상당한 수가 존재한다.

둘째, 상이한 언어 및 언어 이론을 수입했기 때문이다. 자본주의는

---

5) 이에 대해서는 남쪽의 많은 학자들이 동의하지 않을 수 있으나 필자는 수년 전부
터 이러한 주장을 구두로 해 왔고, 문자로 간행하기 위한 준비를 현재 마무리하고
있는 중이다.

미국을 비롯하여 서유럽으로 대표된다. 반면에 사회주의 내지는 공산주의는 러시아와 중국에 의해 대표된다. 사상적으로나 이념적으로 남쪽은 미국을 비롯한 서유럽과 주로 교류를 하고, 북쪽은 구소련이나 중국과 주로 교류를 해 왔다. 이에 의해 접촉하는 언어에 차이가 나고 수입된 언어가 다를 수밖에 없게 되는 것이다. 남쪽에는 '투르크멘'이라 말하고, 북쪽에서는 '뚜르크메니아'라고 말하는 것은 단적인 예다. 남쪽에서는 영어의 발음을 수용하고 북쪽에서는 러시아의 발음을 수용한 결과이다. 여기에 더해 남쪽과 북쪽이 각각 상이한 언어 이론을 수입함으로써 이에 민감한 규정은 서로 달라질 수밖에 없다. 예를 들어 총칙 제3항에 의하면 '문장의 각 단어는 띄어쓴다'라고 되어 있는데 이 단어의 개념은 언어 이론에 따라 차이가 날 수밖에 없는 것이다.

셋째, 세월의 흐름에 따른 언어의 자생적 변화는 남북의 언어를 달라지게 한다. 세상의 모든 사물과 같이 언어도 시간과 공간에 따라 다르게 변화해 간다. 시간의 흐름에 따라 세대간의 불완전한 언어 습득은 역사적인 변화를 낳게 하고, 지리적 차이에 의한 접촉의 정도 차이 역시 언어를 달라지게 하는 것이다. 남쪽에서 발생하고 있는 세대간의 모음 체계 변화는 그 속도가 가히 눈 깜짝할 사이인데 남북간의 교류가 활발하지 않으면 이 변화는 남북간의 이질화를 심화시킬 수 있는 것이다.

넷째, 언어 정책과 규범의 이질화로 인해 언어의 이질성이 심화될 수 있다. 북쪽은 강력한 순화 정책을 표방한 반면 남쪽에서는 기존의 한자어나 외래어를 그대로 사용하는 경우가 많아 언어의 이질감이 생긴다. 예를 들어 남쪽에서는 '로터리, 레코드, 발코니'라고 사용하고 있는데 북쪽에서는 이를 순화하여 '도는네거리, 소리판, 내민대'라고 사용하고 있는 것이다. 또한 남부 지방과 북부 지방의 언어 현상이 다를 경우 이는 각각 다른 규범으로 규정할 수밖에 없다. 예를 들어 'ㄷ' 구개음화의 경우 남한에는 존재하지만 북쪽에는 존재하지 않기 때문에 각각의 언어 규범에서 달리 규정할 수밖에 없는 것이다.

2.2.2. 이질화의 현황

언어 이질화의 현상을 분류하여, 언어 자체의 변화와 언어 접촉에 의한 것을 언어 내적인 분화라 하고, 그 외의 것을 사회 문화적 변화라고 하면 대체로 다음과 같이 정리할 수 있다.

1. 언어 내적인 분화
    1. 시간의 흐름에 의한 통시적 분화
    2. 지리적 차이에 의한 방언의 분화
    3. 다른 언어와의 접촉에 의한 상이한 외래어의 유입

2. 사회 문화적 변화
    1. 문화의 변화에 따른 어휘의 변화
    2. 사상 이념 등에 의한 금기어의 생성
    3. 상이한 언어 규범의 제정
    4. 상이한 신조어
        (1) 사상·제도와 관련된 용어
        (2) 새로운 행정 구획과 지명 개정
        (3) 상이한 순화어(다듬은말)

규범의 이질화는 규범의 종류에 따라 다음과 같이 나누어 볼 수 있다.

1. 한글 맞춤법
    1. 체재에 관한 부분
    2. 자모 배열에 관한 부분
    3. 소리에 관한 부분
    4. 형태에 관한 부분
    5. 띄어쓰기에 관한 부분
2. 외래어 표기법
    1. 표기 수단인 한글 자모 수의 문제
    2. 원음 주의와 관용 표기
    3. 된소리 표기의 수용 여부
3. 로마자 표기법
    1. 전자법과 전사법의 수용 정도
    2. 체계적 대응과 음운적 유사성의 수용 정도

3. 공동 연구를 위한 전제

3.1. 기본적인 인식의 합일[6]

서로 다른 환경에서 이질적인 경험을 쌓아온 남북의 학자들(중국

---

6) 이 원고의 제3장은 〈Korean 연구와 교육〉의 창간호에 실은 박창원의 "〈발간사를 대신하여〉 남북의 공동 작업을 위한 제언"을 조금 수정 보완한 것이다.

이나 다른 지역의 동포 학자들을 포함하여)이 서로 모여 공동의 작업을 하기 위해서는 본질과 존재의 이원적인 구분에서 본질의 공통성을 인식하고, 존재의 다양성을 인정해야 한다. 이에 관해 약간 부연하면 다음과 같다.

3.1.1. 본질의 공통성

본질은 공통적이라는 것을 인식하자. 본질이란[7] 어떤 존재의 항구적이면서 근원적인 속성 혹은 구성 요소로서 그 존재가 내재적으로나 원초적으로 가지고 있는 특성을 뜻한다. 다시 말해 본질이란 존재의 본원적 구성 요소이기에 본질은 존재의 천부적 본성 혹은 자연성이 된다. 따라서 본질은 존재를 규정하는 근원적인 요인이 된다. 본질이란 존재의 범위를 어떻게 설정하느냐에 따라 달라질 수 있는데, 남과 북이 공통의 작업을 하기 위한 본질은 첫째, 가장 기본적으로 인간이라는 범주 속에서 인간으로서의 공통성을 공유한다는 시점에서 출발할 수 있고 둘째, 하나의 민족이라는 범주 속에서 수천 년 동안 동일한 문화 공동체를 공유해 왔다는 시점에서 출발할 수도 있다.

남쪽과 북쪽(중국을 포함)이 공간을 달리하고, 이념과 체제를 달리한다고 하더라도, 모두 인간으로서의 보편적인 공통성을 가지고 있다. 인간으로서의 본질 – 인간성을 공유하고 있으며 이성적 동물로 정의

---

7) 본고에서 사용하고 있는 '존재, 본질, 실존'의 개념은 다음과 같다. '존재'는 '실제적이든 가상적이든 있음'의 의미로, '본질'은 '근원적인 속성'의 의미로, '실존'은 '표면적으로나 구체적으로나 실현되고 있는 양상'의 의미로 사용한다. 이를 음운론에 비유하면 '존재'는 음소가 되고, 본질은 기저형에 해당되고, 실존은 표면형에 해당된다.

되는 공통적인 특성을 공유하고 있는 것이다. 게다가 남쪽이나 북쪽에 존재하고 있는 인간들은 5,000년 가까이 하나의 언어공동체를 유지하면서 하나의 동일한 민족이라는 공통성을 공유하고 있다. 존재의 다양한 많은 양상들은 이 근원적인 공통성에 비하면 조그마한 차이에 불과하다. 때로는 계층적인 사고를 하지 못하고 때로는 본질과 존재를 혼동하여, '조그마한 현상적인 차이'와 '큰 본질적인 공통성'의 위계를 인식하지 못하거나 둘 사이에 존재하는 중요성의 차이를 망각하는 실수를 범해서는 안 될 것이다. 다시 말해 남쪽이나 북쪽이 이념이나 체제가 서로 다르다 하더라도 이것은 본질적인 차이에 기인하는 것이 아니라는 인식이 필요한 것이다. 이념이나 체제는 인간이 살아가기 위한 하나의 방편에 불과한 것이지 이것 자체가 인간의 공통성이나 차별성을 담보하는 것이 아니기 때문이다. 남쪽의 사람이나 북쪽의 사람이나 인간으로서의 공통성을 가지고 있고, 그 위에 같은 민족으로서 다른 민족이 공유하지 못하는 배타적 공통성을 가지고 있음을 인식해야 한다. 수천 년 동안 같은 지역에 살면서 때로는 다른 국가에 속하기도 하고, 때로는 하나의 통일된 국가에 살기도 하면서 하나의 동일한 문화를 형성해 온 문화적인 공동체라는 인식이 필요한 것이다.

3.1.2. 합리적인 민족주의

합리적인 민족주의를 지향하자. 한 민족으로서의 공통성과 관련하여 우리가 추구해야 할 이념 중에 우선적으로 떠오르는 것이 민족주의이다. 이념에 의해 남북으로 분단되어 있는 민족의 정치적 통일을 목표로 하고, 또한 정치 경제적으로나 문화적으로 외국의 지배나 대외적 종속으로부터 자주적 해방이나 주체적 독립을 목표로 하는 민족주의를 기본으로 하여, 공동체적인 문화 유산을 세계로 확산 보급하는 민족주의를 우리가 추구하는 기본적인 이념으로 정립해야 할 것이다.

이러한 작업을 하면서 우리가 유념해야 할 사항은 민족주의라는 이념적 틀을 놓쳐서도 안 되지만, 민족주의라는 이념적 틀에 지나치게 얽매여서도 안 된다는 것이다. 우리 민족만이 최고라는 우상적 민족주의나 개인의 자유와 권익을 무시하고 집단만을 생각하는 전체적 민족주의 그리고 다른 민족을 배척하는 배타적 민족주의는 배격되어야 할 것이다.

인간의 본질에 바탕을 둔 민족주의를 새롭게 정립하고, 공통된 합리적 목적을 함께 지향하고 실천하는 민족주의를 설정해야 할 것이다. 다시 말해 기쁜 일이나 슬픈 일을 같이 나누고 어려운 일은 협조하여 처리하면서 더불어 살아가는 생활공동체로서의 민족주의를 설정해야 할 것이고, 서로 돕고 사랑하는 가족 공동체와 같은 민족주의를 설정해야 할 것이다. 동시에 다른 민족에 대해서도 우리 민족과 동일한 가치를 부여하는 민족 평등적 민족주의를 설정해야 할 것이다.

3.1.3. 실존의 다양성

실존의 다양성을 인정하고, 상호 간에 그것을 실체로 인정하자. 본질의 동일성을 인정한 후 본질이 표면적으로 드러나는 존재의 양상은 다양할 수밖에 없고, 또한 본질은 존재의 다양성 속에 진보할 수 있다는 것을 인식해야 할 것이다. 남과 북이 새로운 만남을 만들고 서로 협조하기 위해서는 본질이 형상화하는 실존의 다양성을 인정하고 이를 긍정적으로 받아들이는 것이 필요하다. 즉, 남과 북 혹은 북과 남이 만나 대화와 타협을 하기 위해서는 서로가 개별적으로 존재하고 있는 실존체라는 것을 인정하는 것이 필요하다. 상대편도 이쪽만큼 존재의 가치를 가지고 있는 나와 대등한 존재라는 상호 평등의 정신에 입각하여 대화하고 이해하는 것이 필요하다. 이러한 인식에서 우선적으로 실행해야 할 사항은 언어 사용에 관한 것이다. 어느 쪽이든 상대편을 비난하거나 무시하는 발화를 해서는 안될 것이다. 그리고 쌍방이 모두 비난이나 무시의 발화가 아닌 한, 상대방의 개별적인 언어 사용을 인정하고 수용해야 할 것이다. 이러한 정신으로 각자가 사용하던 평상시의 언어를 그대로 사용하고 이를 쌍방이 서로 존중하고 이해하는 것이 필요한 것이다.

3.1.4. 대립물의 조화

대립물의 조화를 꾀하기 위해 지속적으로 노력하자. 모든 존재에는 대립물이 존재한다. 대립물의 존재는 피대립물의 존재 의미를 증명해 주는 것이기에 존재의 근거가 될 수 있다는 것을 인식해야 할 것이다. 그리고 역사는 이러한 대립물의 조화에 의해 한 단계 더 발전할 수 있다는 것도 인식해야 할 것이다. 즉, 역사는 일방의 주장이나 변화에 의해 발전하는 것이 아니라 쌍방이 조화를 이루는 새로운 개념의 창조에 외해 진보하는 것이라는 인식이 필요한 것이다.

상호 간에 가지고 있는 많은 대립적인 차이점은 더 나은 발전을 위한 계기가 될 수 있다. 분단된 우리 민족의 대립적인 상황은 통일된 국가를 이루고 있는 다른 민족보다 새로운 개념을 창조할 수 있는 좋은 기회라고 인식하고 대립물의 조화에 의한 창조적 진보를 위해 노력해야 할 것이다.

3.2. 합의 방법의 도출

남측과 북측의 학자들이 모여 공통점과 차이점을 확인한 후 차이점을 통일시키기 위해서는 개개 사안에 따라 처리할 방식이 달라지겠지만 우선 개인의 감정적인 요소와 학문적인 자존심을 잠시 접어두고 합리적인 해결 방안을 만들기 위해 노력해야 할 것이다. 한글맞춤법이나 표준 발음의 통일과 관련하여 양쪽이 고려해야 할 몇 가지 원칙을 생각해 보자.

3.2.1. 원칙과 기준점의 설정

합의를 도출하기 위해서 첫째, 합일(통일)을 위한 대원칙과 기준점을 설정하자.

표면적으로 드러난 주장이나 결과가 다를 경우 조정하기 어려운 경우가 많고 원칙이나 기준점과 관련없는 감정의 요소가 개입될 가능성이 있다. 이를 해결하기 위해서는 객관적으로 판단할 수 있는 기준점과 이면에 내재되어 있는 원리나 원칙을 찾아내어 이를 해결의 기준점으로 설정해야 할 것이다.

〈예〉특정한 어휘에 대하여 형태소를 고정시켜 표기할 것인가 아니면 소리나는 대로 적을 것인가 하는 표기법의 기본적인 성격과 관련된 문제가 제기되는 경우, 판단의 기준점은 한글맞춤법의 기본 정신에 어느 것이 더 합당한가 하는 것이 될 것이다. 즉 한글맞춤법의 기본적인 원리인 공시적인 음운 규칙으로 설명할 수 있는 교체이면 기본형을 밝혀 적고, 그렇지 않으면 소리나는 대로 표기하는 원리가 해결책이 되는 것이다. 물론 공시적 음운 규칙의 타당성 여부는 해당 전공자의 치열한 논쟁에 의해 해결되어야 할 것이다.

3.2.2. 상호 인정

합의를 도출하기 위해서는 둘째, 충돌되지 않는 기준점은 상호 인정하고, 원칙에 어긋나지 않는 한 양보하자.

남쪽과 북쪽이 각각 상이한 결론에 도달했는데 적용한 기준이 다르고 그 기준들이 각자 타당성을 가지고 있을 경우에는 이를 상호 인정해 주는 선에서 절충하되 상대방이 한글맞춤법의 원리를 어기지 않는 방향으로 조정해야 할 것이다. 이때 절충의 원칙을 설정하고 이에 따라 일관성이 있도록 절충해야 할 것이고, 적용한 기준점이 충돌되는 현상이 생기지 않도록 주의해야 한다.

〈예〉두음법칙과 관련된 표기는 남쪽과 북쪽이 같은 기준점을 적용하지만 표기 양상은 다르다. 즉 양쪽이 모두 소리나는 대로 표기하고 있는데 남쪽의 언어 현상과 북쪽의 언어 현상이 다르기 때문에 달리 표기하고 있는 것이다. 이 표기의 문제를 해결하기 위해서는 한글맞춤법의 원리를 지키는 선에서 상대방의 기준점을 서로 인정하되, 한글맞춤법의 원리를 양쪽이 다 지킬 수 있는 방향이 있으면 그 방향으로 합일점을 찾는 것이 필요하다 즉, 어느 한쪽이 '소리나는 대로'의 원칙을 포기하고 '어법에 맞게'라는 표기로 할 경우에 두 표기가 하나로 통일될 수 있다면 그러한 방법을 택해야 할 것이다. 다시 말해 두음법칙의 표기와 같은 경우 남쪽이 '소리나는 대로'의 표기를 포기하고, '어법에 맞게'라는 원칙을 받아들여 '이발관, 예' 등을 '리발관, 례' 등으로 표기하면 해결될 수 있는 것이다.

3.2.3. 복수 인정

절충할 수 있는 방법이 없을 경우에는 셋째, 가능하면 복수로 인정하자.

이것이냐 저것이냐 선택의 문제이지 절충점이 존재할 수 없고 실제적인 상황 등으로 인하여 양보할 수 없는 경우에는 복수로 인정해야 할 것이다.

> 〈예〉 '래' 겹받침의 발음을 어떻게 정할 것인가 하는 경우, 예를 들어 '밟고'의 발음이 [밥꼬]와 [발꼬]로 남북이 달라지는 경우에 표준 발음을 어떻게 할 것인가 하는 문제는 실제적인 언어 상황이기 때문에 표준 발음을 둘다 인정해야 할 것이다.(이는 언어 사실과 관련없는 일이다. 논리적인 가정 상태를 언급한 것이다.)

3.2.4. 제3자 선택

각자의 주장과 논거가 달라서 서로 합의할 수 없는 경우에는 넷째, 절충되지 않고 복수로 인정할 수 없으므로 제3의 경우를 채택하자.

남쪽의 안과 북쪽의 안이 달리 존재하고 이 중 하나를 선택할 수밖에 없는 상황이어서 복수로 존재하는 것이 불가능할 경우에는 제3의 안을 창출하여 채택해야 할 것이다.

〈예〉 사전 편찬과 같은 작업에서는 남쪽의 자모순과 북쪽의 자모순이 다르기 때문에 어느 한쪽을 선택해야 하는 상황이 발생한다. 서로 다른 순서가 공존할 수 없기 때문이다. 그리고 각각이 선택한 기준점 즉 조음 방식을 우선하는 기준점과 조음 위치를 우선하는 기준점 그리고 각자의 전통을 존중하는 기준점의 절충과 관련된 문제는 논쟁으로 해결할 수 있는 문제가 아니다. 이 경우에는 제3의 안을 창출하여 따르는 수밖에 없는 것이다.

3.2.5. 제외할 내용

각자 속한 사회의 기본적인 성격과 관련될 경우에는 다섯째, 구체적인 절충이 불가능하므로 논의에서 제외하자.

〈보충〉 표기의 방법에 관련되는 것이 아니고 그 내용에 관한 문제가 제기될 경우에는 서로가 심각한 고민에 빠질 수 있다. 이는 자칫 공동 작업의 성사 여부에도 관련될 수 있으므로 신중에 신중을 기하지 않을 수 없다. 이는 공동으로 연구를 수행하여 연구 결과를 낼 경우 혹은 공동으로 교재를 만들 경우에 근본적인 문제로 대두될 수 있을 것이다. 결과의 서술 혹은 공동 작업의 수행이 내용과 구성의 기본적인 정신과 관련될 수 있는 것이다. 이에 대해서는 구체적인 작업을 하면서 공통점을 찾기 위해 계속 노력해야 할 것이므로 여기서는 개략적인 방향만 제시하고자 한다.

〈예〉 체제나 사상, 이념에 관련되는 내용은 싣지 않는다.

　　　　인물사의 경우 양쪽이 공동으로 동의하는 인물만 싣는다.

4. 한국어 기초 자료의 구축

4.1. 한국어의 단계별 정리

한국어의 단계별 정리는 기본적으로 세 분야로 나누어 생각해 볼 수 있다. 어휘, 문법, 음운 등이 그것이다. 각각의 분야에서 기초 자료를 구축하는 것은 다음과 같이 표현해 볼 수 있다.

음운: 개개 음소 및 음소 결합의 난이도 그리고 음운 현상의 난이도

문법: 한국어 문장 유형과 문법 항목의 빈도수 및 난이도

어휘: 한국어 어휘의 빈도수 및 난이도 정리

4.1.1. 음운 현상의 정리

음운 현상과 관련하여 단계별로 정리한 예를 들면 다음과 같다. 대상 어휘는 '가고, 감아, 업고, 없이, 없더라, 덧없이, 값없이'로 한다.

'가고'는 [가고]로 조음되는데 이는 아무런 음운 현상이 발생하지 않은 것이다. '감아'는 [가마]로 조음되는데 이는 한국어의 음절 구조와 관련된 연음 현상만 발생한 것이다. '업고'는 [업꼬]로 발음되는데 이에는 폐쇄음 뒤에 된소리 현상이 나타나는 한국어의 보편적인 현상이고, '없이'는 [업씨]로 발음되는데 이는 연음 현상이 발생하고 폐쇄

음 뒤에서 평음이 된소리로 바뀐 것이다. '없더라'는 [업떠라]로 조음 되는데 이에는 자음군 간소화 현상과 된소리 현상이 발생한 것이다. '덧없이'는 [더덥씨]로 조음되는데 이는 받침 법칙, 연음 현상 그리고 된소리 현상이 발생한 것이다. '값없이'는 [가법씨]로 조음되는데 여 기에는 받침 법칙, 연음 현상, 된소리 현상 등이 발생한 것인데, 동일 한 'ㅂㅅ'이 형태론적인 구성에 따라 달리 조음되는 것을 보여주는 것 이다.

이것은 쉽게 받아들일 수 있는 간단한 음운 현상에서 시작하여 점 점 어려운 음운 현상을 설명하는 단계로 나아가는 예를 하나 살펴본 것인데, 앞으로 한국어의 모든 음운 현상을 종합적으로 고려하여 복 잡도와 난이도에 따라 단계별 작업을 만들어 놓아야 할 것이다.

4.1.2. 문법 항목의 정리

한국어를 교육하거나 습득하기 위해 혹은 모국어 화자의 교육을 위 해 필요한 문법 항목 전체를 정리하고 이를 최대한의 등급으로 분류 한다. 예를 들어 가르칠 문법 항목이 600개라면 이를 초급, 중급, 고급 의 단계로 대략 100개, 200개, 300개 정도로 분류한다. 초급, 중급, 고 급의 단계를 다시 3등분하여 초급 1, 초급 2, 초급 3 정도로 구분하여 30개, 30개, 40개 정도로 구분한다. 중급 역시 1단계, 2단계, 3단계로 구분하여 60개, 60개, 80개 정도의 문법 항목을 정리한다. 고급 단계 역시 3단계 정도로 구분하여 90개, 90개, 120개 정도로 구분하여 정 리한다.

하나의 문법 항목은 여러 가지의 기능을 가지고 있으므로 이에 대한 정리도 필요하다. 대체적으로 국어 사전에 그 기능이 구분되어 정리되고 있으나 사전에 따라 그 순서가 일정하지 않으므로 한국어 교육이나 습득에 적합하도록 그 기능의 순서를 다시 정리한다. 그리고 그 기능을 어느 단계에서 가르칠 것인지를 결정한다.

〈표준국어대사전〉에는 조사 '에'에 대해 다음과 같이 정리되어 있다.

「조사」

[1] ((체언 뒤에 붙어))

「1」 앞말이 처소의 부사어임을 나타내는 격 조사.

¶ 옷에 먼지가 묻다/언덕 위에 집을 짓다/나는 시골에 산다./부모님은 집에 계신다./거리에 사람들이 많다./집안에 경사가 났다.

「2」 앞말이 시간의 부사어임을 나타내는 격 조사.

¶ 나는 아침에 운동을 한다./우리, 오후에 만나자./그 시간에 뭐 할 거니?/진달래는 이른 봄에 핀다.

「3」 앞말이 진행 방향의 부사어임을 나타내는 격 조사.

¶ 학교에 가다/동생은 방금 집에 갔다./지금 산에 간다.

「4」 앞말이 원인의 부사어임을 나타내는 격 조사.

¶ 바람에 꽃이 지다/그는 요란한 소리에 잠을 깼다./그까짓 일에 너무 마음 상하지 마라.

「5」 앞말이 어떤 움직임을 일으키게 하는 대상의 부사어임을 나타내는 격 조사.

¶ 나는 그의 의견에 찬성한다./그의 거짓말에 속지 마시오.

「6」 앞말이 어떤 움직임이나 작용이 미치는 대상의 부사어임을 나타내는 격 조사.

¶ 나는 화분에 물을 주었다./그는 자기의 일에 열의가 대단하다./나는 생각에 잠겼다.

「7」 앞말이 목표나 목적 대상의 부사어임을 나타내는 격 조사.

¶ 몸에 좋은 보약/이 약은 감기에 잘 듣는다./이걸 어디에 쓸 것인가?

「8」 앞말이 수단, 방법 따위의 대상이 되는 부사어임을 나타내는 격 조사.

¶ 우리는 햇볕에 옷을 말렸다./예전에는 등잔불에 글을 읽었다.

「9」 앞말이 조건, 환경, 상태 따위의 부사어임을 나타내는 격 조사.

¶ 이 무더위에 어떻게 지냈니?/모든 것은 생각하기에 달려 있다./기쁨에 넘치는 나날이었다.

「10」 앞말이 기준되는 대상이나 단위의 부사어임을 나타내는 격 조사.

¶ 그것은 예의에 어긋나는 행동이다./시대에 뒤떨어지는 생각은 하지 마라./나는 하루에 두 번씩 세수를 한다./쌀 한 말에 얼마지요?/두 사람에 하나씩 나눠 가져라.

「11」 앞말이 비교의 대상이 되는 부사어임을 나타내는 격 조사.

¶ 그 아버지에 그 아들.

「12」 앞말이 맡아보는 자리나 노릇의 부사어임을 나타내는 격 조사.

¶ 반장에 그가 뽑혔다./춘향에 성희, 이 도령에 춘수였다.

「13」 앞말이 제한된 범위의 부사어임을 나타내는 격 조사.

¶ 포유류에 무엇이 있지?/이곳에서 생산되는 것에 좋은 것이 있다고 들었소.

「14」 (('관하여(관한)', '대하여(대한)', '의하여(의한)', '있어서' 따위와 함께 쓰여))앞말이 지정하여 말하고자 하는 대상의 부사어임을 나타내는 격 조사.

¶ 이 문제에 관한 보고서를 작성해 오시오./이 점이 시장을 선출하는 데에 있어서 가장 중시되어야 할 사항이다.

「15」 앞말이 무엇이 더하여지는 뜻의 부사어임을 나타내는 격 조사.

¶ 국에 밥을 말아 먹다./커피에 설탕을 타다/3에 4를 더하다.

[2] ((체언 뒤에 붙어))

둘 이상의 사물을 같은 자격으로 이어 주는 접속 조사.

¶ 잔칫집에서 밥에떡에술에 아주 잘 먹었다./아버지가 책에연필에 장난감에 이것저것 많이 사 주셨다.

이러한 기능별로 사용의 빈도수 및 난이도 그리고 교육 및 습득의 단계가 제시될 수 있도록 한국어의 사용 실태에 대한 조사가 이루어져야 할 것이다.

4.1.3. 어휘의 정리

한국어에서 사용되고 있는 기초 어휘와 중급 어휘 그리고 고급 어휘가 구분되고, 어휘의 의미별 단계가 정리되어야 한다. 어휘의 난이도와 빈도수는 개념의 등급과 발음의 등급에 차이가 있으므로 이를 감안하여 정리되어야 한다. 예를 들어 개념과 사용의 차원에서는 '할머니'가 한국사회에서 기초적인 어휘가 되지만, 발음의 차원에서는 '조모'가 훨씬 더 기초적인 어휘가 되는 것이다.

곧 상황별, 목적별 한국어 어휘의 빈도수와 난이도의 정리가 국어 어휘의 기초 자료 구축이 된다.

4.2. 서술 문장의 단계화 및 체계화

문법에 대한 서술 문장은 가능한 한 간단명료한 문장이 되는 것이 좋으나 문법을 기술하고 있는 문장을 통해서도 모국어 화자인 경우에 모국어에 대한 인지 발달 과정이 달라질 수 있고, 외국인인 경우에도 한국어를 습득하는 과정에 영향을 끼치게 되므로, 문법에 대한 서술 문장 역시 서술 대상인 의미에 따라 단계별로 구성되어야 할 것이다.

문법서의 문법에 대한 서술 문장은 음운, 통사, 어휘를 고려한 단계식 구성이 되어야 한다. 예를 들어 어떤 문법 항목의 의미가 네 가지라면, 기본적인 의미의 서술은 기본적인 음운, 문장, 어휘로 구성되어 쉽고 간단한 문장으로 이루어져야 할 것이고, 어려운 의미일수록 수준높고 복잡한 문장으로 기술되어야 할 것이다.

쉬운 문장이란 음운 현상이 발생하지 않고, 통사적으로 기본 문장 구조로 이루어져 있으며, 기초적인 어휘로 이루어진 문장이라고 할 것이다. 간단한 문장은 사용된 단어의 수가 적은 문장이 될 것이다. 이때 주의해야 할 사항 중의 하나는 간단한 문장이라고 해서 기본적이고, 쉬운 문장이 아니라는 사실이다. 예를 들어 '나 자장면이야'라는 문장은 아주 간단하지만 한국어의 기본적인 구조를 보여주는 쉬운 문장이 아니다. 한국어의 기본 구조로 이루어진 즉 확장되거나 생략되지 않은 문장이 기본적인 문장인 것이다.

한국어 표준 문법은 전체적인 체계에서 문장의 체계적인 연관성을 가지도록 해야 할 것이다. 예를 들어 한국어 학습의 초급 단계에서 1,000개의 어휘와 초보적인 음운 현상, 그리고 문장의 종류 등이 결정되었으면, 이와 관련된 문법 사항이 문법 항목의 기초적인 설명에서 빠짐없이 나오도록 하는 것이 한국어 학습에 도움이 될 것이다. 그뿐만 아니라 한국어 전체의 문장 유형과 음운 현상 그리고 필요한 어휘 항목이 문법 항목의 서술에서 고루고루 사용되도록 안배하는 것이 서술 문장의 체계화가 되는 것이다.

4.3. 예문의 체계화

4.3.1. 예문의 목적별 구성

예문의 구성과 작성은 일정한 목적을 가져야 한다. 일차적인 목적은 한국어 내지는 한국어 문법을 효율적으로 배울 수 있게 하는 목적을 가지고 그에 합당한 예를 보여 주는 것이다. 이차적으로는 예문의 학습을 통해서 자연스럽게 한국의 문화를 이해시키는 것이다. 여기에서 더 나아가 예문은 그것을 배우는 과정에서 인간으로서의 심성을 키우고 사고 작용을 향상시킬 뿐만 아니라, 보편적인 사고를 가진 인간으로 성장하는 데 도움이 될 수 있는 것으로 구성되어야 한다.[8]

이를 위해서는 언어, 문학, 역사, 철학 등의 인문 과학뿐만 아니라 사회 과학이나 자연 과학 등 인간의 상식을 높이고 지혜를 키울 수 있는 많은 문장들이 동원되어야 하고, 우리말답게 번역된 명작 내지는 명문들도 과감하고 적절하게 수용되어야 할 것이다.

---

8) 고등학교 영어 학습서의 하나인 '성문종합영어'에 실린 예문들의 우수성은 그 책을 배운 사람들은 모두 인정할 것이다.

4.3.2. 예문의 수준별 정리

하나의 문법 항목에 대한 서술 문장이 단계적으로 구성되고, 전체적인 문법 항목에 대한 서술 문장을 체계화하는 것만큼 예문 역시 그러해야 한다. 예를 들어 주격조사 '가'의 예문에서 '개가 간다, 창호가 간다. 내가 간다' 등의 예문 선택은 일반명사, 고유명사, 대명사의 학습 시기 내지는 학습 단계와 관련하여 고려해 할 사항이다. 그뿐만 아니라 음운, 어휘, 문장의 난이도를 고려하여 예문이 구성되어야 한다는 것은 당연한 사항이 될 것이다.

> 1) 내가 간다, 창호가 간다, 개가 간다.
> 2-1) 내가 간다.
> 2-2) 덧없이 세월이 간다.
> 2-3) 오래전에 건축된 화신 백화점이 덧없는 세월 속에
> 2-4) 높은 지위에 있으면서도 값없이 구는 관리는 --

위의 예문과 같이, 모든 문법 항목에 대해 체계적인 예문의 구성이 마련되어야 한다. 만약 500개의 문법 항목에 대한 서술을 하고, 각 항목당 5개의 예문이 들어 간다고 가정할 때, 500개의 문법 항목에 대한 첫 번째 예문에서는 어느 등급까지의 어휘를 사용하고 어떤 문장 유형을 선택하며 음운 현상은 어느 정도까지 반영될 것인가 그리고 두 번째 예문에서는, 세 번째 예문에서는 등등으로 예문 전체가 체계적으로 제시되어야 할 것이다.

4.4. 기타

그 외에 정리되어야 몇 가지를 제시하면 다음과 같다.

4.4.1. 한국어 문장(문형)의 수준별 정리

한국어 단문의 유형을 문형별로 정리하고, 이들이 복문이나 중문이 되는 경우 등을 고려하여 문장의 유형을 정리해야 할 것이다. 한국어의 기본 문형은 학자에 따라 다양하게 나타나지만 다음의 유형으로 설정한다.

> 1형식 주어 + 서술어 : 새가 날아간다. 꽃이 예쁘다. 철수가 학생이다.
> 2형식 주어 + 목적어 + 서술어 : 철수가 밥을 먹는다.
> 3형식 주어 + 보어 + 서술어 : 사람이 짐승이 아니다. 물이 얼음이 된다.
> 4형식 주어 + 목적어 + 보어 + 서술어 : 영미는 준호를 천재로 여겼다.

우선 해야 할 일은 각각의 형식에서 사용되는 동사나 형용사의 종류를 정리하고 분류하는 일이다. 예를 들면 1형식에 사용되는 동사에는 어떤 것들이 있고, 이들은 어떻게 분류될 수 있는가를 정리한다. 그 다음으로는 각각의 부류에 속한 동사나 형용사들의 사용 빈도와 난이도를 결정하는 일이다.

각각의 형식을 구성하는 동사나 형용사들에 대한 사항이 종합적으로 정리되면, 내포문 내지는 접속문에 대한 사항으로 나아가야 할 것이다. 한 예로 4형식 문장이 대등 접속문을 구성하고 각각의 문장 성분에 2형식 문장이 내포문으로 있는 문장을 제시한다.

꽃을 좋아하는 영미는 공부를 좋아하는 듯이 보이는 준호를 천재로 여기지만, 공부를 못하는 준호는 철없이 자기만 좋아하는 영미를 바보로 여겼다.

모든 가능한 한국어 문장을 수준별로 정리하는 것은 불가능한 일이겠지만, 고급 한국어 학습을 위해서 혹은 인지 발달의 논리적 고급화를 위해 해야 할 최소한의 한국어 정리는 해 놓아야 할 것이다.

4.4.2. 문법 범주와 현상의 보편성과 개별성 확인

언어에 따라 문법 범주가 가지는 내포와 외연은 다를 수 있다. 예를 들어 한국어의 동사, 형용사와 영어의 verb, adjective에서 볼 수 있듯 문법 범주가 동일한 듯하지만 그 개념들이 가지고 있는 내포는 다른 경우가 있는 것이다. 그리고 한국어에는 격조사와 특수조사가 존재하고 영어나 중국어에는 격조사는 없고 전치사가 존재하는데, 이 두 부류의 언어 사이에는 문법 범주 자체가 다를 수 있고 문법 범주의 외연이 다를 수 있는 것이다. 혹은 격 자체는 공통적이지만 표기하는 방법 즉 문법 범주의 양상이 다르기 때문일 수도 있을 것이다.

동일한 음운 현상이 두 언어에 공통적으로 존재하는 경우도 있고, 한 언어에는 있지만 다른 언어에는 없는 경우도 있으므로 이러한 것에 대한 정비도 비교대조 언어학적으로 이루어져 있어야 할 것이다.

4.4.3. 학습자의 모국어별 습득 단계 및 오류 유형 분석

음운 체계와 음운 현상, 기본적인 통사 구조와 확대된 통사 구조, 기본적인 의미와 연상적인 의미가 언어에 따라 달라지기 때문에 보편 언어적인 시각이나 모국어가 아닌 외국인의 시각에서 한국어를 범어적으로 기술한다는 것은 원천적으로 한계를 가지게 된다. 어떤 외국인의 시각에서 한국어를 기술하느냐에 따라 기술의 내용이나 서술 방법이 달라질 수밖에 없고, 범어적이란 단어가 성립될 수 있는지 여부가 아직 밝혀지지 않았기 때문이다.

한국어의 정비가 한국어 교육이나 학습에 도움이 되기 위해서는 대조언어학적 관점에서 언어를 기술하고, 한국어 학습 과정에서 생기는 오류를 효과적으로 설명하여, 더 효율적인 교육이 이루어질 수 있도록 한국어를 정비할 필요가 있을 것이다.

5. 나오기

세상에서의 성패란 어떤 일을 하고자 하는 목표의 설정과 그 일을 어떻게 하려고 하는가 하는 방법의 탐색과 의지에 달려 있듯이 남북한 간의 국어학자들이 민족의 통일과 발전에 어떻게 도움이 될 수 있을 것인가 하는 문제는, 현재 필요한 일이 무엇이고 또 할 수 있는 일이 무엇이며 그것을 어떻게 할 것인가 하는 문제에 대한 고민과 실천에 달려 있다.

이 글은 그러한 고민을 하기 위한 조그마한 실마리로 작성되었다.

남북의 학자들이 우선적으로 할 수 있는 일은 한국어에 대한 기초 공사를 보강하는 일이다. 기초 어휘의 빈도수는 남과 북이 공히 조사를 해 놓았는데, 이는 어휘의 사용 빈도를 정리해 놓은 것에 지나지 않는다. 언어 습득의 수준별 단계가 인지의 발달 단계와 어떻게 연관될 수 있는지, 상관 계수가 존재하는지, 범위를 좁혀 어휘의 습득과 인지 발달의 상관 관계는 어떠한지에 대해 아직 조사된 바가 없다. 문법의 단계별 정리나 음운 현상의 단계별 정리도 또한 마찬가지이다.

남쪽과 북쪽이 언어 생활에서나 학문 생활에서나 공동의 작업을 하기 위해서는 가장 우선적이면서 필수적인 사항이 규범을 통일시키는 일이다.[9] 이 작업은 쉽지 않은 일이지만 앞에서 언급했던 대로 기준점을 제대로 설정하기만 하면 오히려 쉽게 풀릴 수도 있는 일이다. 일상적인 언어 활동에서 문제가 될 수 있는 것은 한글맞춤법과 외래어 표기법인데 각각이 가지고 있는 문제점들을 파악하고 합리적인 해결책을 찾는다면 어쩌면 쉽게 해결될지도 모른다.

남북의 학자들이 체제나 사상 혹은 이념의 차이와 관계없이 할 수 있는 또 하나의 일은 연구사를 정리하는 일이다. 각 분야별로 연구의 주제를 정리하고, 이 주제에 관한 연구가 어디까지 어떻게 전개되었는가 하는 문제를 개개 논문의 정리와 함께 정리해 놓으면 우리 민족의 정신사의 흐름과 연관시켜 정리할 수 있는 날이 올 것이다.(이에 관련된 내용을 이 원고에 싣기 위해 무척 노력했으나 너무 미비하여 **빼 버렸다. 다음 기회에 연구사 서술 방법과 함께 정리할 수 있기를**

---

9) 물론 공동의 작업을 한 후 각자의 규범으로 업적을 나누는 방법도 생각해 볼 수 있으나 이것은 통합된 작업이라고 할 수 없다.

바란다.)

인간은 만물의 영장이고, 세상의 모든 것은 인간을 위해 존재한다고 인간들은 흔히 생각한다. 그런데 그 인간이란 개인적인 인간이 아니고 전체적인 인간일진데, 인간이 만든 사상이나 이념의 굴레에 빠져 나 이외 다른 인간의 존엄성과 소중함을 생각하지 못한다면 참으로 안타까운 일이다. 우리는 인간으로서의 기본적인 위치를 다시 생각하면서 통일을 위한 준비 작업 아니 더 크게는 인류의 정신문화사를 발전시키기 위한 작업을 해 나가야 할 것이다.

핵심어

남북한, 공동 연구, 통일, 한국어, 국어학, 한글맞춤법, 기초 자료, 표준 문법, 연구사

제10장

한글 자모 이름을 통일하기 위한
이론과 실제[1]

영문초록

This paper is written out with the object of finding the common projects between the South and North Korean scholars to parpare the unification of two states. To achieve the purpose, the scolars should recognize the following ones. 1. The true nature of the people is common. 2, The rational nationalism should be obeyed 3. Everyone should accept the varieties of the existence and respect each other. 4. We should try to harmonize the opposition.

The projects that South and North scholars could do together are as follows. 1. Establishment of the foundation related to the Korean language, for example, arrangement according to the language level and grammar level etc.. 2. Construction of standard grammar and norm.

영문주제어(Key Words)

South and North Korea. joint research, Unification. Korean Language, Korean Linguistics, foundation materials, standard grammar, the history of research

1. 서론

1945년 우리 민족은 해방이 되자마자 남북으로 분단되었다. 그 후 남북이 단절되어 서로 간의 교류가 활성화되지 못하였기 때문에 여러 가지 이질화 현상이 심화되었다. 문자 생활의 가장 기초가 되는 한글 맞춤법과 인간 생활의 가장 기초가 되는 언어의 이질화 현상도 그 중의 하나이다. 해방 후 70년이 되는 이 시점에 남북의 교류에 외형적인 영향력이 가장 큰 정치적인 상황이 어찌 되든 '민족의 통일'이라는 화두는 우리 사회의 중요한 하나의 화제가 되고 있는 실정이다. 이러한 시점에서 우리말이나 글에 관련된 분야에서 종사하고 있는 학자들은 새로운 시대의 맞음과 함께 우선적으로 해야 할 새로운 임무를 하나 더 맡게 되었다. 그것은 한글 자모의 이름을 통일하기 위한 이론을 개발하는 동시에 객관적인 기준점을 제시하고 아울러 구체적이고도 실제적인 통일안을 제시하는 일이다. 한글 자모 이름의 통일은 우리말과 글에 관한 논의를 남북의 관련된 학자들이 모여 시작할 때 가장 기초가 되는 작업인 동시에 선결적으로 해결해야 할 과제이기 때문이다.[2]

'이름'이란 사물이나 자연, 개인이나 단체 혹은 현상 등에 대해 그것이라는 것을 지칭하기 위해 붙여진 것이다. '건물 이름, 강 이름, 별 이름, 그 사람 이름, 그 단체 이름, 태풍 이름' 등은 이름의 예들이 된

---

1) 이글은 2014년 중국 연변에서 있었던 〈2014 두만강 포럼〉에서 발표한 내용을 조금 보완한 것이다. 두만강 포럼에서 남북의 규범에 관해 발표할 기회를 주신 연변 대학교 김영수 교수를 비롯한 관계자 분들께 이 자리를 빌려 감사드린다.
2) 남북이 언어와 문자에 관한 사항들을 처리해 나갈 때에는 가장 기초적인 문제를 맨 나중에 처리할 수도 있을 것이다. 구체적인 운영의 문제와 논리적인 순서의 문제는 다를 수 있다.

다. 이들은 언어의 자연스런 명명과[3] 마찬가지로 뇌세포에 기억된 그 무엇과 함께 연관되어 사용자가 머릿속에 저장하는 행위를 돕고 동시에 다른 사람과 소통하기 위한 수단이 된다. 이 이름이 없으면 어떤 사물이나 현상 등을 다른 사물이나 현상 등과 분화하거나 분석되지 않은 상태로 저장해야 하기 때문에, 다른 것과 관련시키는 관계의 망과 다른 것과 구별시키는 개별성으로 저장해야 하는 행위에 막대한 어려움을 초래한다. 동시에 인간 활동의 가장 기본적인 과제인 소통에 있어서도 막대한 지장을 초래하게 된다. 소통의 과정에서는 다른 것과 차별되는 그 무엇(이름)으로 언급해야 하는데 이름이 없을 경우에는 존재하고 있는 상태를 그대로 제시하거나 묘사를 해야 하기 때문에 소통은 불가능해진다. 결론적으로 간단하고 편리한 '이름'은 저장이라는 정신 활동과 소통이라는 인간 활동에 결정적인 역할을 하게 되고, 이를 바탕으로 한 학습과 인지 능력의 개발에도 필수적인 사항이 되는 것이다.

지금으로부터 대략 5,000년쯤 전에 하나의 언어 공동체를 형성하였던 우리 민족은 분화와 통일의 과정을 반복하였는데, 20세기 중반 제2차 세계대전이 끝나면서 다시 분화의 길을 걷게 되었다. 남쪽과 북쪽으로 두 개의 국가로 나누어지면서 민족 간 교류가 단절되고 각자의 독립된 생활을 추구하면서, 1933년 '한글마춤법통일안'이라는 단일한 어문규범으로 출발한 문자 생활 역시 각자의 사정에 따라 부분적인 개정이 이루어져, 규범의 많은 부분이 공통적이지만 부분적인

---

3) 언어의 기원에 대해서는 알 수가 없지만, 언어란 구체적으로 혹은 추상적으로 존재하고 있는 어떤 '존재'에 대한 명명이다. 흔히 우리는 이것을 '뜻'과 '소리'로 구성되어 있다고 한다.

차별성을 가지게 되었고, 언어와 관련된 제반 사항에서도 세월의 흐름에 따라 남쪽과 북쪽은 분화의 길을 지속하게 된 것이다.

이러한 와중에 한글 자모의 이름은 남쪽은 1933년 '한글마춤법통일안'을 제정할 당시의 이름을 그대로 사용하고 있는 반면에 북쪽은 부분적인 수정을 했기 때문에 앞으로 언어 문자에 대한 공동 논의와 결과물 도출을 위해서는 분화된 것을 통일해야 하는 과제가 발생하였다. 그런데 남북 간에 이질적으로 상이하게 존재하는 것을 객관적이고도 합리적인 기준에 의하지 않고 감정적으로 혹은 어설프게 통일해 놓으면 오히려 더 크고 많은 새로운 문제를 야기할 수 있기 때문에 통일을 위한 논리 내지는 이론적인 기준점을 마련하는 것은 필수적인 사항이 된다.

본고는 그 작업의 기초적인 논의점을 만들기 위한 것이다. 그리고 그 논의점에 의해 실제적인 통일안을 제시하는 것 역시 본고의 목적이 된다.[4)]

이를 위해 본고의 제2장에서는 문자의 이름에 대한 대강의 역사를 살펴봄으로써 문자 이름에 대한 인간의 보편적인 인식을 찾아본다. 제3장에서는 우리 문자의 이름에 관한 역사와 남북에서 사용하고 있는 문자 이름의 현황을 살펴보고자 한다. 그리고 제4장에서는 문자 이름을 정할 때의 고려할 기준점들에 대해 논의하고, 남북이 공통으로 사용

---

4) 사용하고 있는 문자의 자모 이름을 어떻게 할 것인가 하는 문제를 떠안은 민족은 우리 민족밖에 없을 것이다. 독자적으로 창조한 자모를 가진 민족도 우리밖에 없고, 그것이 두 쪽으로 갈라져 상이한 이름을 가진 경우도 우리밖에 없는 것이다. 이러한 기회는 어찌 보면 대단히 서글픈 상황이라고 할 수도 있겠지만, 이를 다른 시각에서 보면 자모의 이름학을 세울 수 있는 유일한 기회가 우리 민족에게 주어졌으므로 이 부문에 대해 우리만의 새로운 학문을 세울 기회로 삼을 수도 있는 것이다.

할 수 있는 타당한 자모 이름에 대해 새로운 안을 제시해 보고자 한다.

2. 문자의 이름의 역사

2.1. 상형 문자의 이름

21세기 현재 지구상에서 가장 널리 사용되고 있는 로마 문자와 키릴 문자는 그리스 문자로 그 기원이 소급되고, 그리스 문자는 페니키아 문자로 소급되며, 페니키아 문자는 이집트 문자로 소급된다. 이집트 문자는 본래 상형 문자이기 때문에 상형되는 대상의 이름이 그 문자의 이름이었을 것으로 추정된다.

이러한 상황은 중국 문자와 비슷한 상황이었을 것으로 추정된다. 예를 들어 '山'이라는 문자는 '山'이라는 문자의 모양(形)과 그것이 지칭하는 대상 혹은 의미(意) 그리고 발음되는 소리(聲) 등 세 가지를 구성요소로 가지는데, 이 문자의 발음되는 소리(현재 중국 발음은 [shan]임)는 '평지보다 높이 솟아 있는 땅의 부분'이라는 의미를 가지고 있는 자연물을 지칭하는 이름이요, 이 대상의 이름이 곧 문자의 발음이자 이름으로 통용되고 있는 것이다.[5] 이로써 인류가 가졌던 가장 초기의 문자 이름은 다음과 같이 정리될 수 있다.

---

5) 문자의 이름을 논의함에 있어서 표의 문자인 단어 문자의 이름을 운운하는 것과 음절 문자나 음소 문자의 이름을 운운하는 것은 그 의미가 다를 수 있다. 단어 문자는 그 문자가 지칭하는 대상의 이름이 바로 이름이 될 수 있는데, 표음 문자는 문자가 발음되는 음가가 이름과 관련되기 때문이다.

문자 이름의 역사(1): 최초의 문자인 단어 문자는 지칭된 사물의 이름을 문자의 이름으로 사용하였다.

2.2. 음절 문자의 자모 이름

지구상에 있었던 대표적인 음절 문자는 셈족이 사용하던 일련의 문자라고 할 수 있을 것이다. 이들 문자는 이집트 문자에서 비롯된 것으로 추정되는데, 그 문자 이름은 단어 문자 시절 그 자형이 지칭하던 사물의 이름을 그대로 사용하였다. 몇 문자의 예는 다음과 같다.[6]

그림	글자	이름	뜻	로마자 전사	히브리	아랍	그리스	로마	키릴
𐤀	𐤀	알레프	소	ʾ	א	١	Αα	Aa	Aa
𐤁	𐤁	베트	집	b	ב	ب	Ββ	Bb	Бб, Вв
𐤂	𐤂	기멜	낙타	g	ג	ج	Γγ	Cc, Gg	Гг
𐤃	𐤃	달레트	문	d	ד	د	Δδ	Dd	Дд
𐤄	𐤄	헤	창문	h	ה	ه	Εε	Ee	Ее, Єє
𐤅	𐤅	바브	갈고리	w	ו	و	Ϝϝ, Υυ	Ff, Uu, Vv, Ww, Yy	Уу
𐤆	𐤆	자인	무기	z	ז	ز	Ζζ	Zz	Зз
𐤇	𐤇	헤트	담장	h	ח	ح	Ηη	Hh	Ии

그림16. 페니키아 문자. 출전: http://ko.wikipedia.org/wiki/%ED%8E%98%EB%8B%88%ED%82%A4%EC%95%84_%EB%AC%B8%EC%9E%90

---

6) 본고에서 제시되는 문자들은 인터넷에서 검색한 것이다. 각 문자의 출전은 참고 문헌에서 제시한다.

이로써 문자 이름의 역사에는 다음을 추가할 수 있다.

　　문자 이름의 역사(2): 초기의 음절 문자는 단어 문자 시절의 사물 이
　름을 그대로 문자 이름으로 사용하였다.

반면에 현재 지구상에서 사용되고 있는 많은 음절 문자들은[7] 문자
의 음가를 해당 문자의 이름으로 사용하고 있다. 인도 및 동남아 제
문자들이 이러한 사정을 반영하고 있는데, 이들 문자의 원조인 브라
흐미 문자에서 기원했을 것으로 추정되는 문자 중에 벵갈 문자를 예
로 들면 다음과 같다. 아래 예에서 보듯 하나의 모음이 하나의 음절로
사용되는 모음은 অ, এ 등의 발음 [a], [e] 등이 문자 이름 '아, 에' 등으
로 사용되고 있고, 음절 문자의 특징은 하나의 문자가 하나의 음절을
나타내는 것인데 자음과 모음이 분화되지 않고 [ka]라는 음절을 나타
내는 ক 역시 문자의 발음이 바로 문자의 이름 '카'가 되는 것이다.

অ	আ	ই	ঈ	উ	ঊ	ঋ	এ	ঐ	ও	ঔ
a	ā	i	ī	u	ū	ṛ	e	ai	o	au
[ɔ, o]	[aː]	[i, e]	[i]	[u, o]	[u]	[ri]	[e, æ]	[oj]	[o]	[ow]
ক	কা	কি	কী	কু	কূ	কৃ	কে	কৈ	কো	কৌ
ka	kā	ki	kī	ku	kū	kṛ	ke	kai	ko	kau

그림 17. 벵갈 문자. 출전: http://www.omniglot.com/writing/bengali.htm

---

7) 언어와 문자에 관한 한 최고의 사이트라고 할 수 있는 http://www.omniglot.
com/에 의하면 Bengali, Buhid, Burmese/Myanmar, Chakma, Cham, Dehong Dai,
Devanāgarī, Ge'ez, Ethiopic, Gondi, Gujarāti, Gurmukhi (Punjabi), Hanuno'o, Hmong,
Jenticha, Kannada, Khmer, Kirat Rai, Lanna, Lao, Lepcha (Róng-Róng), Limbu / Kirati,
Malayalam, Manipuri, Mro, Mwangwego, New Tai Lue, Oriya, Shan, Sinhala, Sorang
Sompeng, Tamil, Telugu, Fraser 등 37개의 음절 문자가 사용되고 있다고 한다.

이들 문자와 기원을 달리 하는 음절 문자로 일본 문자가 있는데 이
문자는 한자를 변형시킨 문자이다. 이 문자의 이름은 그 문자가 지칭
하던 중국어의 일본식 발음이다. 예는 다음과 같다.

히라가나	가타가나	회화			일본어사전 바로가기
	ㅏ	ㅣ	ㅜ	ㅔ	ㅗ
ㅇ	あ [a] あ [a]	い [i] い [i]	う [u] う [u]	え [e] え [e]	お [o] お [o]
ㅋ	か [ka]	き [ki]	く [ku]	け [ke]	こ [ko]
ㄱ	が [ga]	ぎ [gi]	ぐ [gu]	げ [ge]	ご [go]
ㅅ	さ [sa]	し [si]	す [su]	せ [se]	そ [so]
ㅈ	ざ [za]	じ [zi]	ず [zu]	ぜ [ze]	ぞ [zo]
ㅌ	た [ta]	ち [ti]	つ [tu]	て [te]	と [to]
ㄷ	だ [da]	ぢ [di]	づ [du]	で [de]	ど [do]
촉			っ		
ㄴ	な [na]	に [ni]	ぬ [nu]	ね [ne]	の [no]

그림 18. 일본문자. 출전; http://search.naver.com/search.naver?sm=tab_hty.top&where
=nexearch&ie=utf8&query=%EC%9D%BC%EB%B3%B8%EB%AC%B8%EC%
9E%90

위에서 보듯이 일본 문자는 본래의 한자를 간략한 모양으로 변개하
고 그 문자가 지칭하던 뜻과는 상관없이 문자의 음만 취하여 일본이
의 발음을 표기하기 위해 사용하고 있는 것이다. 예를 들면 'か'는 본
래 '加'인데 이의 모양을 간략하게 만들고, 그 문자가 가지고 있던 뜻
은 버리고 그 음만 취하여 일본어를 표기하는 데 사용하고 있다. 본래
문자의 발음이 그 문자의 이름으로 된 것이다.

그 과정이야 어떻든 현재 사용되고 있는 음절 문자들은 본래 문자
의 뜻이나 음과 무관하게 현재 사용되고 있는 발음을 문자의 이름으
로 삼고 있다. 이로써 문자 이름의 유형에는 다음의 내용이 추가된다.

문자 이름의 역사(3): 후기의 음절 문자는 문자의 발음을 문자의 이
름으로 사용한다.

2.3. 초기 음소 문자의 자모 이름

최초의 음소 문자는 그리스에서 완성되었다. 그리스인들은 페니키
아 문자를 이용하여 자음과 모음을 분리하여 그네들의 언어를 표기하
기 위한 음소 문자로 사용하는데 문자 이름은 차용어의 이름을 그대
로 사용하였다. 그래서 문자의 이름과 음가는 전혀 상관없는 별개의
것이었다. 고대 그리스 문자와 그 이름은 아래와 같다.

그림 19. 고대그리스 문자:출전 http://www.omniglot.com/writing/greek.htm

고대 그리스 문자는 후대에 로마 문자, 키릴 문자 등의 근간이 되므
로 전체 모양을 제시하면 다음과 같다.

Greek alphabet (Classical Attic pronunciation)

Α α	Β β	Γ γ	Δ δ	Ε ε	Ζ ζ	Η η	Θ θ	Ι ι	Κ κ	Λ λ	Μ μ
ἄλφα	βῆτα	γάμμα	δέλτα	ἔψιλόν	ζῆτα	ἦτα	θῆτα	ἰῶτα	κάππα	λάμβδα	μῦ
alpha	beta	gamma	delta	epsilon	zeta	eta	theta	iota	kappa	lambda	mu
a	b	g	d	e	z	ē	th	i	k	l	m
[a, a:]	[b]	[g]	[d]	[e]	[zd/dz]	[ɛ:]	[tʰ]	[i, i:]	[k]	[l]	[m]

Ν ν	Ξ ξ	Ο ο	Π π	Ρ ϱ	Σ σ ς	Τ τ	Υ υ	Φ φ	Χ χ	Ψ ψ	Ω ω
νῦ	ξεῖ	ὂμικρόν	πεῖ	ῥῶ	σίγμα	ταῦ	ὓψιλόν	φεῖ	χεῖ	ψεῖ	ὠμέγα
nu	xi	omikron	pi	rho	sigma	tau	upsilon	phi	chi	psi	omega
n	ks, x	o	p	r, rh	s	t	u, y	ph	kh, ch	ps	ō
[n]	[ks]	[o]	[p]	[r]	[s, z]	[t]	[y, y:]	[pʰ]	[kʰ]	[ps]	[ɔ:]

그림 20. 그리스 문자. 출전; http://www.omniglot.com/writing/greek.htm

이 문자를 페니키아 문자의 몇 개와 비교해 보면 아래와 같다. 문자의 모양도 달라지고, 이름도 '알레프〉알파, 베트〉베타, 기멜〉감마, 달레트〉델타, 헤〉엡실론, 자인〉제타, 헤트〉에타, 요드〉이오타, 카프〉카파' 등으로 그리스에서 제법 달라지기는 했지만 기본적인 방식은 그대로인 것을 알 수 있다.

문자	이름				발음		해당하는 페니키아 문자	로마자 표기법	
	고대 그리스어	현대 그리스어	한국어	영어	고대	현대		고대	현대
Α α	άλφα	άλφα	알파	Alpha	[a] [a:]	[a]	알레프	a	a
Β β	βῆτα	βῆτα	베타	Beta	[b]	[v]	베트	b	b
Γ γ	γάμμα	γάμμα	감마	Gamma	[g]	[j](e)나 (i) 앞, [ɣ](기타)	기멜	g	gh, g, j
Δ δ	δέλτα	δέλτα	델타	Delta	[d]	[ð]	달레트	d	d, dh
Ε ε	έψιλόν	έψιλον	엡실론	Epsilon	[e]	[e]	헤	e	e
Ζ ζ	ζῆτα	ζῆτα	제타	Zeta	[zd], 후에 [z:]	[z]	자인	z	z
Η η	ῆτα	ῆτα	에타	Eta	[ɛ:]	[i]	헤트	e, ē	i
Θ θ	θῆτα	θῆτα	세타	Theta	[tʰ]	[θ]	테트	th	th
Ι ι	ίῶτα	ίῶτα	이오타 요타	Iota	[i] [i:]	[i], [j]	요드	i	i
Κ κ	κάππα	κάππα	카파	Kappa	[k]	[c](e)나 (i) 앞, [k](기타)	카프	k	k

그림21. 페니키아 문자와 그리스 문자

이들의 문자 이름에서 다음을 추가할 수 있다.

문자 이름의 역사(4): 초기의 음소 문자 시절에는 음절 문자 시절의
이름을 그대로 사용한다.

2.4. 후기 음소 문자의 자모 이름

가. 개관

그리스 문자를 차용하여 변형시킨 로마 문자나 키릴 문자들은 받아
들일 당시의 초기에는 그리스 문자의 이름을 그대로 사용했을 것이
다. 그러나 이 이름들은 로마인들이나 불가리아인 혹은 슬라브인[8]의
언어와는 아무런 관련을 가지지 못하기 때문에 문자와 그 이름 사이
에는 커다란 공백이 생기게 되었다. 결국에는 이름에 혁명을 가하여
완전히 새로운 이름으로 사용하게 되는데, 그 방법은 음가에 맞추어
이름을 부르는 것이었다. 모음은 이러한 방법으로 명명해도 독립적으
로 발음을 할 수 있었기 때문에 문제가 발생하지 않았지만, 자음의 경
우 단독으로 조음이 불가능하기 때문에 초성 위치에 자음을 두고 모
음을 부가하는 방식으로 명명하였다. 그 모음의 음가는 [be], [ce],
[de], [ge], [pe], [te] 등에서 보듯 'ㅔ'가 주류를 이루고, 일부 자음들

---

8) 로마 제국의 역사는 BC 8세기경부터 시작된다. 그리스인의 일부가 로마로 이주하
면서 문명된 사회를 이루고 세력을 확장하여 로마 제국으로 성장하게 되는데, 이들
이 사용하던 문자의 기원은 에트루리아를 거쳐 들어온 그리스 문자였다. 그리스 문
자는 9세기 중엽 발칸 반도의 남슬라브 종족에게 키릴 형제가 전파하기 시작하여
9세기 말 불가리아 제국에서 수정되어 키릴 문자라 칭해지고, 이것이 10세기 경 러
시아에 전파되어 오늘날의 러시아 문자로 발전하게 된다.

의 경우 다른 모음을 선택하기도 하는데 예를 들면 [ha], [ka] 등에서
처럼 'ㅏ'가 사용되기도 하고, [ku]에서 보듯 '우'가 사용되기도 하였
다. 이외에 특이한 방식을 취하는 자음도 있다. 그 문자들을 로마자로
대표하면 'f, l, m, n, r, s' 등이 되는데, 이들은 초성에 자음을 위치하지
않고 종성에 자음을 위치하여 [ef], [el], [em], [en], [er], [es] 등이
되는 것이다.

나. 초기의 문자 이름

무릇 차용이라는 것은 사물과 이름이 같이 행해질 수밖에 없는 것
이므로, 문자를 차용할 당시에는 그 문자의 이름과 같이 차용되는 것
은 당연한 현상이다. 이러한 사정을 잘 볼 수 있는 것이 키릴 문자의
예이다.[9] 키릴 문자는 앞의 주에서 밝힌 것처럼 9세기 불가리아 제국
에서 글라골 문자가 수정되어 확산되기 시작하고 이후에 러시아에 전
해져서 현재의 키릴 문자로 발달하게 된다. 다음의 예에서 보듯이 키
릴 문자는 거의 10세기가 지나는 동안 즉 18세기 이후까지 문자의 차
용과 함께 차용된 이름을 사용한다. 본래의 발음과 사뭇 다르게 나타
나는 것들, 한두 예를 들어 '알파>아즈, 베타>베디, 델타>더브로, 엡실
론>예스티' 등으로 나타나는 것은 러시아어 식으로 발음이 변했기 때
문일 것이다.

---

9) 그리스 문자가 에트루리아 문자를 거쳐 로마 문자로 정착되는 과정에 혹은 정착
   된 직후에 문자 이름이 어떠했을까 하는 문제를 밝혀야 하는데, 필자가 과문하여
   이 문제에 대한 답을 아직 찾지 못했다.

Russian alphabet (русский алфавит)
1708 version

А а	Б б	В в	Г г	Д д	Е е	Ѕ ѕ	Ж ж	З з	И и
азъ	буки	вѣди	глаголь	добро	есть	зѣло	живѣте	земля	иже
[az]	[ˈbu.kʲɪ]	[ˈvʲe.dʲɪ]	[glʌ.ˈgoⁱ]	[dǝ.ˈbʀo]	[jesʲtʲ]	[ˈzʲe.lǝ]	[ʒɪ.ˈvʲo.tʲǝ]	[zʲɪ.ˈmʲlʲa]	[iː.ʒǝ]
1	2	3	4	5	6		7		8

그림22. 초기 러시아 문자. 출전; http://www.omniglot.com/writing/russian.htm

다. 후기의 개혁된 이름(1) – 로마 문자

언제부터 이 이름이 시작되었고 언제까지 이 이름이 사용되었는
지 정확하게 알 수는 없지만, 고대 영어의 알파벳 이름도 보는 바와
같이 폐쇄음 등은 초성 뒤에 'ㅔ' 모음을 취하여 자모의 이름으로 삼
았고(예; [be], [de], [pe], [te] 등), 유음과 비음, 마찰음 등은 'ㅔ' 뒤
에 종성 자음을 붙여 이름으로 삼았다(예; [ell], [err], [emm], [enn],
[eth]. [eff] 등)

A a	Æ æ	B b	C c	D d	Ð ð	E e	F f	Ᵹ ᵹ	h h	I i	L l
a	ash	be	c	de	eth	e	eff	yogh	há	i	ell
a	æ	b	c	d	ð	e	f	ʒ (g)	h	i	l

M m	N n	O o	P p	R ᵽ	Ѕ ſ ſ	T t	U u	Ᵽ ᵽ	X x	Y ẏ	Þ þ
emm	enn	o	pe	err	ess	te	u	wynn	eks	yr	thorn
m	n	o	p	r	s	t	u	p (w)	x	y	þ

그림 23. 고대 영어. 출전; http://www.omniglot.com/writing/oldenglish.htm#oe

이러한 명명법은 영어와 같은 계통인 독일어 문자에서도 유사하다.

독일어 글자	독일어 자음	독일어 모음	회화				독일어사전 바로가기	
A a	B b	C c	D d	E e	F f	G g	H h	I i
[a]	[be]	[ce]	[de]	[e]	[ef]	[ge]	[ha]	[i]
J j	K k	L l	M m	N n	O o	P p	Q q	R r
[jot]	[ka]	[el]	[em]	[en]	[o]	[pe]	[ku]	[er]
S s	T t	U u	V v	W w	X x	Y y	Z z	
[es]	[te]	[u]	[vau]	[we]	[iks]	[üpsilon]	[zet]	

그림 24. 독일 문자. 출전; http://search.naver.com/search.naver?where=nexearch&
query=%EB%8F%85%EC%9D%BC%EB%AC%B8%EC%9E%90&sm=top_
hty&fbm=1&ie=utf8

이와 달리 현대의 이탈리아 문자는 현대 영어의 문자 이름처럼 'ㅣ' 모음이 들어간 이름을 사용하고 있다. 현대 영어와 비슷하게 b, c, d, g, p, t 등의 이름을 [bi], [ci], [gi], [pi], [ti] 등으로 하고 있는 것이다.

그러나 아래의 표에서 보듯 이탈리아 문자의 이전형이 되는 라틴 문자도 본래 b c d g p t 등의 이름을 [be], [ce], [ge], [pe], [te] 등으로 사용하고, 다른 자음들의 이름들도 모두 'ㅔ'를 붙이고 있으므로 'ㅣ'로 나타나는 이름은 후대의 변화형임을 알 수 있다.

Roman alphabet for Latin

The Romans used just 23 letters to write Latin:

A	B	C	D	E	F	G	H	I	K	L	M
ā	bē	cē	dē	ē	ef	gē	hā	ī	kā	el	em
[aː]	[beː]	[keː]	[deː]	[eː]	[ɛf]	[geː]	[haː]	[iː]	[kaː]	[ɛl]	[ɛm]

N	O	P	Q	R	S	T	V	X	Y	Z
en	ō	pē	qū	er	es	tē	ū	ex	ī Graeca	zēta
[ɛn]	[oː]	[peː]	[kʷuː]	[ɛr]	[ɛs]	[teː]	[uː]	[ɛks]	[iː ˈgrajka]	[ˈzeːta]

그림 25. 라틴 문자. 출전; http://www.omniglot.com/writing/latin.htm

라. 후기의 개혁된 이름(2) – 키릴 문자

키릴 문자는 1908년에 개혁을 가해 문자의 이름을 바꾸게 된다. 개혁의 방향 및 결과는 아래의 표에서 보듯이 로마 문자와 대동소이하다. 아래의 예에서 보는 바와 같이 폐쇄성을 가지고 있는 대부분의 자음이 '초성음가 + ㅔ'의 자모 이름을 취하고(예; [be], [ve], [ge], [de], [ʒe], [ze], [pɛ], [tɛ], [tsɛ], [ʧɛ]), 일부의 자음들은 '초성음가 + ㅏ'의 자모 이름을 취하고 있으며(예; [ka], [xa], [ʃa], [ʃʧa]), 마찰음과 비음 유음 등은 'ㅔ + 종성음가'의 자모 이름을 취하고 있는 것이다.(예; [ɛl], [ɛm], [ɛn], [ɛr], [ɛs], [ɛf])

1918 version

А а	Б б	В в	Г г	Д д	Е е	Ё ё	Ж ж	З з	И и	Й й
а	бэ	вэ	гэ	дэ	е	ё	жэ	зэ	и	и краткое
[a]	[be]	[ve]	[ge]	[de]	[je]	[jo]	[ʒɛ]	[zɛ]	[i]	[i ˈkʀa.tkəjə]

К к	Л л	М м	Н н	О о	П п	Р р	С с	Т т	У у	Ф ф
ка	эль	эм	эн	о	пэ	эр	эс	тэ	у	эф
[ka]	[ɛlʲ]	[ɛm]	[ɛn]	[o]	[pɛ]	[ɛr]	[ɛs]	[tɛ]	[u]	[ɛf]

Х х	Ц ц	Ч ч	Ш ш	Щ щ	Ъ ъ	Ы ы	ь	Э э	Ю ю	Я я
ха	цэ	чэ	ша	ща	твёрдый знак	ы	мягкий знак	э оборотное	ю	я
[xa]	[tsɛ]	[ʧɛ]	[ʃa]	[ʃʧa]	[tvʲo.rdəj ˈznak]	[i]	[ˈmʲagkʲtj ˈznak]	[ɛ ə.bʌ.ro.tnəjə]	[ju]	[ja]

그림 26. 현대 러시아 문자. 출전; http://www.omniglot.com/writing/russian.htm

바. 정리

그리스 문자에서 기원한 로마 문자나 키릴 문자는[10) 처음에는 문자

---

10) 로마인들에게 그리스 문자가 전해진 것은 에트루리아인들을 통해서이고, 슬라브 종족에게 그리스 문자가 전해진 것은 기원적으로 키릴 형제를 통해서이다.

의 이름을 그대로 사용하다가 문자의 이름과 자기들이 발음하는 음가가 전혀 혹은 거의 상관없고 문자 이름이 너무 복잡하다는 것을 깨닫고, 그들의 언어에 합당한 문자 이름을 작명하기 위해서 고민했을 것이다. 이를 위해 이들이 우선적으로 고민했던 문제는 자모의 이름을 홑글자로 할 것인가 아니면 두 글자로 할 것인가 등의 문제였을 것이다. 결론적으로 이들 문자 – 로마 문자와 키릴 문자를 사용하던 종족들은 문자의 차용과 동시에 들어와 사용하고 있던 자기들 문자의 자모 이름이 본래 문자의 이름과는 아무런 상관이 없었기 때문에, 모음의 이름은 그 음가를 나타내는 단음절로 표현하고, 즉 음가가 그 문자의 이름이 되고, 자음은 단독으로 조음될 수 없기 때문에 'e'를 붙여서 하나의 음절로 발음하면서 문자의 이름으로 삼은 것이다.

　　문자 이름의 역사(5): 후기의 음소 문자는 문자의 발음으로 새로운
　문자 이름을 만든다. 그 방식은 자음의 조음 방식에 따라 달라지는데
　파열음은 대체로 '초성 음가 + 모음'의 방식으로 명명하고, 마찰음과
　유음, 비음 등은 '모음 + 종성음가'의 방식을 취한다.

2.5. 자모 이름의 유형

　세계 문자의 발달 과정에서 이름을 붙여온 과정은 다음과 같이 정리될 수 있다.
　1) 지칭되는 사물의 이름으로 부른다.(단어 문자의 경우)
　2) 문자의 음가를 이름으로 사용한다.(음절 문자의 경우와 음소 문자의 모음)

3) 초성의 음가에 모음을 첨가한다(대부분의 음소 문자). 현재의 자모 이름은 대부분의 경우 'ㅔ'를 첨가한 이름을 사용하고 있으나, 이름이 변한 일부 문자의 경우 'ㅣ' 문자가 결합한 것처럼 보이는 것도 있다.

4) 모음에 종성의 음가로 첨가한다.(음소 문자 중 l, m, n, r, s 등의 경우)

3. 한글 자모의 이름

3.1. 한글 자모 이름에 대한 현 주소

가. 대중적인 정보의 현황

한글 자모 이름에 대해 한국에서는 대단한 오해를 하고 있는 상황이다. 한글 자모 이름의 기원에 대해서는 별로 언급을 하지 않는 것이 일반적이지만, 한글 자모의 이름이 언제 어떻게 지어졌는가 하는 문제에 대해 언급을 하는 경우에는 잘못된 기술을 하고 있는 것이다. 구체적으로 언급하면, 한글 자모 이름의 명명과는 전혀 상관없을 것으로 추정되는 최세진 선생의 〈훈몽자회〉에서 한글 자모의 이름이 유래되었다고 설명하고 있는 것이다. 다시 말해 최세진 선생이 한글 자모의 음가를 설명하기 위해 예를 들었던 글자들을 그 이름의 명명이라고 오해하고 있는 것이다. 단편적인 지식을 찾기 위해 흔히 사용되던 대표적인 두 사전의 아래 예들은 그것을 단적으로 보여주는 것

이다.[11]

《훈몽자회》(訓蒙字會)는 최세진이 1527년에 쓴 한자 학습서이다. 한자 3360자에 뜻과 음을 훈민정음으로 단 것이 내용이다. 이 책에서 처음으로 한글 낱자에 기역, 니은 등의 이름을 붙였다.

이 책에서 정음을 '반절(反切)'이라 하고, 'ㆆ(여린 히읗)'을 실제 소리에서 없애고, 정음의 낱자 이름을 정하고, 그리고 받침은 "ㄱ ㄴ ㄷ ㄹ ㅁ ㅂ ㅅ ㅇ'의 8자로 한정했다. 이 책은 초종성 통용팔자(初終聲 通用八字)로 'ㄱ(기역/其役) ㄴ(니은/尼隱) ㄷ(디귿/池末) ㄹ(리을/梨乙) ㅁ(미음/眉音) ㅂ(비읍/非邑) ㅅ(시옷/時衣) ㅇ(이 으ㅇ/異凝)"을 들었고, 초성독용팔자(初聲獨用八字)로는 "ㅋ(키/箕) ㅌ(티/治) ㅍ(피/皮) ㅈ(지/之) ㅊ(치/齒) ㅿ(ㅿㅣ/而) ㅇ(이/伊) ㅎ(히/屎)"로 규정하였다. 〈하략〉〈위키백과〉

http://ko.wikipedia.org/wiki/%ED%9B%88%EB%AA%BD%EC%9E%90%ED%9A%8C

《훈몽자회》 3권 1책. 종래에 보급되었던 《천자문》《유합(類合)》 등은 일상생활과 거리가 먼 고사(故事)와 추상적인 내용이 많아 어린이들이 익히기에는 부적당하므로, 이를 보충하기 위하여 지은 책이다.

---

11) 이 사전 외에 비슷한 내용이 실려 있는 예를 하나 더 추가한다. 한편 이 책의 상권 첫머리에는 '훈몽자회인(訓蒙字會引)'과 '범례(凡例)'가 실려 있는데, '범례'의 끝에 '언문자모(諺文字母)'라 하여, 그 당시의 한글 체계와 용법에 대한 간단한 설명이 붙어 있다. 〈중략〉 'ㄱ 其役(기역)', 'ㄴ 尼隱(니은)'과 같이 각 글자의 발음법을 지시하는 명칭을 붙여 보여 준다. 이는 현대에까지 이어져 1933년에 조선어학회에서 〈한글맞춤법통일안〉을 펴낼 때 한글 자모의 명칭도 이를 기본으로 하였다. http://www.hangeulmuseum.org/sub/information/bookData/detail.jsp?search=&d_code=00445&kind=G&pg=0&g_class=04

〈중략〉 특히 책머리의 범례(凡例)는 국어학상 획기적인 자료로 '괴
외' 식의 이중모음 표기법을 창시한 것이라든지, 원래 훈민정음의 28
자모(字母)에서 'ㆆ'자가 없어진 27자로 정리한 것 등인데, 명칭이나
순서는 오늘날 쓰이는 것과 같다.

[네이버 지식백과]훈몽자회 [訓蒙字會] (두산백과)

http://terms.naver.com/entry.nhn?docId=1156241&cid=40942&c
ategoryId=32972

반면에 현대 한국의 지성이 집대성되었다고 할 수 있는 한국학중앙
연구원의 〈민족문화대백과사전〉에는 그나마 올바른 정보가 제공되
고 있다. 관련된 내용은 다음과 같다.

이 책의 상권 첫머리에 '훈몽자회인(訓蒙字會引)'과 '범례'가 실려
있는데, '범례'의 끝에 '언문자모(諺文字母)'라 하여, 그 당시의 한글 체
계와 용법에 대한 간단한 설명이 붙어 있다. 그 내용은 크게 세 가지로
간추릴 수 있다.

① '속 소위 반절 27자(俗所謂反切二十七字)'라는 주가 보여주듯이,
이 '언문자모'는 훈민정음의 28자 중에서 'ㆆ'이 빠진 체계를 보여준다.

② 이 27자를 초성종성통용팔자(初聲終聲通用八字), 초성독용팔자
(初聲獨用八字), 중성독용십일자(中聲獨用十一字)로 나누었다.

③ 각 글자 밑에 기역 其役, 니은 尼隱, 디귿 池 末, 리을 梨乙, 미음
眉音, 비읍 非邑, 시옷 時 衣, 이응 異凝", "키 箕, 티 治, 피 皮, 지 之, 치
齒, 而, 이 伊, 히 屎", "아 阿, 야 也, 어 於, 여 余, 오 吾, 요 要, 우 牛, 유
由, 으 應 不用終聲, 이 伊 只用中聲, 思 不用初聲"과 같은 표기가 있다.

이것은 우리 문자사의 중요한 기록이다. 이 '언문자모' 때문에 최세

진은 한글 자모의 이름을 지은 작명부(作名父)로 간주되기도 하였지만, 여덟 글자만 받침으로 쓸 수 있다는 규정을 만든 장본인으로 비난을 받기도 하였다. 그러나 이 '언문자모'는 그 당시에 널리 행하여진 관습을 최세진이 적어놓은 데 지나지 않는다.

②와 같이 여덟 글자만 받침으로 쓴다는 규정은《훈민정음해례 訓民正音解例》와 성현(成俔)의《용재총화 慵齋叢話》에 이미 보이는 것이며, ③은 자모의 이름을 적은 것이라기보다는 그 발음을 표시한 것이었다.'초성종성통용팔자'에 대해서는 두 자씩 적으면서 첫 자는 초성의 발음, 끝 자는 종성의 발음을 나타낸다고 분명히 기록하고 있으며, '초성독용팔자'에 대해서는 한 자씩만 적은 사실이 그 증거가 된다. 한글의 이름이 형성된 연유를 밝혀주는 중요한 기록이라고 할 수 있다.[네이버 지식백과]훈몽자회 [訓蒙字會] (한국민족문화대백과, 한국학중앙연구원)

http://terms.naver.com/entry.nhn?docId=571590&cid=46674&categoryId=46674

한글 자모의 이름과 관련하여 위 내용의 핵심은 '자모의 이름을 적은 것이라기보다는 그 발음을 표시한 것'과 '한글의 이름이 형성된 연유를 밝혀주는 중요한 기록'이라는 두 가지인데 이 두 가지 모두 정확한 상황을 제대로 언급하고 있는 것이다. 한자를 예로 삼아 한글 자모의 음가를 설명하는 것(예컨대 ㄱㅇ 君字初發聲 등)은 〈훈민정유〉에서부터 확인할 수 있으므로, 최세진 선생이 창안한 것이 아니라 당시의 관행을 중심으로 선생 나름대로 정리한 것일 가능성이 크고, 후대에 이름을 정할 때는 〈훈몽자회〉를 참조하여 그 책에서 제시된 예들을 그대로 이름으로 삼았기 때문에 그 이름이 형성된 연유가 〈훈몽자회)라고 할 수 있는 것이다.

3.2. 훈민정음과 훈몽자회의 자모 이름

가. 훈민정음

훈민정음을 창제한 후에 그 문자의 사용을 제시하고 음가를 설명하고 있는 훈민정음에서 자모의 이름을 어떻게 했는지 지금으로서는 알 길이 없다. 〈훈민정음 예의〉에서는 서문에 이어 그 음가의 예를 한자로 다음과 같이 들고 있다. 그리고 제자해에서 그 만든 원리를 설명한 후에 해례 초성해에서도 동일하게 예를 제시하고 있다. 즉, 'ㄱ'이라고 표기한 이 문자의 음가는 '君'의 초성에서 나는 소리이고, 종성에 표기된 'ㄱ'의 음가는 '卽'의 종성에서 나는 소리라는 것이다.

그림 31. 훈민 예의   그림 32. 훈민 초성해

그림 33. 훈민 종성해

여기에서 보듯 이 문자들의 이름이 무엇이었을까 혹은 읽을 때 어떻게 읽었을까 하는 문제는 후세인들이 제기한 것이다. 제자한 당사자의 관심은 문자의 모양을 시각적으로 제시하고, 그 문자의 음가를

설명하는 것으로 책의 목적을 다하는 것이다.[12] 그러나 실제적으로
이 책을 소리 내어 읽을 때는 어떻게 했을 것인가 하는 문제로 돌아가
면 현재 해답을 구할 길이 없다. 이 글자들이 조사와 결합할 경우 양
성모음과 결합하는데 이것이 하나의 단서가 될 수도 있고 되지 않을
수도 있다. 조사의 선택이 자모 이름의 음가와 상관이 없을 것이라고
추정하는 것은, 조사를 결합시켜 글로 쓸 경우에는 'ㄴ'과 '는' 중에서
하나를 선택해야 하고 그 선택이 'ㄴ'이지 실제적인 자모의 이름과는
상관없을 수도 있기 때문이다. 이와 반대로 조사의 선택이 자모 이름
의 음가와 상관이 있다고 추정하면, 양성모음을 가진 조사와 결합했
기 때문에 음성 모음은 아니었을 것이라는 추정까지만 가능하다. 음
과 양이 아닌 중성 모음 즉 'ㅣ'를 결합하여 발음했을 것이라는 추정
에 대한 반대 근거가 존재하지 않는다. 또한 'ㆍ'는 태양을 상징한 것
으로 이것이 모든 산물의 기본이 되어 모음의 제자 시에도 두루 결합
하여 조화를 이루므로 기본 모음인 'ㆍ'를 결합하여 발음했을 것이라
는 추정에 대해서도 반대할 수 있는 근거가 존재하지 않는다. 그러므
로 이러한 모든 것은 하나의 추측에 불과하다.

나. 훈몽자회

자모 이름이 존재했는지, 존재했다면 어떻게 불렀는지에 대해 정확
한 사정을 알 수 없는 이러한 상황은 16세기 최세진의 〈훈몽자회〉 시
절에도 동일했을 것으로 추정된다.[13] 여기에서 제시되고 있는 것은 한

---

12) 훈민정음이나 훈몽자회는 자모의 모양을 제시하고 그 음가를 예를 들어 설명한
  것이다. 이는 소리 내어 읽기 위한 것이 아니다.
13) 현재 남쪽에서 사용하고 있는 자모 이름의 유래에 대해서 1527년 최세진의 훈몽

글 자모의 발음 예를 제시한 것이지 최세진 선생이 자모 이름을 만든 것은 아니다. 훈몽자회를 살펴보면 이를 구체적으로 확인할 수 있다.

이에 의하면 다음 사항들을 추론할 수 있다. 최세진 선생은 한글 자모의 발음 예를 설명하기 위해 한자를 선택하는데 그 과정은 다음과 같은 단계를 거친다.

첫째, 초성의 위치에서 발음되는 음가를 설명하기 위해서는 해당되는 초성의 발음 다음에 'ㅣ'가 있는 문자를 선택한다.

　　기 니 디 리 미 비 시 이 지 치 키 티 피 히

둘째, 종성에서 발음되는 8종성을 설명하기 위해서는 중성 'ㅡ' 다

―――――――――――

자회에서 유래한다고 볼 수 있는 것과 그 이름을 최세진 선생이 지었다는 것은 전혀 다른 개념이다. 남쪽의 많은 학자들이 한글 자모의 이름을 최세진 선생이 지었다고 설명하는 것은 이 둘을 착각한 소치이다.

음에 해당되는 종성의 음가를 가진 한자(漢字)를 선택한다. 이에 해당되는 글자는 다음의 것들이다.

隱(ㄴ) 乙(ㄹ) 音(ㅁ) 邑(ㅂ)

셋째, 종성의 위치에서 실현될 때의 음가를 가진 한자가 존재하되, 'ㅡ'로 시작되는 한자가 없을 경우 다른 모음이 있는 한자를 선택한다. 여기에 해당되는 것이 다음의 자모이다.

役(ㄱ)

넷째, 국어에서 발음되고 있지만, 해당되는 발음을 가진 한자가 없을 경우 그 뜻에 해당되는 발음이 있는 한자를 선택한다. 이에 해당되는 것은 다음의 자모이다.[14]

衣(ㅅ)   末(ㄷ)

이러한 최세진의 체계는 훈민정음의 자모 예와 비교해 보면 사뭇 다른 것을 느낄 수 있다. 훈민정음에서는 다음의 예에서 보듯 초성 자모의 예를 제시할 경우 종성이 있는 것도 있고(君, 業, 覃, 彆, 卽, 洪 등)[15], 종성이 없는 것도 있고(虯, 快, 斗, 那 등), 모음의 종류도 양성

---

14) '衣'을 사용한 것은 '衣'의 훈 '옷'의 종성 'ㅅ'의 발음을 고려한 것이고, '末'을 사용한 것은 '末'의 훈 '귿'의 종성 'ㄷ'의 발음을 고려한 것이다.
15) 자모 이름의 예를 제시하는 데에 있어서도 'ㄴ, ㅂ, ㅁ, ㄹ, ㄱ, ㅇ' 등 종성의 자모

모음(覃 등), 음성모음(君 등), 중성모음(侵 등) 등이 다양하게 사용되고 있어서, 한자 예를 선택하는 데에 있어서의 원칙을 찾아볼 수가 없다.

ㄱ	君	ㄲ	虯	ㅋ	快	ㆁ	業
ㄷ	斗	ㄸ	覃	ㅌ	呑	ㄴ	那
ㅂ	彆	ㅃ	步	ㅍ	漂	ㅁ	彌
ㅈ	卽	ㅉ	慈	ㅊ	侵		
ㅅ	戌	ㅆ	邪				
ㆆ	挹	ㆅ	洪	ㅎ	虛		

반면 최세진에 오면 앞에서 지적한 대로, '초성 + ㅣ' '으+종성'의 원칙을 세우고, 이 원칙을 지킬 수 없을 경우에는 편법을 동원한 것이다. 앞에서 언급한 대로 최세진 선생은 한글 자모를 제시하고 그 음가를 설명함에 있어서 당시의 관행을 따르되, 자기 나름대로의 방식으로 재정리한 것으로 추정할 수 있는 것이다.

3.3. 근대국어 및 개화기의 자모 이름[16]

발음되는 예를 한자로 제시하는 이러한 방법은 근대국어 시기에도 그대로 이어진다. 홍계희(1751)의 아래 예를 보면 그 발음의 용례를

를 고루 제시하고 있다. 'ㅅ'이나 'ㄷ' 발음으로 끝나는 한자가 없기 때문에 그러한 예는 제외된다.
16) 이 절의 내용은 대부분 왕문용(1998)에서 발췌한 것임.

한자로 보여 주었다는 것을 알 수 있다.

初聲終聲通用八字

ㄱ 君初聲 役終聲　　ㄴ 那初聲 隱終聲　　ㄷ 斗初聲 末終聲

(이하 생략)

初聲獨六子用

ㅈ 卽初聲 ㅊ 侵初聲 ㅌ 呑初聲 ㅋ 快初聲 ㅍ 漂初聲 ㅎ 虛初聲

한자의 예를 들어 자모의 음가를 설명하는 이러한 전통은 유희(1824)에도 그대로 나타난다.

訓民正音 15初聲

ㄱ 기　ㄴ 니　ㄷ 지　ㄹ 리(중간생략) ㅋ 箕之俚釋(이하 생략)

終聲例

ㄱ 役　ㄴ 隱　ㄷ 末之俚釋(이하 생략)

그런데 당시에 통용되든 아니든, 이름이 있었다는 것은 신경준(1750)에서 볼 수 있다. 여기에는 "ㄴ 왈 니은 시 왈 시의 왈 미음" 등의 구절이 보이는데, 이는 당시에 이름을 명명하여 호칭했다는 것을 알 수 있다.[17]

개화기에 접어들기 직전에 특이한 한글 자모 이름이 제시되는데,

17) 이러한 자모의 명명이 신경준 선생이 개인적으로 한 것인지, 당시에 통용되던 것인지는 확인할 수 있는 길이 없다.

그 효시는 강위(1869)라고 할 수 있다.

初聲 18

ㅇ으 ㅎ흐 ㄱ그 ㄲ끄 ㅋ크(이하 생략)

終聲八聲

ㄱ기윽 ㄴ니은 ㄷ디읃 ㄹ리을 ㅁ미음 ㅂ비읍 ㅅ시읏 ㅇ이응

이에서 드러나듯 한글 자모 이름의 유형을 두 가지로 나누고, 초성에서는 초성 자음과 모음 'ㅡ'를 합하여 이름을 만들고, 종성의 경우에는 전통적인 방식을 취하되 '초성+ㅣ, ㅡ+ 종성'의 형식으로 자모 이름을 정하고 있는 것이다.

이봉운 선생은 1897년 〈국문정리〉에서 "ㄱ 그윽 ㄴ 느은 ㄷ 드읃 ㄹ 르을(하략)" 등으로 제시하고 있다.(김민수(1987), 201쪽에서 인용하였음.)

20세기에 들어와서 표기법을 정비하기 위한 작업이 국가의 사업으로 시작되면서 국문연구소가 설립되고, 여기의 위원들이 다양한 의견들을 제시하게 되는데 중요한 몇 예를 보면 다음과 같다.

지석영(1905)에서는 초성종성에 두루 쓰는 글자의 이름으로 "ㄱ 기윽 ㄴ 니은 ㄷ 디읃 ㄹ 리을 ㅁ 미음 ㅅ 시읏 ㅇ 이응"으로 제시하고 초성에만 쓰는 6자의 이름을 'ㅈ 지 ㅊ 치 ㅋ 키 ㅌ 티 ㅍ 피 ㅎ 히'로 하였다. 유길준(1909)에서는 'ㄱ 극 ㄴ 는 ㄷ 든 ㄹ 를 ㅁ 믐 ㅂ 븝 ㅅ 슷 ㅇ 응 ㅈ즈 ㅊ츠 ㅋ크 ㅌ트 ㅍ프 ㅎ흐' 등으로 하였다. 초성과 종성에 두루 쓰이는 자는 '극'과 같이 초성과 종성에 동시에 자모를 배치하고, 종성에만 쓰이는 것은 초성에만 자모를 배치하는

데, 두 부류의 차이를 두되 발음을 고려하여 이름을 정한 것으로 이해
할 수 있다.

한편 국문연구의정안의 주시경 선생 안에는 자모 이름을 '가 나 다
라 마 ---' 등으로 하는 것이 부르기도 간편하고 합당하다고 하였다.

3.4. 자모 이름의 제정

가. 〈국문연구의정안〉의 자모 이름

공식적으로 합의된 최초의 한글 자모 이름은 〈국문연구의정안〉에
나온다. 한글을 국문으로 호칭하고, 국문으로 교과서를 편찬하여 국
문으로 본격적인 교육을 시작하는 즈음인 1907년에 학부에 국문연구
소를 설립하여 '한글 자모의 이름 짓기'가 국문 연구의 의정안이 되는
자체가 암시하는 바가 크다. 이는 당시에 한글 자모에 대한 통일된 이
름이 없었다는 것을 의미하고, 통일된 이름이 없었다는 것은 한글 자
모의 이름을 명명할 필요를 느끼지 못해 이름을 붙이지 않았거나,[18]
혹은 통일된 이름이 없어 당시의 필요에 따라 학자들이 개인적으로
임의적으로 이름을 불렀다는 것을 의미하는 것이다.

그 사정이야 어찌 되었든 한글 자모의 이름에 대해 최초의 합의
된 공식적인 이름은 〈국문연구의정안〉에 나온다. 〈국문연구의정안〉
은 〈국문연구소〉에서 당시 국문의 여러 문제에 관한 의견을 정리하

---

18) 이도 충분히 가능성이 있다. 한글은 자모가 단독으로 사용되는 경우가 없고 음절
로 묶어 사용하기 때문에 천자문이나 유합 한자 학습서에서 한글을 읽을 때 그냥
경험적으로 배웠을 가능성도 충분히 있다. 개화기 이전에 한글을 연구했던 실학
자들의 저서 속에 한글 이름이 전혀 나오지 않는 것도 자모의 이름 자체에 신경을
쓰지 않았다는 것을 의미하는 것이다.

여 1909년 12월에 학부대신에게 제출한 여러 학자들의 합의안이다.[19]
여기에는 자모 이름이 다음과 같이 정리되어 있다.

> 八 子母의 音讀 一定
>
> 本題에 對한 各委員의 意見도 差異가 有ㅎ나 玆에 畧ㅎ
>
> 子母의 音讀은 訓蒙字會에 始著ㅎ바 其後 諸書에 字會의 音讀을 一
> 遵ㅎ지라 現行 子母만 擧ㅎ야 音讀을 左와 如히 定ㅎ노라.
>
> ㅇ 이응 ㄱ 기윽 ㄴ 니은 ㄷ 디은 ㄹ 리을 ㅁ 미음 ㅂ 비읍
> ㅅ 시읏 ㅈ 지읏 ㅎ 히읗 ㅋ 키윽 ㅌ 티읕[20] ㅍ 리읖 ㅊ 치읓
> ㅏ 아 ㅑ 야 ㅓ 어 ㅕ 여 ㅗ 오 ㅛ 요 ㅜ 우 ㅠ 유 ㅡ 으
> ㅣ 이 ㆍ 、 ㅇ

이를 보면 당시에 한글 자모 이름을 각 연구자들이 제각각 부르되,
최세진 선생의 〈훈몽자회〉를 참고하였다고 하고, 이 의정안에서는 그
것을 참고하여 위원들의 안을 통일하여 하나의 안으로 제시하였다고
한다. 즉, 자음 자모 이름을 2음절로 하되, 자모 이름의 제1음절은 '해
당 초성+ㅣ'로, 제2음절은 '으 + 해당 종성'으로 그 이름을 체계적으
로 통일시켰다. 모음의 자모 이름은 한 음절로, 그것의 발음을 이름으
로 삼았다. 여기에서 볼 수 있는 자모 이름 명명의 방법은 다음과 같
이 정리될 수 있을 것이다.

---

19) 〈국문연구소〉는 당시 정부의 중앙부처였던 〈학부〉에 1907년에 설치되었던 국립
  국어연구기관이었다.
20) '키읕'의 오타를 수정한 것이다.

첫째, 자음의 자모 이름은 2음절로 한다.

둘째, 모음의 자모 이름은 1음절로 그것의 음가를 이름으로 삼는다.

셋째, 자음 자모 이름이 체계성을 갖기 위해 첫음절은 '초성+ㅣ'로 하고, 제2음절은 'ㅡ+종성'으로 한다.

나. '한글마춤법통일안'의 자모 이름

1933년 조선어학회의 회원들이 수년에 걸쳐 수많은 회의를 거쳐 한글맞춤법에 대한 통일안으로 '한글마춤법통일안'을 공표하게 되는데, 그것의 제2절 제2항에 자모 이름이 다음과 같이 나온다.

제2절 자모의 이름[편집]

제2항 자모의 이름은 다음과 같이 정한다.

ㄱ 기역 ㄴ 니은 ㄷ 디귿 ㄹ 리을 ㅁ 미음 ㅂ 비읍 ㅅ 시옷

ㅇ 이응 ㅈ 지읒 ㅊ 치읓 ㅋ 키읔 ㅌ 티읕 ㅍ 피읖 ㅎ 히읗

ㅏ 아 ㅑ 야 ㅓ 어 ㅕ 여 ㅗ 오 ㅛ 요 ㅜ 우 ㅠ 유 ㅡ 으 ㅣ 이

[부기] 다음의 글자들은 아래와 같이 이름을 정한다.

ㄲ 쌍기역 ㄸ 쌍디귿 ㅃ 쌍비읍 ㅆ 쌍시옷 ㅉ 쌍지읒

〈한글마춤법통일안〉에서는 자모의 이름을 최세진 선생의 자모 예를 참고하여 'ㄱ'을 '기역'이라 하고, 'ㄷ'을 '디귿'이라 하고, 'ㅅ'을 '시옷'이라 하고, 이름의 체계성이나 통일성을 고려하여 모든 자음 자모의 이름을 2음절로 명명한다. 여기에서 나타나는 명명의 정신은 다음과 같이 정리될 수 있을 것이다.

첫째, 자음의 자모 이름은 2음절로 한다.

둘째, 자모 이름의 체계를 위해 첫음절은 '초성+ㅣ'로 하고, 제2음절은 'ㅡ+종성'으로 한다.

셋째, 문헌 기록의 전통을 최대한 살려 최세진 선생의 예를 수용한다.

이러한 자모 이름의 체계는 국문연구의정안에서 제시한 사항과 최세진의 훈몽자회에 나오는 안을 절충한 것이 된다. 이름의 외형적인 체계는 새롭게 제시된 〈국문연구의정안〉을 따라 2음절로 하고 '이으' 체계를 대체로 수용한다. 그러나 〈훈몽자회〉에서 제시된 예들을 전통을 고려하여 수용한다. 그리하여 사뭇 기형적인 이름 체계가 되어 버리긴 했지만, 그 나름대로는 전통성과 체계성의 조화를 꾀했다고 평가할 수 있는 것이다.

다. 남쪽의 자모 이름

남북이 분단된 후 남쪽의 자모 이름은 〈한글마춤법통일안〉의 그것과 동일하다. 그것은 '제2장 제4항'에 다음과 같이 기술되어 있다.

제2장 자   모

제4항 한글 자모의 수는 스물넉 자로 하고, 그 순서와 이름은 다음과 같이 정한다.

ㄱ(기역)   ㄴ(니은)   ㄷ(디귿)   ㄹ(리을)   ㅁ(미음)

ㅂ(비읍)	ㅅ(시옷)	ㅇ(이응)	ㅈ(지읒)	ㅊ(치읓)
ㅋ(키읔)	ㅌ(티읕)	ㅍ(피읖)	ㅎ(히읗)	
ㅏ(아)	ㅑ(야)	ㅓ(어)	ㅕ(여)	ㅗ(오)
ㅛ(요)	ㅜ(우)	ㅠ(유)	ㅡ(으)	ㅣ(이)

[붙임 1] 위의 자모로써 적을 수 없는 소리는 두 개 이상의 자모를 어울러서 적되, 그 순서와 이름은 다음과 같이 정한다.

ㄲ(쌍기역)	ㄸ(쌍디귿)	ㅃ(쌍비읍)	ㅆ(쌍시옷)	ㅉ(쌍지읒)	
ㅐ(애)	ㅒ(얘)	ㅔ(에)	ㅖ(예)	ㅘ(와)	ㅙ(왜)
ㅚ(외)	ㅝ(워)	ㅞ(웨)	ㅟ(위)	ㅢ(의)	

라. 북쪽의 자모 이름

북쪽의 자모 이름은 1987년 국어사정위원회가 공시한 〈조선말규범집〉의 '맞춤법'에 다음과 같이 제시되고 있다.

제1장 조선어자모의 차례와 그 이름

제1항. 조선어자모의 차례와 그 이름은 다음과 같다.

ㄱ	ㄴ	ㄷ	ㄹ	ㅁ	ㅂ	ㅅ
(기윽)	(니은)	(디읃)	(리을)	(미음)	(비읍)	(시읏)
ㅇ	ㅈ	ㅊ	ㅋ	ㅌ	ㅍ	ㅎ
(이응)	(지읒)	(치읓)	(키읔)	(티읕)	(피읖)	(히읗)

ㄲ	ㄸ	ㅃ	ㅆ	ㅉ
(된기윽)	(된디읃)	(된비읍)	(된시읏)	(된지읒)

ㅏ	ㅑ	ㅓ	ㅕ	ㅗ	ㅛ	ㅜ
(아)	(야)	(어)	(여)	(오)	(요)	(우)

ㅠ	ㅡ	ㅣ	ㅐ	ㅒ	ㅔ	ㅖ
(유)	(으)	(이)	(애)	(얘)	(에)	(예)

ㅚ	ㅟ	ㅢ	ㅘ	ㅝ	ㅙ	ㅞ
(외)	(위)	(의)	(와)	(워)	(왜)	(웨)

자음자의 이름은 각각 다음과 같이 부를 수도 있다.

(그) (느) (드) (르) (므) (브) (스) (응) (즈) (츠) (크) (트) (프) (흐) (ㄲ) (뜨) (쁘) (쓰) (쯔)

북한 자모 이름 체계의 특징은 첫째 〈국문연구의정안〉의 합리적인 이름 체계를 수용하고, 둘째 자모의 이름이 두 개의 음절로 구성되는 것이 복잡하고 사용하기 번거로운 단점을 가지고 있으므로, 이 단점을 해소하기 위해 한 음절로 된 새로운 이름을 부여한 것이 특징이다.

마. 남북의 공통점과 차이점

남쪽과 북쪽에서 사용하고 있는 자모 이름의 공통점과 차이점을 정리해 보면 다음과 같다.

첫째, 모음의 이름은 음가를 그대로 사용하므로 외견상으로는 남북이 동일하다.

둘째, 홑자음의 경우 대부분 동일하나 'ㅣ ㅡ'로 대응되지 않는 'ㄱ, ㄷ, ㅅ'만 차이난다.

셋째, 겹자음의 경우 남쪽은 '쌍-'을 붙이고, 북쪽은 '겹-'을 붙인다.

넷째, 가장 큰 차이는 남쪽에는 2음절로 된 이름 하나인데, 북쪽에는 2음절로 된 이름과 1음절로 된 이름 등 둘이라는 점이다.

3.5. 자모 이름의 특징

가. 세계 최초의 인위적 작명

한글 자모 이름의 가장 큰 특징은 초성과 종성의 사용 예를 이용하여 자모 이름을 붙인 세계 최초의 작명법이라는 점이다. 훈민정음을 창제한 후, 그 문자에 대한 설명을 하기 위한 책인 『훈민정음』에서부터 그리고 한자를 가르치기 위해 한글을 사용했던 당시 조선 시대의 교육 현장에서, 실학 시대의 여러 학자들이 이 문자에 대한 기원을 따지는 과정에 이르기까지 우리 문자에 대한 이름을 어떻게 했는지, 심지어는 이름이 있었는지 없었는지조차 정확하게 알 길이 없다. 한글을 국문이라 공식적으로 칭했던 개화기에 이르러, 공식적으로 작명을 하고자 했던 〈국문연구의정안〉에서 채택한 자모의 이름은 모든 글자의 이름 체계가 아주 정형적인 세계 최초의 작명법이었다.

앞에서 본대로, 이집트나 중국 등 단어 문자의 경우에는 그 문자로 지칭되는 사물의 이름이 그 문자의 이름이었고, 이 단어 문자에서 유래한 음절 문자의 경우에는 단어 문자 시절의 이름을 그대로 사용하거나(페니키아 문자의 경우), 문자가 지칭하던 의미는 버리고 문자의 발음만을 선택하여 이름으로 사용하거나(브라흐미 계통의 문자와 일본 문자의 경우), 초성 자음에 모음을 붙여 관용적으로 사용하는(후기 음소 문자의 경우) 것이 문자에 대한 명명법의 전부였다.

이러한 문자 명명의 단계에서 개화기 한글의 이름에 대한 작명은 체계를 갖추어 문자 이름을 인위적으로 명명한 세계 최초의 작업이 되는 것이다.

나. 기저형 중심의 작명

자연적인 존재로서의 언어 혹은 소리에는 기저형과 표면형이 있다. 기저형과 표면형이 일치할 경우에는 자연적인 소리를 인위적이고 가시적인 존재인 표기로 전환할 때에 아무런 문제가 생기지 않는다. 그런데 기저형과 표면형이 일치하지 않을 경우에는 기저형으로 표기할 것인가 아니면 표면형으로 표기할 것인가 하는 문제가 제기된다. 현재 우리 한글맞춤법은 기저형 표기를 원칙으로 하고 표면형 표기로 표기상의 문제가 제기될 수 있는 부분을 보완하고 있다. 이러한 표기의 실제적인 시초를 〈국문연구의정안〉의 자모 이름 표기에서 볼 수 있는 것이다. 그 예는 다음의 것들이다.

ㅅ 시웃 ㅈ 지읒 ㅎ 히읗 ㅋ 키윽 ㅌ 티읕 ㅍ 리읖 ㅊ 치읓

당시 언어의 음절말 위치에는 7개의 종성 즉 'ㄱ, ㄷ, ㅂ, ㅇ, ㄴ, ㅁ, ㄹ'만이 조음될 수 있어서 즉 이들이 'ㅅ[시은] ㅈ[지은] ㅎ[히은] ㅋ[키윽] ㅌ[티은] ㅍ[피읍] ㅊ[치은]' 등으로 조음됨에도 불구하고 위의 예처럼 표기한 것은 이들의 본래 소리가 그러하다는 것을 인식하고 한글 자모의 이름을 명명한 것이다. 기저형과 표면형을 염두에 두고 형태음소적 표기법을 채택한 세계 최초의 명명법이 되는 것이다.[21]

---

21) 이러한 표기의 시초는 훈민정음에서 이미 볼 수 있다. 훈민정음 해례에서 8종성을 운운하면서 '엿의 갗, 곶' 등 종성에서 'ㅿ, ㅊ, ㅈ' 등의 표기를 보인 것은 당시 세종이나 관련 학자들이 기저형을 인식했다고 볼 수 있는 것이다. 그러나 당시에 이들은 이를 밝혀 적는 표기로 나아가지는 않았다.

다. 혁신와 전통의 갈등

우리가 사용하고 있는 문자에 대해 이름을 붙이는 과정은 혁신과 갈등의 반복이었다. 현재의 한글 이름은 옳든 그르든 최세진 선생의 훈몽자회에서 영향을 받았다. 개화기에 우리 문자에 대한 이름을 지을 때 당시에 이미 널리 알려진 최세진 선생의 훈몽자회에 나오는 예를 참조하면서 자연히 '기역, 니은' 등이 사용되었을 것으로 추정된다. 이를 참조한 국문연구의정안은 그것을 참조하되 문자 이름의 체계성을 위하여 '기윽, 니은' 등으로 혁신하는 것이다. 그러나 〈한글마춤법통일안〉에서는 이전에 사용하던 전통(혹은 전통으로 인식된 것)을 고려하여[22] 다시 '기역, 니은' 등으로 수정한다. 해방 후 남쪽에서는 '한글마춤법통일안'에서 했던 관습 내지는 전통을 존중하여 '기역, 니은' 등으로 사용하고 있고, 북쪽에서는 다시 개혁을 하여 '기윽, 니은' 등으로 수정하였고,[23] 게다가 1음절 이름을 추가하여 '기, 니' 등도 사용하고 있다.

바야흐로, 우리 민족이 새로운 문자를 사용하는 것도 전통을 바탕으로 한 혁신적인 창조였고, 이 문자의 이름을 작명하는 것도 전통의 유지와 혁신 과정의 반복이었던 것이다.

---

22) 전통을 고려하여 이를 따르고자 하는 의식은 당시 일제의 식민 상황이라는 것도 작용했을 것이다.
23) 결과적으로는 〈국문연구의정안〉과 동일하게 되었다. 북쪽에서 개혁을 위해 논의하는 과정에 〈국문연구의정안〉을 참고했으리라 짐작이 되지만, 북쪽 나름대로 합리적인 결론을 내린 결과 일치하게 된 것이지 〈국문연구의정안〉을 따르기 위해 개혁을 한 것으로 생각되지는 않는다.

4. 이름 제정의 기준과 실제

4.1. 기준에 대한 일반론

자모의 이름이 갖추어야 할 기준은 크게 두 부류로 나누어 볼 수 있다. 하나는 체계 내적인 기준이고 다른 하나는 체계 외적인 기준이다. 체계 내적인 기준은 다시 통시적인 기준과 공시적인 기준으로 나눌 수 있다. 통시적인 기준은 자모 이름의 연속성과 전통성을 고려하여 과거의 이름과 연관이 있어야 한다는 것이다. 공시적인 기준은 다시 둘로 나누어 볼 수 있는데 하나는 전체적인 체계와 관련된 것이고 다른 하나는 개별적인 개체와 관련된 것이다. 전체 체계와 관련해서는 체계적인 일관성을 가져야 할 것이고, 개별적인 개체의 차원에서는 자모 이름의 명명에 사용되는 자모의 성격이 고려되어야 할 것이다. 체계 외적인 기준점은 다른 것과의 관련성에 관한 것인데, 이는 다시 두 가지로 나누어 볼 수 있을 것이다. 하나는 자음 이름의 체계와 모음 이름의 체계가 상호간에 존재하는 유기적인 상관성에 관한 것이고, 다른 하나는 다른 문자의 이름과 연관될 수 있는 상관성에 관한 것이다.

이를 각각 전통성, 체계성, 무표성, 유기성, 보편성이라 명명하고 약간씩 부연하면 다음과 같다.

가. 전통성-최소 변화와 합리성의 조화

첫째, 자모의 이름은 통시적인 연속성을 가져야 할 것이다. 존재하는 모든 것은 역사적인 산물이므로 자모의 이름도 이전에 사용하던 자모의 이름이 현재에 반영되어야 할 것이다. 이러한 기준에서 본다면 한글 자모의 이름도 과거와 단절되지 않고 특별히 문제가 없는 한 과거에 사용하던 것을 그대로 사용하여 역사적인 전통성을 가질 수 있도록 해야 할 것이다.

인간이 어떻게 하여 언어를 사용하게 되었는지는 알 수 없는 일이고, 특정한 종족이 사용하는 특정한 언어와의 상관관계는 알 수 없는 일이지만, 언어는 알 수 없는 옛날부터 지금까지 사용하고 있는 관습적인 속성을 기본적으로 가지고 있다. 언어라는 보편적인 속성을 가지고 특정한 것에 명명되는 이름 역시 관습성을 가지고 있는 것이기 때문에 마음대로 바꾸어서는 안 된다. 자주 바꾸는 것은 역사적인 단절로 이어져서 세대 간의 연속성이 소멸되는 것이다.

그러나 관습적인 전통성을 존중한다고 해서 이전의 것을 언제나 변함없이 그대로 답습해서는 안 될 것이다. 잘못된 관습이라는 것이 판명될 경우, 그 결점을 보완하기 위해 과감하게 수정하는 혁신적인 실천도 필요할 것이다. 파괴가 없으면 창조도 있을 수 없기에 지금보다 더 나은 새로운 것을 만들기 위해서는 잘못된 관행을 과감하게 파괴하는 실천도 필요한 것이다.

나. 체계성 – 체계의 균형성 확보

둘째, 명명에 사용되는 자모 이름은 전체가 공시적으로 일관된 체계성을 가져야 할 것이다. 존재하는 모든 것은 다른 것과 구별되는 개별적인 속성을 가진다. 그러나 모든 존재는 다른 것과 차이나는 개별성을 가지는 동시에 다른 존재와 관계 속에서 공존하는 공통성 내지는 보편성을 가지고 있다. 공통성 내지 보편성은 존재의 개별성을 넘어서서 전체가 체계 속에서 균형을 이루어야 한다는 것을 의미한다.

그래서 한글 자모의 이름은 기본적으로 공시적인 기준과 통시적인 기준 두 가지 기준에서 타당성을 갖추어야 할 것이다. 통시적으로는 과거의 것을 이어가고 공시적으로는 이름 전체가 균형 잡힌 체계를 가져야 할 것이다.

자모의 이름은 전체적으로 하나의 체계를 이루는 것이다. 자모의 이름 체계는 자음의 이름 체계와 모음의 이름 체계로 구성되고, 자음의 이름 체계는 자음의 종류에 따라 그 이름 체계를 달리 할 수도 있을 것이고 같이 할 수도 있을 것이다. 모음의 이름 체계 역시 동일할 것이다.

자음은 자음끼리 통일된 이름 체계를 가져야 할 것이고, 모음은 모음끼리 통일된 이름 체계를 가져야 할 것이다. 그리고 자음의 이름 체계와 모음의 이름 체계는 서로 통할 수 있는 어떤 원리에 의해 체계적으로 상관관계를 가져야 할 것이다.

공유하는 특징이 가장 많은 최하위의 체계는 하나의 통일된 체계로써 통일성과 균형성을 가져야 할 것이다. 다시 말해 최하위의 체계는 같은 형식의 이름을 가져 이름의 체계로써 그 성격을 예측할 수 있어야 할 것이다. 동일한 체계에 대해 그 특징이 예측 가능하면 기억 효과와 학습 효과를 높일 수 있다.

상위의 체계와 하위의 체계 역시 동일한 원리에 의해 구성되는 것이 가장 바람직한 일이지만, 그렇지 않을 경우 기저에 흐르는 보편적인 원리는 있어야 할 것이다.

다. 무표성—발음 편의와 음운 인지의 조화

셋째, 자음의 명명에 사용되는 모음은 다른 모음의 조음과 비교하여 상대적으로 가장 경제적인 편이성이 있고, 동시에 사용자의 기억과 학습자의 학습에 가장 효율적인 것이어야 할 것이다. 자음의 이름을 명명하는 데 사용되는 모음은 모음 중에서 가장 무표적이어서 조음하기 편이하고, 두루 사용되는 보편성을 가지고 있고, 자주 사용되는 기능성을 가지고 있는 것으로 선택해야 할 것이다. 이러한 모음은 당연히 학습자의 발음과 기억에도 효율적이어서 쉽고 편하게 학습할 수 있을 것이다.

개별적으로 존재하는 두 소리가 어떤 상관이 있을 때 어느 것이 무표적이고 어느 것이 유표적인가 하는 문제를 쉽게 가름하기 어려운 때가 많겠지만, 두 항 사이에 유표와 무표가 판가름날 때에 자모 이름의 명명에는 무표적인 것을 사용하는 것이 좋을 것이다.

모음의 경우 원순성과 비원순성은 무표와 유표가 쉽게 판가름난다. 평상시 입의 상태에서 입술에 힘을 가해 변화시키는 원순성이 유표적이라는 것은 자명하기 때문이다. 그러나 개구도의 경우 입을 덜 움직이는 것(폐모음)이 무표적일 수도 있고, 개구도가 가장 큰 것이 가장 모음적인 것[24]이라는 주장도 가능하므로 개구도가 가장 큰 것이 무표적일 수도 있다. 혀의 앞뒤 위치에서 어느 것이 더 무표적인가 하는 문제에 대해서도 상반된 주장을 할 수 있다.

이런 문제를 해결하기 위한 기준점은 다른 것에서 찾는 것이 필요할 수도 있다. 예를 들어 삽입이나 탈락 혹은 다른 것으로의 변화 가능성 등에서 무표성에 관한 문제의 해결 실마리를 찾을 수도 있겠다.

---

24) 자음과 모음의 구별에서 자음은 폐쇄성 혹은 이와 유사한 것을 가지고 모음은 개방성을 가지고 있으므로, 가장 폐쇄적인 것(구강폐쇄음)이 가장 자음적인 것이고 가장 개방적인 것(개모음)이 가장 모음적이라는 주장도 가능하다.

상세한 논의는 다른 자리로 미루고 결론 아닌 결론으로 대체하면, 유표항과 무표항이 있을 경우 자모 이름의 명명에는 무표적인 자모가 사용되는 것이 바람직하다.

라. 유기성 — 자음 이름과 모음 이름의 상관

넷째, 자음의 이름은 자음대로 독자적인 체계를 가져야 하고 모음의 이름 역시 그 나름대로 독자성을 가져서, 서로 상관적인 관계를 반드시 가져야 할 필요는 없겠지만 두 체계가 서로 상관적인 유기성을 가진다면, 자모 이름을 기억하거나 그 음가를 습득하는 데 보다 유리할 것이다. 또한 상이한 체계이지만 자모 이름이라는 전체 체계가 상관적인 관계를 이룰 수 있으므로 그렇지 못한 것보다 훨씬 체계성을 더 확보할 수 있을 것이다.

자음 이름에 사용된 모음이 모음의 이름에 사용되거나 모음의 이름에 사용된 모음이 자음의 이름에 사용된다면 이를 자모의 이름을 익히는데 훨씬 유리할 것이다. 예를 들어 '기윽'이라는 자음 이름 속에 들어 있는 모음 'ㅣ'나 'ㅡ' 등이 모음의 이름에 사용된다면 이름을 익히고 발음을 기억하는 데 유리할 것이다. 같은 원리로 모음의 이름에 사용된 모음이 예를 들면 'ㅏ'가 자음의 이름을 명명하는 데 사용된다면 동일한 효과를 누릴 수 있을 것이다.

마. 보편성 — 범어성과 일반성 확보

다섯째, 범어적인 기준으로 가능하면 다른 언어에서 많이 사용되는 모음을 선택하여 문자 이름에 있어서 범어적인 보편성을 확보해야 할 것이다. 현 시대는 흔히 말하는 지구촌 시대라는 상황에서뿐만 아니라, 외국인이 한국어를 배우는 환경이 급속도로 확산되고 있는 상황이기에 가능하면 외국에서 사용하는 문자 이름과 동일한 문자 이름을 선택하여 외국어의 발음과 한국어의 발음에 공통성이 있다는 것을 문자 이름에서부터 확인시켜 준다면 한국어와 한글의 학습에 한결 효과성을 가질 수 있을 것이다.

보편성과 특수성의 상관관계에 관한 문제 그리고 보편성과 일반성 등의 개념 정의에 관한 문제 등은 아직도 해결해야 할 숙제가 많은 명제들이지만, 개별적으로 존재하는 개체들이 다 같이 공유하고 있는 어떤 특성을 보편성이라고 이해한다면, 자모의 명명에서는 범어적인 보편성과 사용 자모의 보편성을 논의할 수 있겠다. 즉 한글 자모의 명칭은 다른 언어권에서 사용하고 있는 자모 명칭과 보편성을 가질 수 있으면 그렇지 아니한 것보다 나을 것이고, 자모의 명칭에 사용되는 자모가 언어적인 보편성을 가지고 있다면 그렇지 않은 경우보다 더 나을 것이다.

다시 말해 한글 자모의 이름도 로마 문자나 키릴 문자 혹은 또 다른 문자 등에 사용하고 있는 명명의 형식과 비슷하면 그렇지 않은 경우보다 더 나을 것이고, 명명에 사용되는 자모가 한국어에만 있을 경우 그 특수한 음소는 한국인에게만 익숙하지 외국인에게는 익숙한 음소가 되지 못해 한국어의 세계화에 지장을 초래하게 될 것이다.

그러므로 한글의 이름은 세계의 언어에 두루 사용되는 자모로 세계 문자의 이름과 비슷한 유형으로 하는 것이 좋을 것이다.

발음과 기억의 편이성이라는 기준에서는 다른 자모들에 비해 무표적이고 보편적인 모음을 선택하는 것이 좋을 것이고, 자모의 학습 특히 외국인이 한글 자모를 쉽게 익히기 위해서는 많은 언어들의 자모 이름에서 흔히 사용되는 모음을 선택하는 것이 유리할 것이다.

4.2. 검토의 실제

한글 자모의 이름 중 모음의 이름은 음가를 자모의 이름으로 사용하여 남과 북이 동일하고, 모음의 음가를 모음을 표상하는 자모의 이름으로 사용하는 것은 세계의 모든 문자가 그러하다는 보편성을 가지고 있으므로 따로 논의할 필요가 없겠다. 다양한 자모의 이름 중 어느 것이 가장 합리적이고 효율적인가 하는 문자는 자음 자모 이름의 다양성에서 비롯되는 것이므로 이에 한정하여 논의하도록 한다.

우선 강조하고 싶은 것은, 사람이 필요에 따라 본명 외에 자기 이름을 하나 더 가지듯이[25], 문자의 이름도 꼭 하나여야 할 당위성은 없다는 점이다. 즉 둘 혹은 그 이상의 이름을 가지고 필요에 따라 적시적소에 사용하면 오히려 더 효율적일 수도 있겠다는 전제에서 본 논의는 시작된다. 그러한 생각으로 본고에서는 두 음절로 된 이름과 1음절로 된 이름으로 나누어 앞에서 제시했던 기준점으로 논의해 보기로 한다.

가. 모음의 이름

모음의 이름은 논의의 여지가 없으므로 앞에서 제시했던 것을 그대로 옮기도록 한다.

---

25) 본명을 드러내고 싶지 않아 다른 이름을 지을 수 있고, 본명의 명명이 발음이나 사회적 관계에 있어서 불편을 초래하기 때문에 다른 이름을 가질 수도 있다. 예명, 별명, 애칭, 호 등이 모두 이런 것에서 기인한다.

ㅏ(아) ㅑ(야) ㅓ(어) ㅕ(여) ㅗ(오) ㅛ(요) ㅜ(우)

ㅠ(유) ㅡ(으) ㅣ(이)

ㅐ(애) ㅒ(얘) ㅔ(에) ㅖ(예)

ㅘ(와) ㅙ(왜) ㅚ(외) ㅝ(워) ㅞ(웨) ㅟ(위) ㅢ(의)

나. 2음절 자모 이름

앞에서 본 바와 같이 개화기에는 특이한 이름이 제시되기는 했지만, 한글 자모 중 자음의 이름은 공식적으로 명명할 때부터 2음절로 된 자모 이름을 가졌다. 한글 자모의 이름을 2음절로 하여 제1음절에서는 초성에서의 발음의 예를 제시하고, 제2음절에서는 종성 위치에서의 발음의 예를 제시하는 것은 대단히 독창적이고 합리적인 방법이다. 한자를 이용하여 음가를 제시하던 이 방법은 훈민정음의 창제에서부터 시작했던 방식인데, 이를 최세진 선생이 수용하여 초성의 예와 종성의 예를 종합적으로 제시하였다. 즉 한글을 새로이 배우는 계층은 문자 생활을 하고 있는 기성세대이기 때문에, 이들이 이미 사용하고 있던 한자를 이용하여 새로운 문자인 한글 자모의 발음 예를 제시한 것이다. 그런데 음소 연결 체계와 음절 구조 등 발음의 체계가 고유어와 한자어 등에서 합치하지 않기 때문에 그 예의 제시에 있어서 부분적인 불합리성이 발생할 수밖에 없었다.

그러한 체계상의 차이를 인정하고 한글 자모 이름의 공식적인 전통성만을 고려한다면, 특히 남쪽의 자모 이름을 고려한다면 한글 자모의 이름은 〈한글마춤법통일안〉 시기의 한글 이름이자 현재 남쪽에서 사용하고 있는 자모 이름이 가장 적절할 것이다. 위 3.2절의 '가'와 '나' 항의 자모 이름이 될 것이다. 그런데 이 이름은 이름의 체계가 심

히 불균형하다는 단점을 가진다. 이름의 둘째 글자가 '역, 은, 근, 옷'
등으로 나타나 자음이 있을 때가 있는가 하면 모음의 출현 역시 불규
칙적이어서 기억하기가 불편하고 배우기도 어렵다. 이것을 고려하면
가장 적절한 자모의 이름은 위 3.2절의 '다'항이 될 것이다.

한글 자모의 이름을 한자의 예로 제시하던 과거의 습관에서 벗어나
서, 순수한 한글로 이름을 작명하는 지금의 시대에서는, 한자를 사용
했기 때문에 발생했던 과거의 불합리성을 제거하는 것은 오히려 당연
한 일이다. 다시 말해 과거에 한자의 예로 자모의 발음을 제시했던 관
행(『훈몽자회』의 예)을 그대로 수용하여 자모 이름을 명명하면서('한
글마춤법통일안'의 예) 야기되었던 불합리성(제2음절 모음의 비예측
성)을 제거하고, 자모 이름이 체계성을 가질 수 있도록 수정하는 것은
오히려 정당한 일이라고 할 수 있는 것이다.

결론적으로, 2음절 자모 이름은 전통성과 체계성 그리고 한글맞춤
법 정신을 살려 다음과 같이 하는 것이 가장 합리적이다.[26]

ㄱ	ㄴ	ㄷ	ㄹ	ㅁ	ㅂ	ㅅ
(기윽)	(니은)	(디은)	(리을)	(미음)	(비읍)	(시읏)

ㅇ	ㅈ	ㅊ	ㅋ	ㅌ	ㅍ	ㅎ
(이응)	(지읒)	(치읓)	(키윽)	(티읕)	(피읖)	(히읗)

이러한 명명이 가장 합리적이라는 결론은 다음에서 나왔다. '기역'

---

26) 이러한 명명 자체는 새로운 것이 아니다. 구한말 〈국문연구의정안〉에서 채택한
방법이고, 북쪽에서 현재 시행하고 있는 이름이다. 또한 남북의 〈겨레말큰사전〉
제작팀에서 합의한 방법이라고 알고 있다. 본고는 이러한 결론에 이르기 위한 논
리적 과정이 가장 합리적이라는 것이다.

류의 이름과 '기윽'류의 이름 모두 전통성을 가지고 있고, '기윽'류가 체계의 통일성을 가진다. 하지만 이들 모두 자모 이름의 보편성을 가지지 못한다. 본고에서 제시한 무표성과는 모두 무관하다. O를 5점, △를 3점, X를 0점으로 계산하면 다음과 같은 점수가 된다. 이러한 결과에 의해 '기윽'류가 합리적이라는 결과가 되는 것이다.

	전통성	체계성	무표성	유기성	보편성	점수
기역 류	O	△	X	X	X	8
기윽 류	O	O	X	X	X	10

그러나 이 이름은 본고에서 제시한 세 번째와 네 번째의 조건을 만족시키지 못한다. 더구나 전통과 체계에 맞는다는 합리성이 모국어 화자의 기억이나 외국인 학습자의 학습 효용성을 보장하는 것은 아니다. 이름을 2음절로 명명한다는 것 자체가 대단히 기억이나 학습에 부담스러운 존재이다. 더구나 종성의 위치에 유기음을 사용한다는 것은 그 자체로는 논리적으로는 우수한 결정이라고 하더라도 실제 사용에서는 대단히 불편한 존재가 될 수밖에 없는 것이다. 단독으로 이들의 이름을 명명할 때에 이들의 발음은 표기와 다를 뿐만 아니라, 모음이 연음될 때 생기는 음운 현상 역시 일반 단어들과 달리 하기 때문에 (히읗+이 → [히으시] 등의 연음 현상, 디읃+이→ [디그시] 등과 같이 구개음화 관련 현상 등) 이들의 발음은 대단히 당혹스러운 존재가 되는 것이다. 그뿐만 아니라 한글의 자모 이름이 결정되는 데에 필요한 점수가 있는 것은 아니지만, 선택된 이름은 본고에서 제시했던 기준점의 절반도 충족시키지 못하고 있는 것이다.

그래서 1음절 자모 이름의 필요성이 대두되는 것이다.

나. 1음절 자모 이름

2음절로 된 자모의 이름은 한글 이름의 전통성을 살리고 이름의 체계성을 살린 동시에 한글맞춤법의 어법에 맞게 하는 정신을 살린 것이다. 그런데 이 이름은 일반인들에게 대단히 낯설고 어려울 뿐만 아니라 발음하기도 쉽지 않다. 그래서 간편하게 부를 수 있는 1음절 이름을 만들어 두는 것이 좋겠다. 이 이름을 만드는 방법은 일반적인 언어에서 많이 하듯이 '초성 자음 + 모음'의 형식으로 하는 것이 좋을 것이다. 모음 선택의 논의에서 기준이 될 수 있는 것은 앞에서 제시했던 기준점들이 모두 고려되어야 한다.

첫째, 명명에 쓰이는 모음은 보편성을 가진 모음이어야 할 것이다. '한국어의 세계화' 시대에 걸맞은 이름이 되기 위해서 그리고 이름에 사용하는 모음이 한국인과 외국인을 포함한 언어 사용자들이 편하게 사용하기 위해서는 많은 언어에서 흔히 쓰이는 보편적인 음소를 사용하는 것이 좋겠다. 인류의 언어 중 가장 복잡한 모음 체계를 가지고 있는 언어 중의 하나인 영어는 8개의 단모음을 가지고, 대부분의 모음에 긴장과 이완의 대응관계를 가지고 있다. 비교적 간단한 모음 체계를 가지고 있는 일본어의 모음체계는 'a, i, u, e, o' 등의 5모음 체계이다. 인도유럽어족의 많은 언어들은 6모음에서 8모음 체계를 가지고 있다. 프랑스어는 6모음 체계(a, e, i, o, u, y), 독일어는 8모음 체계(a, e, i, o, u, ä, ö, ü), 러시아어는 6모음 체계(А, И(Й), О, У, Ы, Э [a] [i:]([i]) [o] [u] (의) [e]) 이다. 세계에서 가장 많은 사용 인구를 가지고 있는 중국어의 모음 체계는 6모음 체계(단모음[i] Ï[?]

ï[?], [y], a[ɑ], e[ɤ], u[u], o[o], er[?] 9개 중 변별적인 단모음은 6개)이다. 그리고 한국과 같은 어족일 가능성이 큰 알타이 어족의 주요 언어인 터키어는 8모음 체계(전설모음: e, i, ö, ü, 후설모음: a, i, o, u), 몽골어는 7모음 체계(A, И, O, У, Ə, e, ϒ)를 가지고 있다.

이 모든 언어에서 보편적으로 사용되고 있는 가장 공통적인 것은 a, i, u, e, o 등의 5모음 체계이다. 자모의 이름이 범어적인 보편성을 가지기 위해서는 이 다섯 모음 중에서 선택하는 것이 적당하다.

둘째, 무표적인 모음을 사용하는 것이 좋겠다. 모음을 구성하는 세 요소 혀의 위치, 개구도, 원순성 중에서 무표성을 쉽게 판정할 수 있는 것도 있고, 그렇지 못한 것도 있다. 전설모음과 비전설모음 중에서 어느 종류의 모음이 더 무표적인가 하는 문제는 결정하기 쉽지 않으나 원순모음과 비원순모음 중에서 어느 것이 더 무표적인가 하는 문제는 쉽게 해결된다. 발음을 하지 않는 평상시의 상태는 비원순모음의 상태이므로 비원순모음이 무표적이다. 그러면 현재 두루 쓰이는 한국어의 단모음 중에서 남는 모음은 'ㅣ, ㅔ, ㅏ, ㅡ, ㅓ' 등의 다섯 모음이다. 자모의 이름을 정할 때 초성 자음 다음에 결합할 모음은 이 다섯 모음 중에 하나가 되어야 한다.

셋째, 전통성의 차원에서 보면 지금까지의 논의에서 자모 이름으로 거론된 적이 있는 모음을 선정하는 것이 좋겠다. 학자들에 의해서 혹은 정책적으로 주장되거나 사용된 적이 있다는 가능한 한 그것을 살리는 방향으로 하는 것이 좋을 것이다. 이 기준을 충족시키는 것은 'ㅏ', 'ㅡ', 'ㅣ' 등이 될 것이다.

넷째, 자음의 이름에 사용되는 모음을 사용하는 것이 이름의 상관적인 차원에서 더 도움이 될 것이다. 이 기준에 의하면 'ㅣ'나 'ㅡ'을 선택하는 것이 유리하다.

다섯째, 다른 문자의 이름에서 두루 사용되고 있는 모음을 선택하는 것이 음가의 설명이나 학습에 도움이 될 것이다. 이 조건을 가장 크게 충족시키는 것은 'ㅔ'이고, 다음으로 충족시키는 것이 'ㅣ'이다.

이 다섯 개의 기준에 의해 비원순모음 5개의 점수를 비교해 보면 다음과 같이 된다.

	전통성	보편성 (음가)	무표성	상관성	보편성 (문자 이름)	점수
ㅏ	O	O	O	X	X	30
ㅔ	X	O	O	X	O	30
ㅣ	O	O	O	O	△	45
ㅓ	X	X	O	X	X	10
ㅡ	O	X	O	O	X	30

각각의 모음에 대해 필자 나름대로의 심정적인 평가를 더하면 다음과 같다.

자모 이름은 '기, 니, 디, 리 ---' 등으로 하는 것은 2음절 자모 이름의 앞부분이라는 장점(인지하기 쉬움)과 단점(이름의 변별성이 떨어짐)을 동시에 가진다. 그런데 'ㅣ' 모음을 선택했을 때의 결정적인 문제점은 'ㅣ' 모음은 다른 모음이 이어질 때 탈락하거나 경과음으로 변화할 가능성이 크다는 점이다. 이 문제는 이름의 정체성 확보와 관련하여 결정적인 단점이 될 수 있다. '게, 네, 데, 레 ---' 등으로 명명했을 경우 이름이 전통적인 역사성이 없어서 초기에 대단히 생소하다고 느낄 수 있는 점이 단점으로 제기될 수 있고, '가, 나, 다, 라 ---' 등으로 했을 경우에도 이름이 가지는 보편성이 부재하다는 단점이 제기 될 수 있다. 그리고 'ㅡ'로 했을 경우에는 이 음소가 외국어에서 음소로서의 변별력을 가지지 못해서 한국어의 초기 습득에 장애 요인으로 작용할 수 있다는 점이 우려된다.

이러한 장점과 단점을 모두 가지고 있으므로 이를 논리적으로 판단하는 것은 불가능하다. 정책으로 판단해도 문제가 생기지 않는다는 결론이 된다.

이러한 문제 외에 자모 이름을 결정할 때에 문제가 될 수 있는 것은 'ㄹ'과 'ㅇ' 등이다. 국어에는 지역에 따라 차이가 있기는 하지만 'ㄹ'이 어두에 오지 못한다는 두음 법칙이 있다. 이를 어두에 둘 경우 'ㄴ'과 구별이 되지 않게 되므로 이 이름은 인구어의 이름에서 사용하고 있는 것처럼 종성의 위치에서 조음하는 것이 적절하다. 그리고 'ㅇ'은 많은 언어에서 음절말 위치에서 조음되지 않는 것처럼 국어에서도 조음되지 않으므로 종성의 위치에 자음을 두는 이름을 짓는 것이 좋을 것이다. 이는 자모 이름의 체계를 파괴하는 중대한 사태이기는 하지만 실질적인 발음의 편이를 위해서는 어쩔 수 없는 상황이다.[27]

결론적으로 본고는 1음절 한글 자모 이름을 다음의 넷 중 어느 하나로 사용해도 결정적인 장점이나 단점이 부각되지 않는다고 할 수 있을 것이다.

ㄱ	ㄴ	ㄷ	ㄹ	ㅁ	ㅂ	ㅅ
(게)	(네)	(데)	(엘)	(메)	(베)	(세)

---

27) 'ㅇ'이 초성 위치에서 제대로 조음이 되지 않기 때문에 '연구개 비음'의 제자를 '후음'에서 근거한, 훈민정음의 제자 원리도 참고할 사항이다.

ㅇ	ㅈ	ㅊ	ㅋ	ㅌ	ㅍ	ㅎ
(엥)	(제)	(체)	(케)	(테)	(페)	(헤)
ㄱ	ㄴ	ㄷ	ㄹ	ㅁ	ㅂ	ㅅ
(그)	(느)	(드)	(을)	(므)	(브)	(스)
ㅇ	ㅈ	ㅊ	ㅋ	ㅌ	ㅍ	ㅎ
(응)	(즈)	(츠)	(크)	(트)	(프)	(흐)
ㄱ	ㄴ	ㄷ	ㄹ	ㅁ	ㅂ	ㅅ
(가)	(나)	(다)	(알)	(마)	(바)	(사)
ㅇ	ㅈ	ㅊ	ㅋ	ㅌ	ㅍ	ㅎ
(앙)	(자)	(차)	(카)	(타)	(파)	(하)
ㄱ	ㄴ	ㄷ	ㄹ	ㅁ	ㅂ	ㅅ
(기)	(니)	(디)	(일)	(미)	(비)	(시)
ㅇ	ㅈ	ㅊ	ㅋ	ㅌ	ㅍ	ㅎ
(잉)	(지)	(치)	(키)	(티)	(피)	(히)

다. 결론

1) 사용하기 편한 1음절 이름과 전통적이고 문자 이름에서 새로운 명명 방식인 2음절 이름을 동시에 가지는 것이 좋다.

2) 2음절 이름은 국문연구의정안에서 최초의 합의안으로 제안되었다는 전통성을 고려하고, 첫음절은 '초성 + ㅣ'의 형식으로 통일되고, 이 음절은 'ㅡ + 종성'의 방식으로 체계적인 통일을 가진 '기윽, 니은, 디은 ---'의 이름으로 하는 것이 채택하는 것이 좋다.

3) 1음절 이름은 지구상에 널리 사용되고 있는 자모 이름의 공통성 내지는 보편성을 고려하여 알파벳의 초성 자음에 'ㅔ'를 결합하여 같거나 유사한 음가를 가진 자모는 같거나 유사한 이름을 가

지게 하여 '게, 베, 데--'등으로 하여 'g, b, d ---' 등과 동일하 거나 유사하게 하는 방법이 있을 수 있겠다. 이러한 자모의 이름 에 대한 음상이 한국 사람에게 대단히 거칠게 들리면 'ㅏ'를 결합 하여 '가, 나, 다---' 등으로 하는 것이 가장 무난하겠다. 그리고 지금까지 많이 제기되었던 모음을 선택한다면 '그, 느, 드--' 등 으로 하는 것이 좋겠고, 2음절 자모 이름과의 연관성을 생각한다 면 '기, 니, 디 ---'로 하는 것이 무난한 방법이 되겠다.

두음법칙과 관련하여 발음에 혼란을 초래할 수 있는 'ㄹ'는 종성에 사용하여 '엘 혹은 알'로 하는 것이 무난하고, 'ㅇ'은 초성에서 발음되 지 못하므로 종성의 위치에 보내어 그 이름을 '엥 혹은 앙'으로 하는 것이 좋겠다.

4. 결론

1. 본고는 한글 자모 이름에 관한 남북의 이질성을 극복하고 남과 북 이 통일된 이름을 만들기 위한 합의를 도출하고자 할 때, 감정에 치우 치지 않고 합리적인 기준점을 만들기 위한 작업이다. 학문 외적인 영 역에서는 이것과 저것 둘 중에 하나를 아무런 논의 없이 즉흥적이거나 감정적으로 혹은 흥정의 산물로 선택할 수 있지만, 해당 분야에서 공 부를 하고 있는 학자들은 해당 사항에 관련된 이론을 정립하여 객관적 이고 합리적인 기준을 제시할 수 있어야 한다. 본고는 한글 자모 이름 과 관련하여 그러한 작업을 하기 위한 시발점이라고 할 수 있다.

2. 세계 문자의 이름을 붙여온 과정은 다음과 같이 정리될 수 있다.

1) 표의 문자인 단어 문자 시절에는 지칭되는 사물의 이름을 문자의 이름으로 사용한다.

2) 표음 문자인 음절 문자나 음소 문자는 문자의 음가를 이름으로 사용한다.

3) 음소 문자의 경우 대부분의 언어에서 자음의 이름의 대부분은 초성의 음가에 'ㅔ' 모음을 첨가한다. 일부 문자의 경우 'ㅣ' 문자가 결합한 것처럼 보이는 것도 있다.

4) 일부 자음의 경우 모음 'ㅔ'를 선행하고, 종성의 위치에 해당 음가를 첨가한다.(l[엘], m[엠], n[엔], r[에르], s[에스] 등의 경우)

3. 본고에서 제시한 자모 이름의 명명 기준점은 다음의 네 가지인데, 앞의 두 기준은 자모 이름 자체가 가져야 할 기준이고, 뒤의 두 기준은 모음을 선택할 때 고려할 기준이다.

1) 전통성 – 과거 이름과의 통시적 교감

2) 체계성 – 자모 이름의 외형적 균형

3) 무표성 – 가장 발음하기 편한 모음의 선택

4) 보편성 – 가장 널리 사용되는 모음의 선택

5) 유기성 – 자음의 이름과 모음의 이름의 상관적 관계

이러한 기준에 의해 한글 자모 중 모음의 이름은 전통적으로 방식을 그대로 취하면 되겠다. 즉, 음가의 이름을 자모의 사용하던 방식을 취하면 되겠다.

한글 자모 중 자음의 이름으로는 2음절 자모 이름과 1음절 자모 이

름의 두 가지를 가질 필요성이 제기될 수 있다. 2음절 자모 이름은 전통성을 존중하되 체계성을 고려하여 다음과 하는 것이 좀 더 합리적이다.

1) 2음절 자모 이름

ㄱ	ㄴ	ㄷ	ㄹ	ㅁ	ㅂ	ㅅ
(기윽)	(니은)	(디읃)	(리을)	(미음)	(비읍)	(시읏)
ㅇ	ㅈ	ㅊ	ㅋ	ㅌ	ㅍ	ㅎ
(이응)	(지읒)	(치읓)	(키읔)	(티읕)	(피읖)	(히읗)

반면, 1음절 자모 이름은 '기, 니, 디' 등으로 하는 것이 가장 무난하나 다른 이름도 특별한 잘못을 가지는 것이 아니므로 다음의 네 가지 중 하나를 정책적으로 판단해도 무방할 것이다.

2) 1음절 자모 이름

ㄱ	ㄴ	ㄷ	ㄹ	ㅁ	ㅂ	ㅅ
(게)	(네)	(데)	(엘)	(메)	(베)	(세)
ㅇ	ㅈ	ㅊ	ㅋ	ㅌ	ㅍ	ㅎ
(엥)	(제)	(체)	(케)	(테)	(페)	(헤)
ㄱ	ㄴ	ㄷ	ㄹ	ㅁ	ㅂ	ㅅ
(그)	(느)	(드)	(을)	(므)	(브)	(스)
ㅇ	ㅈ	ㅊ	ㅋ	ㅌ	ㅍ	ㅎ
(응)	(즈)	(츠)	(크)	(트)	(프)	(흐)
ㄱ	ㄴ	ㄷ	ㄹ	ㅁ	ㅂ	ㅅ
(가)	(나)	(다)	(알)	(마)	(바)	(사)
ㅇ	ㅈ	ㅊ	ㅋ	ㅌ	ㅍ	ㅎ
(앙)	(자)	(차)	(카)	(타)	(파)	(하)

ㄱ	ㄴ	ㄷ	ㄹ	ㅁ	ㅂ	ㅅ
(기)	(니)	(디)	(일)	(미)	(비)	(시)

ㅇ	ㅈ	ㅊ	ㅋ	ㅌ	ㅍ	ㅎ
(잉)	(지)	(치)	(키)	(티)	(피)	(히)

4. 본고가 바라는 것은, 언어의 본질적인 기능이나 현실적인 상황과 관련하여 문자의 이름에 대한 논의가 심화되고 확대되는 것이다. 남북의 언어 통일에서는 가장 기초적인 작업인 자모 이름의 통일을 위한 논의도 이러한 인식으로 이루어지기를 바라는 것이다. 더 나아가 남북의 언어의 이질적인 부분 중 통일과 통합이 필요한 사항에 대해서는 그에 대한 기준점을 설정하면서 구체적인 작업으로 발전할 수 있기를 기대한다.

한글 자모 이름의 큰 특징은 초성과 종성의 사용 예를 이용하여 자모 이름을 붙인 세계 최초의 작명법이고, 자연적인 존재로서의 언어 혹은 소리에는 기저형과 표면형이 있는데 한글 자모의 이름은 기저형을 반영하여 작명하였으며, 혁신와 전통의 갈등을 조화롭게 하는 우리 민족의 정신 문화가 내재되어 있다는 점이다.

5. 한 사회를 발전시키는 세 가지 원동력을 찾으라 한다면 필자는 순수 학문의 발전, 응용 학문의 발전, 그리고 사회를 움직이는 규범과 윤리의 정비라고 생각한다. 요즘 강조되고 있는 '융합'은 새로운 발전의 동력이 되는 것도 분명하고 앞으로의 발전 방향에 결정적인 요인으로 작용하게 되는 것도 분명할 것이다. 그러나 융합의 양적 팽창만이 아니라 질적 향상을 꾀하기 위해서는 기초 학문의 발전 없이 불가

능하다는 것도 인식해야 할 것이다. 이와 반대로 응용되지 못하는 학문 혹은 다른 학문과의 융합을 통해 구성요소도 되지 못하는 학문은 도태될 수밖에 없다는 것도 우리는 알아야 할 것이다. 해당 학문의 필요성이나 당위성은 그 자체 내부에만 존재하는 것이 아니라 그 학문이 속해 있는 사회 속에서 그리고 전체 학문의 영역 속에서 찾아져야 하는 것이다. 국어학이라는 영역에서도 이러한 인식이 확산되어 국어학이 지속적으로 발전하는 데 기여할 수 있기를 바란다.

국문 요지

한반도의 남쪽과 북쪽은 기본적으로 동일하지만, 부분적으로 다른 어문 규범을 사용하고 있다. 그 중에 가장 심각한 문제는 규범의 첫걸음이 되는 자모 이름이 다르다는 것이다. 이에 본고는 남북 간에 이질적인 자모 이름을 통일하기 위한 기준점을 제시하고, 이 기준점에 의한 합의안을 제안하기 위한 것이다.

이러한 목적에 의해 이루어진 결론은 다음과 같다.

1. 자모 이름의 명명 기준점은 다음의 네 가지인데, 앞의 두 기준은 자모 이름 자체가 가져야 할 기준이고 뒤의 두 기준은 모음을 선택할 때 고려할 기준이다.

   1) 전통성 과거 이름과의 통시적 교감
   2) 체계성 자모 이름의 외형적 균형
   3) 무표성 가장 발음하기 편한 모음의 선택
   4) 보편성 가장 널리 사용되는 모음의 선택
   5) 유기성 – 자모 이름의 상관성

2. 이러한 기준에 의해 한글 자모의 이름으로는 2음절 자모 이름과 1음절 자모 이름의 두 가지를 가질 필요성이 제기될 수 있다. 2음절 자모 이름은 전통성을 존중하되 체계성을 고려하고, 1음절 자모 이름은 보편성과 무표성 등을 고려하여 두 안을 제시하였다.

1) 2음절 자모 이름

ㄱ	ㄴ	ㄷ	ㄹ	ㅁ	ㅂ	ㅅ
(기윽)	(니은)	(디은)	(리을)	(미음)	(비읍)	(시읏)
ㅇ	ㅈ	ㅊ	ㅋ	ㅌ	ㅍ	ㅎ
(이응)	(지읒)	(치읓)	(키읔)	(티읕)	(피읖)	(히읗)

2) 1음절 자모 이름

ㄱ	ㄴ	ㄷ	ㄹ	ㅁ	ㅂ	ㅅ
(게)	(네)	(데)	(엘)	(메)	(베)	(세)
ㅇ	ㅈ	ㅊ	ㅋ	ㅌ	ㅍ	ㅎ
(엥)	(제)	(체)	(케)	(테)	(페)	(헤)

혹은

ㄱ	ㄴ	ㄷ	ㄹ	ㅁ	ㅂ	ㅅ
(가)	(나)	(다)	(알)	(마)	(바)	(사)
ㅇ	ㅈ	ㅊ	ㅋ	ㅌ	ㅍ	ㅎ
(앙)	(자)	(차)	(카)	(타)	(파)	(하)

ㄱ	ㄴ	ㄷ	ㄹ	ㅁ	ㅂ	ㅅ
(기)	(니)	(디)	(일)	(미)	(비)	(시)
ㅇ	ㅈ	ㅊ	ㅋ	ㅌ	ㅍ	ㅎ
(잉)	(지)	(치)	(키)	(티)	(피)	(히)

ㄱ	ㄴ	ㄷ	ㄹ	ㅁ	ㅂ	ㅅ
(가)	(나)	(다)	(알)	(마)	(바)	(사)

ㅇ	ㅈ	ㅊ	ㅋ	ㅌ	ㅍ	ㅎ
(앙)	(자)	(차)	(카)	(타)	(파)	(하)

3. 앞으로 남북이 이질성을 극복하고 통일안을 만들기 위해서는 해
   당 사항마다 합리적인 기준점을 설정하고 이 기준점에 의해 객
   관적인 결론에 도달할 수 있도록 노력해야 할 것이다.

중심 단어
자모 이름, 남북, 통일, 전통성, 체계성, 무표성, 보편성

영문 초록

The Language Norms of the South Korea and North Korea are basically idendical with each other. But a few codes are different from each other and the names of Korean alphabet are especially different from each other. So in order to unify the different ones, we should prepare the criteria and propose the alternative.

This paper is aimed to carry out such subjects. The results of this paper are as followings.

1. We should keep the four creteria when naming alphabet. The anterior two ones are rules for alphabet name itself, the posterior two are the rules for choicing the vowels.

1) traditionality   2) systemicity

3) unmarkedness   4) universality   5) co - relations

2. According to this criteria, we propose two kinds of Korean alphabet name - one syllable name and two syllable name. One syllable name is called by the unmarkedness and universality. And two syllable name is called by the traditionality and systemicity. The examples of names are as followings.

1) 2 syllable name

ㄱ	ㄴ	ㄷ	ㄹ	ㅁ	ㅂ	ㅅ
(gi-euk)	(ne-eun)	(di-eut)	(li-eul)	(mi-eum)	(bi-eup)	(si-eus)

ㅇ	ㅈ	ㅊ	ㅋ	ㅌ	ㅍ	ㅎ
(i-eung)	(ji-euj)	(chi-euch)	(ki-euk)	(ti-eut)	(pi-eup)	(hi-euh)

2) 1 ayllable name

ㄱ	ㄴ	ㄷ	ㄹ	ㅁ	ㅂ	ㅅ
(ge)	(ne)	(de)	(el)	(me)	(be)	(se)
ㅇ	ㅈ	ㅊ	ㅋ	ㅌ	ㅍ	ㅎ
(eng)	(je)	(che)	(ke)	(te)	(pe)	(he)
ㄱ	ㄴ	ㄷ	ㄹ	ㅁ	ㅂ	ㅅ
(ga)	(na)	(da)	(al)	(ma)	(ba)	(sa)
ㅇ	ㅈ	ㅊ	ㅋ	ㅌ	ㅍ	ㅎ
(ang)	(ja)	(cha)	(ka)	(ta)	(pa)	(ha)
ㄱ	ㄴ	ㄷ	ㄹ	ㅁ	ㅂ	ㅅ
(gi)	(ni)	(di)	(il)	(mi)	(bi)	(si)
ㅇ	ㅈ	ㅊ	ㅋ	ㅌ	ㅍ	ㅎ
(ing)	(ji)	(chi)	(ki)	(ti)	(pi)	(hi)
ㄱ	ㄴ	ㄷ	ㄹ	ㅁ	ㅂ	ㅅ
(geu)	(neu)	(deu)	(eul)	(meu)	(beu)	(seu)
ㅇ	ㅈ	ㅊ	ㅋ	ㅌ	ㅍ	ㅎ
(eung)	(jeu)	(cheu)	(keu)	(teu)	(peu)	(heu)

3. We sohould estableush the rational creteria and try to arrive at the objective conclusions in order to overcome the differences and come to an agreement.

Key words

name of alphabet. south and north Korea. Unification. Traditionality. Systemicity. Unmarkedness. Universality

참/고/문/헌

〈국어정책 관련〉

• 강남욱·박재현(2011), 공공 언어의 수준 평가를 위한 진단 지수 개발 연구,《人文硏究》62, 123-156, 영남대학교 인문과학연구소.

• 강남욱, 박재현, "공공언어의 수준 평가를 위한 진단 지수 개발 연구", 人文硏究 62, 2011, 123-156, 영남대학교 인문과학연구소

• 권재일(2004), 특집:「국어기본법(안)」에 관한 공청회 지상중계 ; 국어의 발전과 보전을 위한 「국어기본법」,《한글한자문화》65, 23 26, 전국한자교육추진총연합회.

• 권재일(2004), 특집:「국어기본법」(안)에 관한 공청회 지상중계; 국어의 발전과 보전을 위한 "「국어기본법」,《한글한자문화》65, 23 26, 전국한자교육추진총연합회.

• 권재일(2010), 세계화 시대의 국어 정책 방향,《국어국문학》155, 5-17, 국어국문학회.

• 권재일(2010), 세계화 시대의 국어 정책 방향,《국어국문학》155.

• 권재일, "세계화 시대의 국어 정책 방향", 국어국문학 155, 2010. 5-17, 국어국문학회

• 권재일, "특집 : 국어기본법(안)에 관한 공청회 지상중계 ; 국어의 발전과 보전을 위한 "국어기본법"", 한글한자문화 65, 2004. 23-26, 전국한자교육추진총연합회

• 권재일, "특집 : 국어기본법(안)에 관한 공청회 지상중계 ; 국어

의 발전과 보전을 위한 "국어기본법'", 한글한자문화 65, 2004. 23-26, 전국한자교육추진총연합회

- 김명희(2015), 한국의 공공 언어 정책 연구: 법령과 제도를 중심으로《한국자치행정학보》29권 1호, 91-110, 한국자치행정학회.

- 김명희, "한국의 공공언어정책 연구 : 법령과 제도를 중심으로-", 한국자치행정학보 29(1), 2015. 91-110, 한국자치행정학회

- 김재윤 · 노웅래 · 이계진 · 손봉숙 · 정종복 · 박형준 · 이광철 · 김재홍 · 정병국 · 우상호 · 이재오 · 정청래(2004), 특집: 「국어기본법(안)」에 관한 공청회 지상중계: 문화관광위원회 국회의원의 질의내용,《한글한자문화》65, 28-30, 전국한자교육추진총연합회.

- 김재윤, 노웅래, 이계진, 손봉숙, 정종복, 박형준, 이광철, 김재홍, 정병국, 우상호, 이재오, 정청래, "특집 : 국어기본법(안)에 관한 공청회 지상중계 ; 문화관광위원회 국회의원의 질의내용", 한글한자문화 /65 (-), 2004, 28-30, 전국한자교육추진총연합회

- 김준희(2006), 한국어 교사의 전문성 -「국어 기본법」이후 달라진 한국어 교사 양성 제도 -,《한말연구학회 학회발표집》23, 207-223, 한말연구학회.

- 김준희, "한국어 교사의 전문성 -"국어 기본법" 이후 달라진 한국어 교사 양성 제도-", 한말연구학회 학회발표집 /23 (-), 2006, 207-223, 한말연구학회

- 김진규(2005), 「국어기본법」 제정의 의의,《한어문교육》1, 133 145, 한국언어문학교육학회.

- 김진규, "〈국어기본법〉 제정의 의의", 한어문교육 /13 (-), 2005,

133-145,한국언어문학교육학회

- 남풍현(2004), 특집:「국어기본법(안)」에 관한 공청회 지상중계:「국어기본법(안)」에 관한 공청회에 제출하는 의견,《한글한자문화》65, 17-20, 전국한자교육추진총연합회.

- 남풍현, "특집 : 국어기본법(안)에 관한 공청회 지상중계 ; 국어기본법안에 관한 공청회에 제출하는 의견", 한글한자문화 /65 (-),2004, 17-20, 전국한자교육추진총연합회

- 민현식(2000), 언어 규범 정책,《21세기의 국어 정책》(국어 정책에 관한 학술회의 자료집).

- 박경희(2004), 특집:「국어기본법(안)」에 관한 공청회 지상중계: 방송인의 입장에서「국어기본법」제정에 동의한다,《한글한자문화》65, 20-23, 전국한자교육추진총연합회.

- 박경희, "특집 : 국어기본법(안)에 관한 공청회 지상중계 ; 방송인의 입장에서「국어기본법」제정에 동의한다", 한글한자문화 /65 (-), 2004, 20-23, 전국한자교육추진총연합회

- 박용찬(2008), 국어 정책 혁신 방향과「국어 기본법」-「국어 기본법」의 법률로서의 실효성과 의의를 중심으로 -,《한말연구학회 학회발표집》28, 11-35, 한말연구학회.

- 박용찬, "국어 정책 혁신 방향과 "국어 기본법" -"국어 기본법"의 법률로서의 실효성과 의의를 중심으로-", 한말연구학회 학회발표집 /28 (-), 2008, 11-35, 한말연구학회

- 박창원(2009),《한국어의 정비와 세계화1》, 박문사.

- 박창원(2010), 공공언어 정비를 위한 중장기 계획, 전국국어문화원연합회 이정현 국회의원 주최《공공언어 개선을 위한 정책 토

론회 자료집》

- 손원일(2004), 궐기대회 특집: 위대한 착각: 국어 기본법은 국민 생각의 통제,《한글한자문화》60, 34-39, 전국한자교육추진총연합회.
- 손원일(2004), 한글 + 한자문화 칼럼:「국어기본법」은 백해무익,《한글한자문화》54, 54-57, 전국한자교육추진총연합회.
- 손원일(2005), 한글+한자문화 칼럼:「국어기본법」은 도깨비,《한글한자문화》66, 69-73, 전국한자교육추진총연합회.
- 손원일, "궐기대회 특집 : 위대한 착각: 국어 기본법은 국민 생각의 통제", 한글한자문화 /60 (-), 2004, 34-39, 전국한자교육추진총연합회
- 손원일, "한글 + 한자문화 칼럼 : 국어기본법은 백해무익", 한글한자문화 /54 (-), 2004, 54-57, 전국한자교육추진총연합회
- 손원일, "한글+한자문화 칼럼 : 국어기본법은 도깨비", 한글한자문화 /66 (-), 2005, 69-73, 전국한자교육추진총연합회
- 안병희(2009),《국어 연구와 국어 정책》, 월인.
- 양명희(2009), 논문: 다문화 시대와 언어 정책,《한국어 교육》20권 1호, 111-133, 국제한국어 교육학회.
- 양명희(2014), 국어 정책에 대한 새로운 인식과 태도,《우리말글》60, 27-51, 우리말글학회.
- 양명희, "국어정책에 대한 새로운 인식과 태도", 우리말 글 /60 (-), 2014, 27-51, 우리말글학회
- 양명희, "논문 : 다문화 시대와 언어정책", 한국어 교육 /20 (1), 2009, 111-133, 국제한국어교육학회

- 윤광재(2008), 우리나라 국어 관련 정책 및 기관에 관한 연구, 《동서연구》20-1.
- 이관규(2006), 국어기본법 시대의 국어 정책 방향, 《한글》272, 221-247, 한글학회.
- 이관규, "국어 기본법 시대의 국어 정책 방향", 한글 /- (272), 2006, 221-247, 한글학회
- 이관희(2010), 공공 기관 서식, 문서의 개선을 위한 국어 정책 시행 방향 - 국어 책임관 제도의 보완과 공무원의 국어 능력 향상 방안 -, 《先淸語文》37-38, 209-252, 서울대학교 국어 교육과.
- 이관희(2010), 공공 기관 서식, 문서의 개선을 위한 국어 정책 시행 방향 - 국어책임관 제도의 보완과 공무원의 국어 능력 향상 방안-, 《先淸語文》37-38, 209-252, 서울대학교 국어 교육과.
- 이관희(2010), 공공 기관 서식, 문서의 개선을 위한 국어 정책 시행 방향 -국어 책임관 제도의 보완과 공무원의 국어 능력 향상 방안-, 《先淸語文》37-38, 209-252, 서울대학교 국어 교육과.
- 이관희, "공공 기관 서식,문서의 개선을 위한 국어 정책 시행 방향 -국어 책임관 제도의 보완과 공무원의 국어 능력 향상 방안-", 先淸語文 /37-38 (-), 2010, 209-252, 서울대학교 국어교육과
- 이관희, "공공 기관 서식,문서의 개선을 위한 국어 정책 시행 방향-국어 책임관 제도의 보완과 공무원의 국어 능력 향상 방안-", 先淸語文 /37-38 (-), 2010, 209-252, 서울대학교 국어교육과
- 이관희, "공공 기관 서식,문서의 개선을 위한 국어 정책 시행 방향 -국어 책임관 제도의 보완과 공무원의 국어 능력 향상 방

안-", 先淸語文 /37 38 (-), 2010, 209-252, 서울대학교 국어교
육과

- 이정훈(2010), 언어 태도와 언어 정책,《언어문화와 언어 정책》
(한글 주간 국제 학술 대회 자료집).

- 정희창(2014), 어문 규범의 현황과 전망,《우리말 글》60, 53-73,
우리말글학회.

- 정희창, "어문 규범의 현황과 전망", 우리말 글 /60 (-), 2014,
53-73, 우리말글학회

- 조남호(2007), 국어발전 기본 계획의 수립 경위 및 내용,《새국어
생활》제17권 제2호(2007년 여름), 48-53, 국립국어원.

- 조남호(2010A), 국어 정책의 현재와 향후 방향,《언어문화와 언
어 정책》(한글 주간 학술 대회 자료집).

- 조남호(2010B), 한국의 언어 정책,《국립국어원 개원 20주년 기
념 언어 정책 국제 학술 대회 자료집》.

- 조태린(2008), 언어 정책에서 법적 규정의 의미와 한계-「국어기
본법」 다시 보기-,《한말연구학회 학회발표집》28, 91-105, 한말
연구학회.

- 조태린(2009), 언어 정책에서 법적 규정의 의미와 한계-「국어기
본법」 다시 보기,《한말연구》24, 241-265, 한말연구학회.

- 조태린(2010), 언어 정책이란 무엇인가,《새국어생활》20-2.

- 조태린, "언어 정책에서 법적 규정의 의미와 한계-국어기본법 다
시 보기", 한말연구 /- (24), 2009, 241-265, 한말연구학회

- 조태린, "언어 정책에서 법적 규정의 의미와 한계-국어기본법 다
시 보기-", 한말연구학회 학회발표집 /28 (-), 2008, 91-105, 한

말연구학회

- 조항록(2007), 논문:「국어기본법」과 한국어 교육 - 제정의 의의와 시행 이후 한국어 교육계의 변화를 중심으로 -,《한국어 교육》18권 2호, 401-422, 국제한국어 교육학회.

- 조항록,"논문 : 국어기본법과 한국어교육 - 제정의 의의와 시행 이후 한국어 교육계의 변화를 중심으로 -", 한국어 교육 /18 (2), 2007, 401-422, 국제한국어교육학회

- 진재교(2006), 투고 논문:「국어기본법」과 한문 교육의 방향 - 언어 내셔널리즘을 넘어 -,《한문교육연구》27, 361-396, 한국한문교육학회.

- 진재교,"투고논문 : "국어기본법"과 한문교육의 방향 -언어 내셔널리즘을 넘어-", 한문교육연구 /27 (-), 2006, 361-396, 한국한문교육학회

- 진태하(2004), 특집:「국어기본법(안)」에 관한 공청회 지상중계:「국어기본법」을 반대해야 하는 이유,《한글한자문화》65, 15-17, 전국한자교육추진총연합회.

- 진태하,"특집 : 국어기본법(안)에 관한 공청회 지상중계 ;「국어기본법」을 반대해야 하는 이유", 한글한자문화 /65 (-), 2004, 15-17, 전국한자교육추진총연합회

- 최대권(2014), 논문:「국어기본법」의 위헌성에 관한 연구: 한글전용의 강제를 중심으로,《서울대학교 法學》55권 4호, 241-272, 서울대학교 법학연구소.

- 최대권,"논문 : 국어기본법의 위헌성에 관한 연구: 한글전용의 강제를 중심으로", 서울대학교 法學 /55 (4), 2014, 241-272, 서

울대학교 법학연구소

최용기(2010),《한국어 정책의 이해》, 한국문화사.

〈국어의 정비〉

• 강남욱, 박재현, 「공공언어의 수준 평가를 위한 진단 지수 개발 연구」, 『人文研究』 62, 영남대학교 인문과학연구소, 2011, 123-156쪽.

• 강인선(1988), 일본의 국어 순화 정책, 국어생활 14, 국어연구소.

• 고영근 편(1989), 북한의 말과 글, 을유문화사.

• 고영근(1994), 통일 시대의 어문 문제, 길벗.

• 고영근(1996), 우리말 가꾸기, 고등학교 국어(하), 교육부.

• 국립국어연구원(1990), 외래어 사용실태 조사(1990년도), 국립 국어연구원.

• 국립국어연구원(1992), 북한의 언어 정책, 국립국어연구원.

• 국립국어연구원(1999), 표준국어대사전, (주)두산동아.

• 국립국어연구원(2000), 언론 외래어 순화 자료집, 국립국어연구원.

• 국립국어연구원(2001), 국어 순화 자료집, 국립국어연구원.

• 국어연구소(1988), 국어 순화 자료집, 국어연구소.

• 김명희, 「한국의 공공언어정책 연구 : 법령과 제도를 중심으로-」, 『한국자치행정학보』 29(1), 한국자치행정학회, 2015, 91-110쪽.

• 김문수, 「통신언어의 공공성 어떻게 측정할 것인가? 이론적 논의 를 중심으로」, 『한국스피치커뮤니케이션학회 학술대회 자료집 (1)』, 한국스피치커뮤니케이션학회, 2007, 5-23쪽.

• 김민수 편(1991), 북한의 조선어 연구사, 녹진.

- 김민수 편(1997), 김정일 시대의 북한 언어, 태학사.
- 김민수(1973)/1984), 국어정책론, 고려대출판부/탑출판사.
- 김민수(1985가), 남북한 언어의 차이, 새국어생활 5-2.
- 김민수(1985나), 북한의 국어연구, 고려대학교출판부.
- 김석득(1979), 국어 순화에 대한 반성과 문제점, 국어의 순화와 교육, 한국정신문화연구원.
- 김한샘, 「방송언어의 공공성 진단 기준」, 『泮矯語文研究』/30 (-), 반교어문학회, 2011, 37-59쪽.
- 김현주, 「방송언어의 공공성 훼손 사례와 개선 방안」, 『한국방송학회 학술대회 논문집』, 한국방송학회, 2006, 590-601쪽.
- 김홍수(1993), 북한 사전의 다듬은 말, 색구어생활 3-4.
- 남성우 정재영(1990), 북한의 언어생활, 고려원.
- 남영신(2000), 국어순화정책방향모색, 21세기의 국어정책, 국립국어연구원 한국어문진흥회.
- 문화 체육부(1996), 국어 순화 용어 자료집(건설 용어 식생활 용어 임업 용어), 문화 체육부.
- 문화 체육부(1997), 국어 순화 용어 자료집(생활 용어), 문화 체육부.
- 민현식(2002), 남북 언어 동질성 회복을 위한 제1차 국제학술회의 논문집, 국립국어연구원.
- 박갑수(1976가), 국어 순화의 의의, 국어 순화의 방안과 실천 자료, 세운문화사.
- 박갑수(1976나), 국어 순화 운동의 현황과 전망, 국어 교육 29, 한국국어교육연구회.

- 박갑수(1979), 국어 순화의 이론과 방법, 국어 순화와 교육, 한국 정신문화연구원.
- 박갑수(1984), 국어의 표현과 순화론 : 국어와 국어 교육의 제문제, 지학사.
- 박덕유, 강미영, 김수진, 이혜경, 이옥화, 김철희, 「저품격 언어의 분석적 고찰」, 『언어학연구』30, 한국중원언어학회, 2014, 45-73쪽.
- 박동근, 「공공언어의 차별적 표현에 차별 의식 연구」, 『입법정책』 4 (1), 한국입법정책학회, 2010, 57-88쪽.
- 박병채(1977), 국어 순화 운동의 실천 방안에 대한 연구, 민족문화연구 11, 고려대학교.
- 박상훈 · 리근영 · 고신숙(1986), 우리나라에서의 어휘정리, 평양: 사회과학출판사.
- 박창원, 「공공언어 정비를 위한 중장기 계획」, 전국국어문화원연합회 이정현 국회의원 주최 『공공언어 개선을 위한 정책 토론회 자료집』, 2010.
- 박창원, 「신문 사설의 공공성」, 『공공언어로서 미디어언어 다시 보기』, 한국어문기자협회, 2014, 5-29쪽.
- 박현구, 「인터넷 게시판 댓글의 공공성 평가에 미치는 요인」, 『언론정보연구』47(2), 서울대학교 언론정보연구소, 2010, 173-203쪽.
- 박현구, 「플레이밍의 관점에서 본 온라인 유사언어: 유사언어 유형과 언어의 공공성의 관계」, 『스피치와 커뮤니케이션』 10, 한국소통학회, 2008. 7-37쪽.
- 박현구, 최준호, 이혜진, 「온라인 언어의 공공성과 부정적 유사언어의 관계에 관한 실험연구」, 『韓國 言論學報』54 (4), 韓國言論

學會, 2010, 233-252쪽.

- 사회과학출판사(1974), 단어 만들기 연구, 평양: 사회과학출판사.
- 사회과학출판사(1992), 조선말대사전 (1), (2), 평양: 사회과학출판사.
- 서은아, 「방송 언어의 공공성 기준에 관한 연구」, 『겨레어문학』 47, 겨레어문학회, 2011, 91-116쪽.
- 아이코 유이치(愛甲雄一), 「공공권에서의 '언어라는 장벽'」, 『정치사상연구』17 (1), 한국정치사상학회, 2011, 133-159쪽.
- 야스퍼 립토우(Jasper Liptow), 「『존재와 시간』에서 언어의 기능에 대하여」, 『존재론 연구』 23, 한국하이데거학회, 2010, 207-236쪽.
- 양민호, 「공공시설물의 언어 표기 의식에 관한 한일대조연구」, 『일본어교육연구』 22, 한국일어교육학회, 2012, 121-134쪽.
- 양민호, 「한일 언어경관 연구의 현재와 향후 모델에 대한 연구」, 『일본학』 40, 동국대학교 일본학연구소, 2015, 131-146쪽.
- 양영하, 「논문 : 신문 언어의 공공성 척도와 사례 분석」, 『한말연구』28, 한말연구학회, 2011, 115-140쪽.
- 윤재홍, 「한국지상파 방송3사의 방송뉴스언어 선택의 문제점과 개선방안 연구」, 『스피치와 커뮤니케이션』 4, 한국스피치커뮤니케이션학회, 2005, 104-128쪽.
- 이수열(1995), 국어 사전과 국어 순화, 새국어생활 10.
- 이윤표(1991), 북한의 국어 순화사, 북한의 조선어 연구사 2, 녹진.
- 이은정(1991), 국어 순화 자료집, 국어문화사.
- 전수태 · 최호철(1989), 남북한 언어 비교, 녹진.

- 전영옥, 서은아, 양영하, 구현정, 「공공언어의 실태 및 개선 방안 연구」, 『사회언어학』 21(1), 한국사회언어학회, 2013, 241-270쪽.
- 정순기 리기원(1984), 사전편찬리론연구, 평양: 사회과학출판사.
- 정유진(1997), 북한의 말다듬기, 김정일 시대의 북한 언어, 태학사.
- 조재수(1986), 북한의 말과 글, 한글학회.
- 조태린, 「언어 경관에 대한 언어 정책적 접근 - 다언어사용 정책의 문제를 중심으로」, 『일본학』 40, 동국대학교 일본학연구소, 2015, 27-50쪽.
- 최태영(1993), 남북한 언어순화 방안, 통일연구'(숭실대) 창간호.
- 최호철(1988), 북한의 맞춤법, 국어생활 15.
- 한국 교열 기자회 편(1982), 국어 순화의 이론과 실제, 일지사.
- 한국 국어 교육 연구회 편(1976), 국어 순화의 방안과 실천 자료, 세운문화사.
- 한국정신문화연구원 편(1979), 국어의 순화와 교육, 한국정신문화연구원.
- 한국정신문화연구원 편(1984), 국어의 순화와 교육, 한국정신문화연구원.
- 한글 학회 엮음(1984), 고치고 더한 쉬운말사전, 한글학회.
- 한글학회(1992), 우리말큰사전, 어문각.
- 허철구(1993), 남북한 국어 순화 비교, 말과 글 54.
- 홍연숙 외(1984)〈 북한의 언어실태 연구, 국토통일원.
- 홍종선 · 최호철(1998), 남북 언어 통일 방안 연구, 문화관광부 보고서.
- 황용주, 「한국의 언어 관리 정책」, 『국어문학』 50, 국어문학회,

2011, 23-45쪽.

〈세계화를 위한 기반〉

- http://ko.wikipedia.org/wiki/%ED%86%B5%EC%84%AD
- http://stdweb2.korean.go.kr/main.jsp(국립국어원 표준국어대
  사전)
- http://terms.naver.com/entry.nhn?docId=1162277&cid=40942
  &categoryId=32248
- http://terms.naver.com/entry.nhn?docId=420405&cid=42411&c
  ategoryId=42411(생명과학대사전, 강영희, 2008, 아카데미서적)
- http://terms.naver.com/entry.nhn?docId=432198&cid=42411
  &categoryId=42411(생명과학대사전, 강영희 외, 2008, 아카데
  미서적)
- http://terms.naver.com/entry.nhn?docId=471866&cid=5029
  4&categoryId=50294(사회복지학사전, 이철수 외 공저, 2009,
  Blue Fish)
- http://terms.naver.com/entry.nhn?docId=593744&cid=50324
  &categoryId=50324(전기용어사전, 김동희 외 6, 2011, 일진사)
- http://terms.naver.com/entry.nhn?docId=863936&cid=42346
  &categoryId=42346((IT용어사전, 한국정보통신기술협회)
- http://www.genyunsa.com/new/genyunsa/genyunsa.htm (경
  제학사전, 박은태 편저, 2011, 경연사)
- 『영어학 사전』, 1990, 신아사.
- 『우리말큰사전』 한글학회, 1992, 어문각.

• 『조선말대사전』 사회과학원 언어학연구원, 1992, 사회과학출판사.
• 강신항(1987), 훈민정음 연구, 성균관대출판부.
• 고영근(1995), "남북한 국어학 연구의 성과와 전망", 『국어국문학』 115.
• 권순희(2009), "다문화 가정 자녀의 국어 사용 실태", 〈국어교육학연구〉 36, 195-228쪽, 국어교육학회.
• 권순희(2014), "다문화 배경 학습자를 위한 한국어 교사 교육", 〈국어교육〉 144, 121-146쪽, 한국어교육학회.
• 김대행(1995), "남북한 국문학 연구의 성과와 전망", 『국어국문학』 115.
• 김문조, 『융합문명론』, 2013: 나남.
• 김문조, 김남옥「융합 시대의 문명론적 진단」, 『한국사회학』, 제45집 제5호, 2011: 1-24쪽. 한국사회학회.
• 김선미(2011), "'한국적' 다문화 정책과 다문화 교육의 성찰과 제언", 〈사회과교육〉 Vol.50 No.4, 173-190쪽, 한국사회과교육연구학회.
• 김완진(1975), "훈민정음의 자음자와 가획의 원리", 『어문연구』 통권7-8.
• 김완진(1983), "훈민정음의 제자 경위에 대한 새 고찰", 『김철준박사 회갑기념 사학논총』, 지식산업사
• 김완진(1984), "훈민정음 창제에 관한 연구", 『한국문화』(서울대) 5.
• 김이선, 정해숙(2010), 다문화 가족의 언어.문화 자원 사용 및 세대간 전수에 관한 연구, 한국여성개발원 연구보고서, 한국여성정

책연구원(구 한국여성개발원).

• 김종갑, 김슬기(2014), "다문화 사회와 인종 차별주의: 한국 다문화 영화를 중심으로", 〈다문화사회연구〉 제7권 2호, 85-104쪽, 숙명여자대학교 다문화통합연구소.

• 김준식,안광현(2012),"다문화 가족 지원 정책 기본 계획에 관한 비판적 고찰",〈 한국정책연구〉, Vol.12 No.4, 경인행정학회.

• 김태식(2012), "다문화주의의 한계와 대안 모색: 일본의 경험", 〈다문화와 인간〉, 제1권 제1호, 91-111쪽, 대구가톨릭대학교 다문화연구소.

• 류경애(2014), "다문화 가족의 한국어 교육 인식 변인과 학습 능력에 대한 연구",〈 다문화교육연구〉, Vol.7 No.2, 59-80쪽, 한국다문화교육학회.

• 박종대, 박지해(2014), "한국 다문화 정책의 분석과 발전 방안 연구", 〈문화정책논총〉 제28집 1호, 35-63쪽. 한국문화관광연구원.

• 박창원(1990), "병서",『국어연구 어디까지 왔나』, 동아출판사.

• 박창원(1993), "훈민정음 제자의 '理'에 관한 고찰",『국어사 자료와 국어학의 연구』, 문학과 지성사.

• 박창원(2006), "한국어의 세계화와 관련된 제반 사항", 〈국학연구〉, Vol.8, 319-367쪽, 한국국학진흥원.

• 박창원(2014), "창조를 위한 융합의 조명", 제58회 국어국문학회 전국학술대회 자료집.

• 박창원,「다문화 사회를 위한 통합과 공존의 조화」,『이화어문논집』34. 이화어문학회, 2014: 5-36쪽.

• 서종학(1995),『이두의 역사적 연구』, 영남대 출판부.

- 안병희(1990), "훈민정음의 제자 원리에 대하여", 『강신항 교수 회갑기념 국어학 논문집』,
- 유창균(1966),
- 이경희(2011), "다문화 사회 교육의 두 관점: 다문화 교육과 상호 문화 교육", 〈다문화교육〉, Vol.2 No.1, 37-55쪽, 한국다문화교육연구학회
- 이관규, 정지현(2014), "연계 전공으로서 다문화 한국어 교육 전공의 교육과정 개발 연구", 〈한국어문교육〉 16. 181-214쪽. 고려대학교 한국어문교육연구소.
- 이병근(1988), "훈민정음의 초 종성체계", 『훈민정음의 이해』, 한신문화사.
- 이승재(1990), 『고려시대의 이두』, 태학사.
- 임형백(2009), "한국과 서구의 다문화 사회의 차이와 정책 비교", 〈다문화사회연구〉, Vol.2 No.1, 161-192쪽, 숙명여자대학교.
- 정진우(2014), "다문화가정 지원정책에 관한 연구", 〈사회과학연구〉 제25권 2호, 103-116쪽, 충남대학교 사회과학연구소.
- 조주연, 『인문학 기반의 통합학문적 융합연구과제 도출 방안』, 2010: 인문사회연구회.
- 천호성(2011), "한국과 일본의 다문화교육 비교 연구(학교에서의 실천 사례를 중심으로)", 〈社會科敎育〉, Vol.50 No.4, 191-204쪽, 한국사회과교육연구학회
- 천호성, 이정희(2014), "일본 다문화 정책의 정책 기조와 특징", 〈사회과교육〉, 제53권 3호, 15-29쪽, 한국사회과교육연구학회.

〈남북의 통일〉

-인터넷 자료-

• Coulmas, Florian(1989), The Writing System of the World, Basil Blackwell Ltd.

• Daniels, P. T. & Bright, W.(1996), The World's Writing Systems, Oxford Univ. Press, New York Oxford.

• http://ko.wikipedia.org/wiki/%ED%8E%98%EB%8B%88%ED%82%A4%EC%95%84_%EB%AC%B8%EC%9E%90

• http://ko.wikipedia.org/wiki/%ED%9B%88%EB%AA%BD%EC%9E%90%ED%9A%8C

• http://search.naver.com/search.naver?sm=tab_hty.top&where=nexearch&ie=utf8&query=%EC%9D%BC%EB%B3%B8%EB%AC%B8%EC%9E%90

• http://search.naver.com/search.naver?where=nexearch&query=%B5%B6%C0%CF%BE%EE%BE%CB%C6%C4%BA%AA%B9%E8%BF%AD&sm=tab_etc

• http://search.naver.com/search.naver?where=nexearch&query=%EB%8F%85%EC%9D%BC%EB%AC%B8%EC%9E%90&sm=top_hty&fbm=1&ie=utf8

• http://terms.naver.com/entry.nhn?docId=1156241&cid=40942&categoryId=32972

• http://terms.naver.com/entry.nhn?docId=571590&cid=46674&categoryId=46674

• http://www.hangeulmuseum.org/sub/information/bookData/

detail.jsp?search=&d_code=00445&kind=G&pg=0&g_class=04

- http://www.omniglot.com/
- http://www.omniglot.com/writing/bengali.htm
- http://www.omniglot.com/writing/greek.htm
- http://www.omniglot.com/writing/latin.htm
- http://www.omniglot.com/writing/oldenglish.htm#oehttp://ko.wikipedia.org/wiki/%EA%B5%AD%EC%A0%9C_%EC%9D%8C%EC%84%B1_%EA%B8%B0%ED%98%B8
- http://www.omniglot.com/writing/russian.htm
- Sampson, Geoffrey(1985), Writing System, Stanford Univ. Press.
- 고영근,『통일시대의 어문 문제』, 길벗, 1994.
- 권재일(2012),『북한의『조선어학전서』연구』, 서울대학교출판문화원.
- 권재일,『남북 언어의 문법 표준화』, 서울대학교 규장각한국학연구총서 20, 서울대학교출판부, 2006.
- 권재일,『북한의『조선어학전서』』연구, 서울대학교출판문화원, 2012.
- 김민수 편,『북한의 조선어 연구사 1945-1990』, 녹진, 1991.
- 김민수(1987),『국어학사의 기본 이해』, 집문당.
- 김슬옹(2012),『조선시대의 훈민정음 발달사』, 도서출판 역락.
- 김주필(2009), "諺文字母의 反切的 運用과 反切表의 性格",『한국학논총』제32집, 491~518쪽. 국민대학교 한국학연구소.

- 도수희(1971), "한글 자모 명칭의 연원적 고찰", 『語文研究』7 권 109-126쪽, 충남대학교 문리과대학 어문연구회.
- 박창원 엮음, 『남북의 언어와 한국어교육』, 태학사, 2003.
- 박창원(2014), "국어학의 남북 공동 연구를 위한 전제와 실제" 『국어국문학』, 국어국문학회.
- 박창원(2014), "다문화 사회를 위한 통합과 공존의 조화", 『이화 어문논집』 34. 이화어문학회.
- 박창원(2014), 『한국의 문자 한글』, 이화여자대학교출판부.
- 박창원, 「한국인의 문자생활사」, 『동양학』제28권 1호. 단국대 동양학연구소, 2005, 57 - 88쪽
- 송철의(2010), 『주시경의 언어 이론과 표기법』, 서울대학교 출판문화원.
- 안병희(2007), 『訓民正音研究』, 서울대학교출판부.
- 앤드류 로빈슨(2003), 『문자 이야기』, 박재욱 옮김, ㈜사계절출판사.
- 앨버튼 가우러((1995), 『문자의 역사』, 강동일 옮김, 도서출판 새날.
- http://www.riss.kr/link?id=A3250500왕문용(1998), "한글 자모(字母) 명칭(名稱)의 유래에 대한 고찰", 『국어교육』96권, 221-237쪽, 한국국어교육연구회
- http://www.riss.kr/link?id=A82355843유형선(2009), "한글 자모의 명칭과 순서에 관한 연구", 『순천향 인문과학논총』23권, 75-102쪽, 순http://www.riss.kr/link?id=A19614905천향대학교 인문과학연구소.
- 이기문(1998), 『訓蒙字會研究』, 서울대학교출판부.

- 전수태, 최호철, 『남북한 언어 비교-분단시대의 민족어 통일을 위하여』, 녹진, 1989.
- 조두상(1998), 『문자학』, 부산대학교출판부.
- 하치근, 『남북한 문법 비교 연구』, 한국문화사, 1993.
- 홍윤표(2013), 『한글 이야기 1 한글의 역사』, 태학사.
- 홍윤표(2013), 『한글 이야기 2 한글과 문화』, 태학사.
- 홍종선 · 최호철, 『남북 언어 통일 방안 연구』, 문화관광부, 1998.

찾/아/보/기/

저자 | 박 창 원

경남 고성 출신
서울대학교 인문대학 국어국문학과 학사, 석사, 박사
경남대학교, 인하대학교를 거쳐
2017년 현재 이화여자대학교 재직 중

국립국어연구원(현 국립국어원) 어문규범연구부장
한국어세계화재단 운영이사
문화체육관광부 국어심의회 위원
방송통신위원회 언어특별분과 위원 역임

국어학회 총무이사, 부회장, 회장
방언학회 부회장
전국국어문화원연합회 회장
전국어문학술단체연합회 공동대표 등 역임

이화어문학회 편집위원장
중국 한국(조선)어 교육연구학회 해외이사
이화여자대학교 다문화연구소 소장
국어국문학회 회장 등 재임중

훈민정음, 고대국어연구(1), 한국어의 음운과 문자(2017), 한글박물관 등
논저 100여편.

한국의 국어정책 연구
-한국어의 정비와 세계화 2-

초판 인쇄 | 2017년 12월 7일
초판 발행 | 2017년 12월 7일

지 은 이 박창원

책임편집 윤수경

발 행 처 도서출판 지식과교양
등록번호 제2010-19호
주   소 서울시 도봉구 삼양로142길 7-6(쌍문동) 백상 102호
전   화 (02) 900-4520 (대표) / 편집부 (02) 996-0041
팩   스 (02) 996-0043
전자우편 kncbook@hanmail.net

© 박창원 2017 All rights reserved. Printed in KOREA

ISBN 978-89-6764-099-6 93700   정가 28,000원